講談社選書メチエ

818

遊牧王朝興亡史

モンゴル高原の5000年

白石典之

MÉTIER

遊牧王朝興亡史◉目次

モンゴル高原の放牧地。ヘンティー県
〔前ページ写真〕モンゴル高原の馬と川。ヘンティー県
本書中、出典などの記載のない写真・図版類は、すべて著者による撮影または作成。

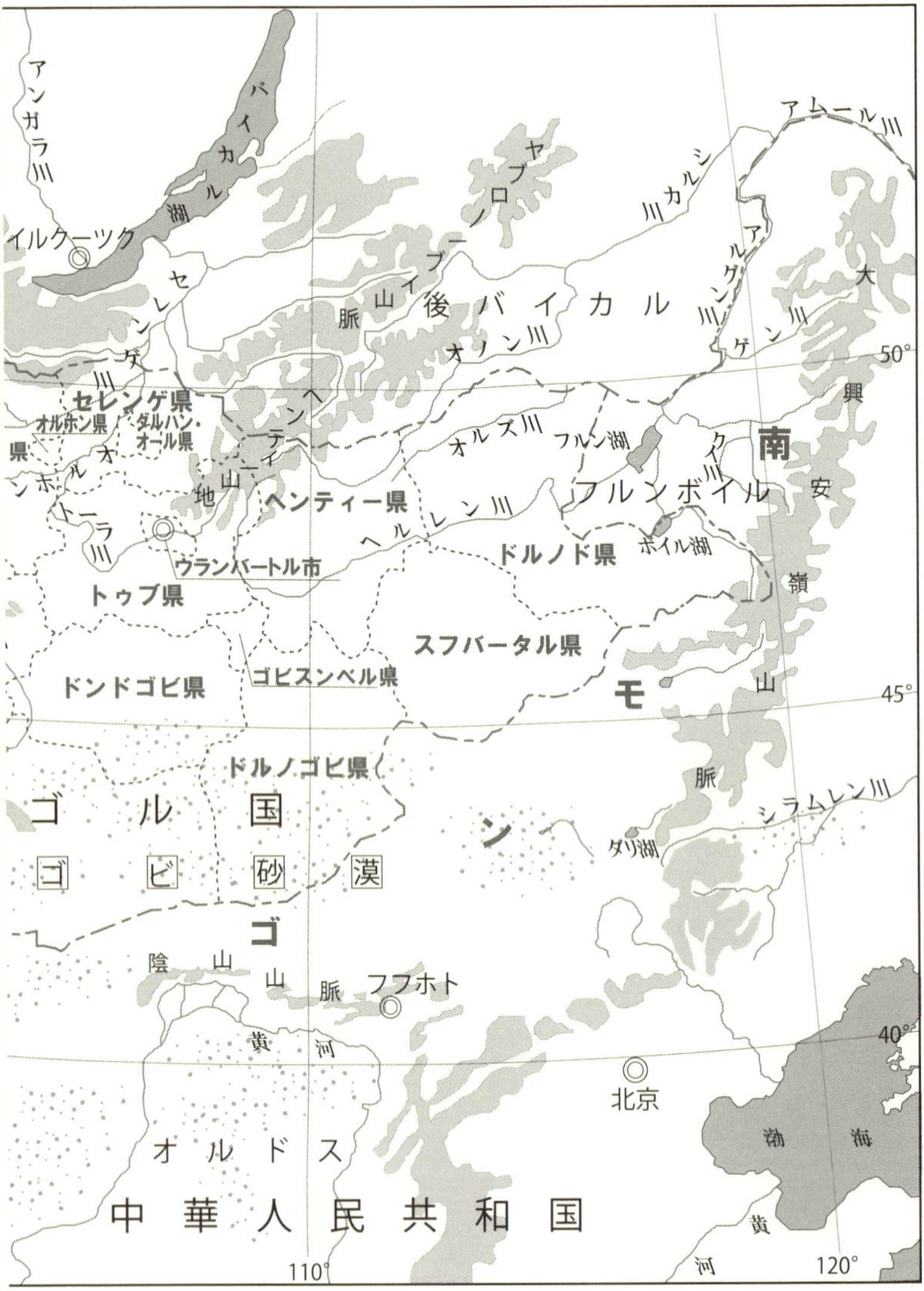

アンガラ川
バイカル湖
イルクーツク
セレンゲ
ヤブロノイ山脈
カルシ川
アムール川
アルグン川
後バイカル
オノン川
ゲン川
大興安嶺山脈
50°
セレンゲ県
オルホン県
ダルハン・オール県
ヘンティ山地
オルホン
オルズ川
フルン湖
クイ川
南
フルンボイル
トーラ川
ヘンティー県
ヘルレン川
ボイル湖
ドルノド県
ウランバートル市
トゥブ県
スフバータル県
ドンドゴビ県
ゴビスンベル県
45°
ドルノゴビ県
モンゴル国
ゴビ砂漠
南モンゴル
シラムレン川
ダリ湖
陰山山脈
フフホト
黄河
40°
北京
渤海
オルドス
中華人民共和国
110°
120°

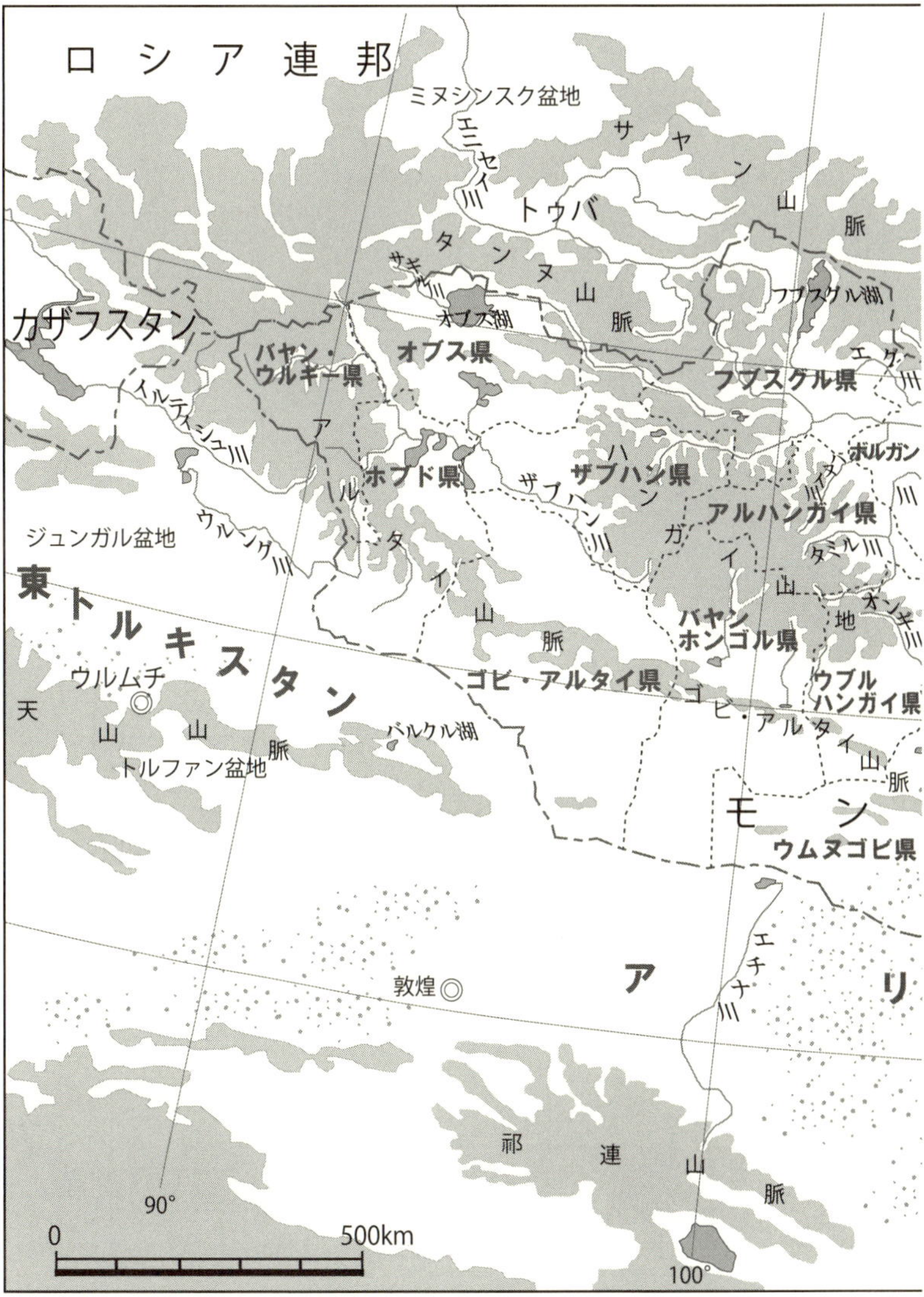

現在のモンゴル国とモンゴル高原

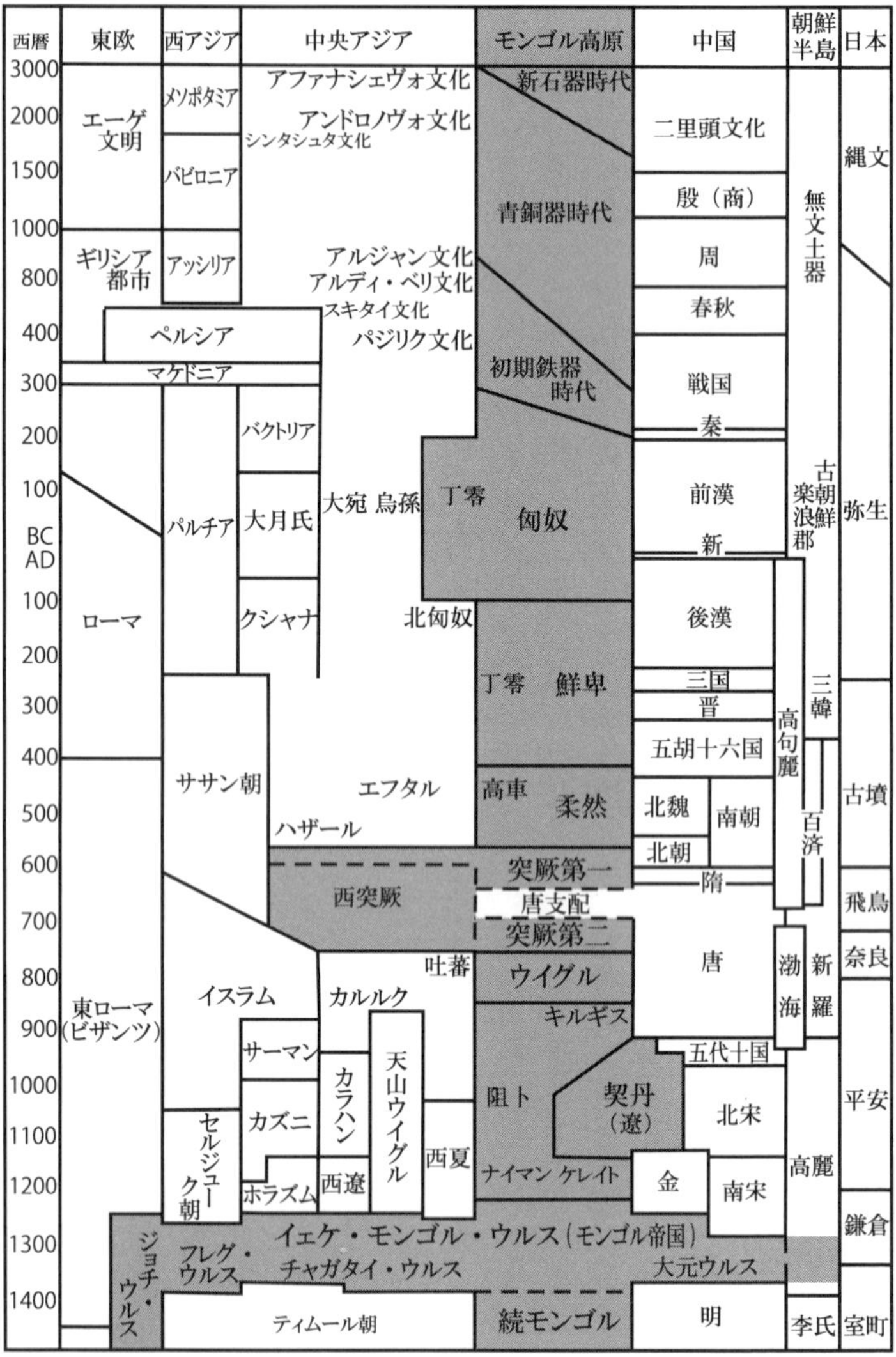

ユーラシアの王朝の興亡

はじめに

はらわたから結ばれた、愛すべき我が故郷モンゴル。
母父《はは》から受け継いだ、きらびやかな我が揺りかごよ。
（ジャムツィン・バドラー『熱き肝胆の故郷』）

いまからおよそ一万年前、氷河時代が終わりを告げて好適な気候が訪れると、人類の活動が活発化し、黄河、チグリス・ユーフラテス、インダスといった大河のほとりに文明の花が開いた。人々は定住して都市を築き、農耕、金属、宗教などさまざまなものを生み出し、その後の人類の発展に大きく寄与した。

戯れにユーラシア大陸を人体になぞらえてみる。思想や制度を生んだ地域を頭、技術や工芸を進歩させた地域を手足とすると、ヨーロッパ、西アジア、インド、そして中国が、時代の流れのなかで、あるときは頭、またあるときは手足の役目を担ってきたといえる。それでは〝心臓〟はどこか――。

筆者はモンゴル高原こそが心臓にふさわしいと思う。そこに暮らす人々の動きが、ときとして大きなうねりとなり、ユーラシア各地へとひろがった。そのようすが鼓動によって押し出される血液の流れを思い起こさせるからだ。

たとえば、紀元一世紀末、モンゴル高原から周囲に向けて始まった人流は、西ではヨーロッパを席巻した民族大移動を惹起したとされ、また、南では中国の文化や言語の形成に大きな影響を与えたとされる。さらに、モンゴル高原を起源地とし、六世紀に大きな発展を遂げたトルコ民族も、歴史の紆余曲折を経て、現代までに中央アジアから西アジアにかけてひろがった。

流れ出したのは人だけではない。一般にモンゴル帝国とよばれるイェケ・モンゴル・ウルス（大モンゴル国という意。一二〇六～一三八八年）の出現によって結びついた洋の東西のあいだでは、駅伝という交通システムが整備されて、物資と情報とが目まぐるしく行き交った。ユーラシアに張りめぐらされた当時の駅伝網は、さながら人体の循環器系の解剖図のようにもみえる。「モンゴルが世界をつくった」という謳《うた》い文句が、近年の歴史書に散見されるが、こうしてみると、けっして大袈裟ではない。

モンゴル高原の北と南

モンゴル高原は、西をアルタイ山脈、北をサヤン山脈とヤブロノーブイ山脈、東を大興安嶺《だいこうあんれい》山脈、南を陰山《いんざん》山脈と祁連《きれん》山脈によって囲まれた、平均標高が一〇〇〇メートルを超える高燥な大地だ。東ヨーロッパの黒海沿岸からのびるユーラシア草原地帯の東端に位置し、ゴビとよばれる礫漠地帯を挟んで、北側は比較的湿潤な草原と森林が、南側は乾燥した草原がひろがる。こうした自然環境の差が、人々の暮らしに少なからず影響を与えている。

こんにち、北側の大部分はモンゴル国に、南側のかなりの部分は中国の領域となっている。人口に膾炙《かいしゃ》した区分として、モンゴル国域は外モンゴル、中国領は内モンゴルとよばれるが、モンゴル高原

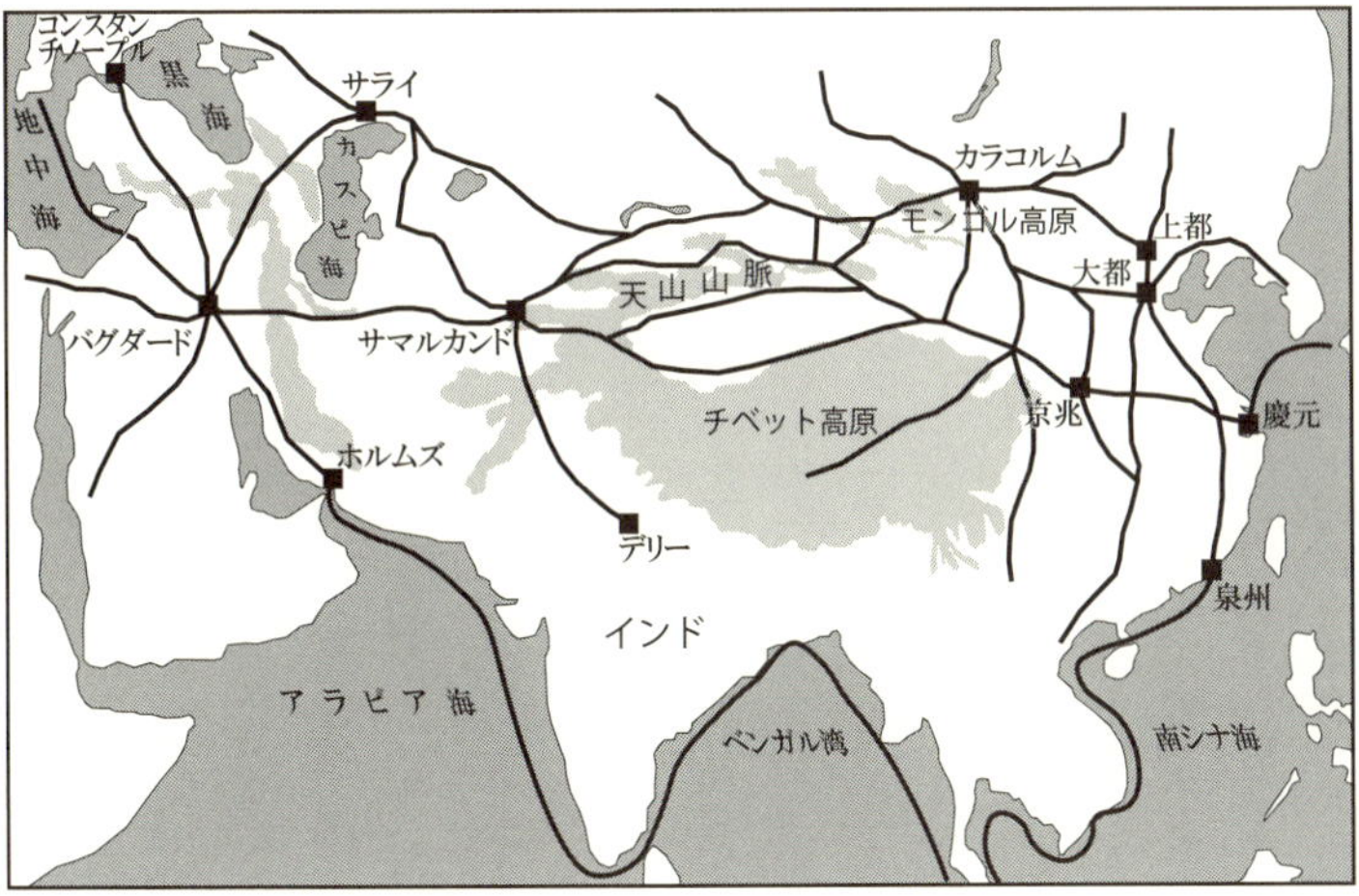

13世紀ごろのモンゴル高原を中心とした交通網

を中国側の視点から眺めたこの呼称の使用には、いささかの抵抗感がある。

それに対して、モンゴル人は南北で区分している。長らくこの地に住む人々の意見を尊重して、本書ではこちらを採用しよう。そのうえで、民族色や政治色を薄めるため、モンゴル高原のラテン語式表記のモンゴリアを用いることにする。本書では読者諸氏の理解に支障を及ぼさない限り、ゴビ以北のモンゴル高原を北モンゴリアと、ゴビ南縁以南を南モンゴリアとよぶ。

モンゴル高原の自然環境は厳しい。ことのほか北モンゴリアでは、気温が夏に四〇度、冬にマイナス四〇度にもなり、年間降水量も北部で三〇〇ミリメートル、南部で一〇〇ミリメートルを下回る。人類が通常の暮らしを営むことのできるギリギリの環境にあるとして、極限環境の地といわれている。ちなみにモンゴル国のウランバートルは、年平均気温が氷点下となる世界最寒の首都として知られている。

遊牧生活は自給自足か？

このようなモンゴル高原の自然環境に適した生業が牧畜だった。およそ五〇〇〇年前、ユーラシア草原地帯を伝って、中央アジアから北モンゴリアに家畜を連れて人々がやってきた。彼らは、牧畜のなかでも、家畜をともない一定の領域内を季節移動して周回する、いわゆる遊牧という生活様式を持ち込んだ。植生が乏しく地力の弱いモンゴル高原には、一ヵ所に負荷をかける定着的な牧畜よりも、分散させる遊牧のほうが適していた。やがて遊牧は高原全土でおこなわれるようになった。

遊牧という牧畜形態が形成された西アジアでは、羊と山羊《やぎ》を主体とし、ラクダを運搬に活用している。ほとんどの場合、馬をともなわない。一方で、モンゴル高原の遊牧では、五畜とよばれる羊、山羊、牛、馬、ラクダの五種類が飼育されてきた。頭数の上では羊が多くを占めるが、馬の運搬力と機動性を多分に活用し、馬の毛、皮、酪肉も積極的に利用するという特徴がある。そうした馬を重用する遊牧民を馬《うま》遊牧民とか騎馬遊牧民とよぶ研究者もいる。モンゴル高原の遊牧民は、まさにそう呼称するにふさわしい。

家畜としての馬が中央アジアから北モンゴリアにもたらされたのは、いまから約三三〇〇年前のことだったとされる。最初は荷車や戦車の牽引に用いられた。騎乗の開始はやや遅れて、およそ三〇〇〇年前といわれる。馬の機動力が活用されるようになると、人の動きが飛躍的に活発になった。

遊牧生活は自給自足と考えられがちだが、それは誤りだ。西アジアで遊牧の原型が成立したときから、遊牧民は農耕をおこなう定住民と共存関係にあった。遊牧民は、定住民と適当な距離を保ちつつ、家畜からとれた皮革や乳製品を、定住民が生産した農産物や手工業製品と交換することで生計を維持してきた。

モンゴル高原で長らく遊牧生活が成り立ってきたのは、中国という農工業の一大生産地が隣接していたからにほかならない。モンゴル遊牧民と中国の定住民とのあいだでは、互いの社会が安定しているときには平和的な交易がみられた。そうした交易に重要な役割を果たしたのが馬の運搬力だった。衣食が足りれば遊牧民たちは純朴で友好的な態度をとった。しかし、ひとたび関係が崩れると、遊牧民たちは一変して凶暴な牙をむいた。騎馬軍団を成して、食料や財貨だけでなく人的資源も求めて中国の都市や農村を蹂躙した。

こうした交易や侵攻は、知力と行動力を兼ね備えたリーダーが指揮した。遊牧生活は、基本的に家族のような小さな集団で営まれるが、頻繁に襲う干魃や雪害といった自然災害を避けるため、牧草の貯えや避難場所としての牧地の確保などに、広範囲の集団との連携が必要だった。そこにいわば遊牧共同体なるものが成立した。そうしたなかからリーダーが出現した。

生産物の略奪や遊牧地争い、または政治・経済的な思惑による野合で、遊牧共同体は離合集散を繰り返した。遊牧共同体の成長発展にリーダーの手腕は大きく関係した。成功を収め、民衆からの支持を集めたリーダーは、やがて君主とよべるような強大な権力をもつようになった。しかもその地位は世襲された。そこに〝国〟といえる政治組織が成立した。

遊牧王朝とは

新進化主義文化人類学者のエルマン・サーヴィスは、社会を血縁集団からなるバンド（遊動的生活をおくる狩猟採集民）、部族、首長制、未開な国家という四つに分類した。そして、バンドから国家に向かって進化すると考えた。

首長制の社会は、世襲的なリーダーのもとで血縁関係に基づく階層が形成され、軍事エリートも存在した。経済はリーダーへの集積とその再分配で成り立っていて、工芸分野では専業化も進んでいた。さらに国家（初期的な未開な段階に限れば）は、王や皇帝とよばれるリーダーを頂点とした中央集権的な官僚制のもと、徴税や法律などの制度が存在し、常備軍も設けられていた。

サーヴィスの説は、一九七〇年代に提唱されたといういささか古いもので、こんにちの文化人類学のあいだでは異論も多い。だが、世界のさまざまな民族や国家を、可視化できる資料から通時的かつ通文化的に俯瞰できる優れた方法との評価もあり、唯物論的に社会を扱う考古学の分野では、いまなお活用されている。

英国の考古学者コリン・レンフルーらは、遺跡や遺物といった考古資料に基づいてサーヴィスの学説を再構成している。そこでいう首長制の社会では、リーダーは司祭的な性格をもち、囲壁のある集落が出現し、専業工人の工房が設けられた。また、宗教的センターになるような大規模なモニュメントも建てられた。さらに、国家の段階になると、リーダーは政治面だけでなく軍事や宗教の頂点に君臨し、宮殿に住まい、大規模な宗教施設、官署などの公共建築物のある都市が築かれたとされる。

ここで国家の要件として強調されているのは、都市の存在だ。これは農耕社会の考古学的研究をベースとしているからだろう。たしかに農耕社会では、政治・経済のセンターとして体制を維持し、為政者の権力を拡大再生産するための装置として、初期の未開といえる段階から国家では都市が重要な役割を果たしてきた。

しかし、遊牧民の場合はどうか。彼らは可動式の幕舎に起居し、季節に応じて住地を遷しながら生活していた。王や皇帝に匹敵する傑出したリーダーを頂点とした中央集権的な国家とよべるような政体が確立していたとしても、都市造営を必須としなかった。

なかにはウイグル・カガン朝（七四四～八四〇年）にはハル・バルガス、イェケ・モンゴル・ウルスにはカラコルムといった、真正な都市も存在した。その一方で、匈奴《きょうど》（前二〇九～後九三年）には、単于《ぜんう》という絶対君主を置く統治機構が存在し、中華王朝の漢と互角にわたり合うほどの勢力を誇ったにもかかわらず、都市に匹敵するような定着的な大規模集落は存在していない。

そこで、国家とは何ぞや、という議論は一旦留保し、本書では、牧畜を生業の基盤として移動生活をおくる遊牧社会における、世襲的で絶対的権力をもったリーダーを頂点とした身分秩序の確立した中央集権的な政体を「遊牧王朝」という名称で包括することにする。そこには都市をもつレンフルーらのいう国家に相当するもののほか、匈奴や突厥《とっけつ》（五五二～七四四年）といった都市を認めないものも含まれる。ただし、公共性の高い構築物の存在は重視したい。

遊牧王朝は、移動生活で培われた機動性、余分なものを削り落とした簡素な組織、自然や社会環境の変化に素早く対応できる柔軟性といった特性を、軍事や統治に活かして広大な版図を築いた。土着的性格が強く、重厚長大な組織をもった農耕民の王朝とは、明確なコントラストをなす。

考古学と自然科学の協業

農耕民の王朝を支えたのは、いうまでもなく農業生産だった。作物の種類、収量といった生産基盤についてが文献史料に事細かく記されていて、それに基づいて研究が進められてきた。史料は農耕民の王朝の実態解明に多大な寄与をしてきた。

一方で、遊牧王朝の場合はどうか。モンゴル高原の遊牧民の動静について記した史料は、洋の東西に膨大な数が残るが、遊牧の生産性について言及したものは限られる。しかも、内容の信憑性からみて、研究に使える史料は限りなく少ない。とくに、牧畜の始まりや、遊牧を導入したプロセスは、文字のない先史時代に及ぶことなので、文献史学者からはなおざりにされてきた。

そこで期待されたのが考古学だった。遊牧民は、移動しながら軽装備で日々を暮らすので、大地に生活の痕跡を残さないという意見もあった。しかしじっさいには、モンゴル高原の、寒冷で乾燥した気候がさいわいし、過去の人々の営みの痕跡がきわめてよく残っている。

だからといって、これまで考古学がモンゴル高原の遊牧民史の解明に、じゅうぶんな貢献をしてきたとは、かならずしもいえない。

従前の考古学者は、権力者の墓に納められた金銀製の威信財や、武器などの青銅や鉄の製品に専ら目を向けてきた。特徴的な遺物をピックアップし、彼我の資料を比較して新旧を決め、その変遷過程や空間的ひろがりを調べて、文化の階梯に位置づけたり、民族の伸張や衰退を論じたりすることに関心を注いできた。それによって、たとえば、短剣や動物意匠の系統と変遷についてはよくわかった。

それは評価しよう。だが、肝心の遊牧文化やその担い手の暮らしぶりについては、いったいどのくらいのことが明らかになったのか……。

もちろん過去の遊牧民の衣食住や遊牧文化そのものの解明に心血を注いできた考古学者もいる。なかには従前の文献史学者が提示してきた遊牧王朝観に一石を投ずる研究もある。

中国の前漢《ぜんかん》時代（前二〇二〜後八年）に著された司馬遷《しばせん》の『史記《しき》』のなかでは、匈奴は水と草を求めて転々と移動し、城郭や集落をもたず、農耕をおこなわないと紹介されている。それが匈奴という遊牧王朝の実態だと文献史学者はとらえてきた。しかしながら、遊牧民でありながらも、簡素な定着的な囲壁集落を築いたり、農耕を営んだりしたことが、考古学者のフィールドワークから明らかになっている。

さらに、近年の考古学研究では、理系研究者の協力を得て、遊牧文化の主体となった人や家畜が分析対象になっている。

たとえば、墓などから出土した人骨を使った研究成果は興味深い。現在モンゴル高原に暮らす遊牧民は、人種的にみて、東ユーラシア人という東アジア・太平洋地域を中心に分布する集団とほぼ重なる（モンゴロイドともよばれるが、形質によって、とくに肌の色を指標とする区分を疑問視する研究者もいるので、人類学などでは言い換えが進んでいる）。

しかし、そうなったのは、わずか数百年前のこと。最新のゲノム解析では、東ユーラシア人のなかに、かなりの割合で西ユーラシア人（欧州から西アジア地域に分布する集団のことを指す。おおむねコーカソイドに代わる用語）の混在していた期間が長かったとわかってきた。紅毛碧眼の人々も、少なからず暮らしていたようだ。モンゴル高原の遊牧王朝の興亡を語るには、ユーラシア的視野で人の動きに目を配らなければならないとわかってきた。

また、人骨に残るコラーゲンを用いると、誤差の少ない年代が測定できるとともに、被葬者の生前の食生活の傾向も知り得る。歯石からは摂取していた乳の種類もわかる。遊牧生活の復元には欠かすことのできない研究手法だといえる。

さらに、家畜骨に残った微量な元素の同位体を調べることで、出生地や屠られた季節が明らかにできる。そうした生化学との協業の進展で、権力者だけでなく、庶民の日常を含めた遊牧社会の全体に研究者の関心が注がれるようになってきた。

そのほかにも乾燥地ゆえの利点がある。日本など腐食の速い地域では残りにくい木材も、過去一〇〇〇年程度であれば、ここではかなり良好な状態で検出できる。木材は年代測定に有用なのはもちろんだが、過去の気候を復元する上でも重要だ。木片に刻まれた年輪の間隔を調べることで、寒暖や乾湿の傾向が読み取れる。極限環境にあるモンゴル高原、ことのほか北モンゴリアでは、わずかな気候変化でも遊牧生活に鋭敏に影響を及ぼす。遊牧王朝の興亡のメカニズムを復元するうえで、いまや古気候の情報は不可欠となっている。

このようにさまざまな関連諸科学、とくに自然科学系の研究者と協業した考古学研究がモンゴル高原で進められている。それによって考古学は、これまでの文献史料の欠落を補うという、いわば補助学問的なスタンスを脱し、文献史学と並び立ってモンゴル史を叙述できるまでに成長している。

本書の構成――遊牧の起源から帝国の滅亡まで

そうした成果を盛り込んで、本書ではモンゴル高原の遊牧王朝の興亡史をたどる。

第一章では、遊牧の起源と展開を西アジアに求め、その世界史的位置づけを整理する。ついで、モンゴル高原（とくに北モンゴリア）における牧畜の伝来、遊牧の成立、馬の家畜化、騎乗の開始などを検討しつつ、遊牧民が王権をもつに至ったプロセスを、先行した青銅器時代（前三〇〇〇年～前三世紀）と初期鉄器時代（前八～前三世紀）の考古資料から跡づける。

第二章では、モンゴル高原における最初の遊牧王朝の匈奴について述べる。単于という君主を戴いた匈奴は、漢王朝との和戦両面によって多くの生活物資や先進技術を獲得しただけでなく、ステップルート（草原の道）を介し、中央アジア、さらには地中海世界とも交流した。この漢に勝るとも劣らない東西交流こそが、匈奴の強大化の背景にあった。あわせて、これまでの研究では取り上げられることの少なかった鮮卑《せんぴ》（二～四世紀）と、カガン（可汗《かがん》）号を最初に君主に用いた柔然《じゅうぜん》（四〇二～五五二年）についても紙幅を割きたい。

第三章では、突厥とウイグルという二つのトルコ民族の遊牧王朝について述べる。両王朝ともにカガンを君主に戴き、中央アジアや中国と交流し、経済だけでなく文化の発展にも力を入れた。突厥は独自の文字をつくり、中国の唐王朝などの影響を受けつつも、独特な文化を創出した。つづくウイグルも多様な文字を使い、豪壮な宮殿を建て、計画性のもとに各地に都市を築いた。こうした文字と都市は、モンゴル高原に文明化をもたらした。

第四章では、契丹《きったん》（遼：九一六～一一二五年）のモンゴル高原進出とその影響、それにつづくイェケ・モンゴル・ウルスの勃興と成長までを取り上げる。契丹が進出してきたころ、高原中央部には阻卜《そぼく》という遊牧王朝の一つに数えてもよい有力な勢力がいた。これまであまり顧みられなかった阻卜の実態に考古資料から目を向けたい。イェケ・モンゴル・ウルスの成立過程は、従前の伝説的内容の史料に基づく解釈を超え、筆者自身の発掘で得られた知見を中心に実証的に記すつもりだ。

第五章では、イェケ・モンゴル・ウルスのなかでも、その宗主的位置でモンゴル高原を統治した大元《だいげん》ウルス（一二七一〜一三六八年）の興隆から衰亡を扱う。イェケ・モンゴル・ウルスの強大化は、この地に暮らす遊牧民の生活を質素から奢侈へと変えた。食生活では穀物への依存が強まった。ところが、気候の悪化で農業が破綻し、政治的混乱で物流が滞ると、人心が政権から離反した。こうした滅亡へのプロセスと、その後の続モンゴルというべき時代とを、考古資料から描き出したい。

＊

いままで三〇年以上にわたり、筆者はモンゴル高原をフィールドとして、考古資料を使った歴史研究に携わってきた。もちろん南モンゴリアでも幾多の調査を実施したが、どちらかといえば北モンゴリアに重きを置いてきた。そうした経緯から、本書では北モンゴリアが話題の中心となることを、あらかじめご了解いただきたい。

考古資料は、捏造などの悪意がなければ、正しく過去を語ってくれる。われわれがモンゴル高原の歴史を知るためには、考古資料を語り部に仕立てなければならない。口数の少ない考古資料に、歴史を雄弁に語らせるのは難しい作業だった。それでも、草原の天幕で多くの時間を過ごし、酪肉に慣れ親しんだ経験が、考古資料との対話を弾ませてくれた。

第一章

始動する遊牧民族

青銅器・初期鉄器時代

北モンゴリアに馬が伝来した経緯を知るうえで重要な鍵を握るとされるサグサイ型とよばれるヒルギスール。バヤンホンゴル県。Ts. アムガラントクス氏提供

1　遊牧民の登場

遊牧の源流

モンゴルと耳にすると、多くの人の脳裏には、彼方までひろがる緑の大地と家畜の群れ、そこかしこに点在する白い天幕（ゲル、南モンゴリアではパオとも）といった情景が浮かぶのではないか。そこで営まれる遊牧もまた、モンゴルのイメージとして私たちに浸透している。

遊牧は、牧畜という生業の一形態で、家畜を飼育してその酪肉や皮革をもとに生計を成り立たせるが、一ヵ所に居を定めるのではなく、水や草を求める家畜の移動にあわせて住まいを遷す。こうした生活をおくる人々を遊牧民とよぶ。

ひとくちに遊牧といっても、世界各地には多様な形態がみられる。たとえば、冬季だけ村落で暮らすアフガニスタンのパシュトゥーン、反対に、遊動性のきわめて高い西アジアのベドウィンといった遊牧民の存在が知られている。さらに、農耕をおこなうものや、定住集落の周辺において短距離かつ短時間だけ移動する、放牧といったほうがふさわしい例もある。モンゴル高原では、春夏秋冬の四ヵ所の定まった季節営地のあいだを、一年かけて周回するタイプが古来採用されてきた。

それでは、いかにして遊牧が始まったのか。わが国では、第二次世界大戦の終結直後に発表された今西錦司《いまにしきんじ》と梅棹忠夫《うめさおただお》による「群れごと家畜化」仮説が知られている。これは、遊動的な生活をおくっていた狩猟採集民が野生の有蹄類の動物群を追っている過程で、群れとの距離を縮めて親和性が醸成

図1-1　遊牧民の夏の宿営地にて（アルハンガイ県で撮影）

され、やがて群れごと管理下に置くことで家畜化が進行したというものだ。牧畜や遊牧は、農耕文明からではなく、狩猟採集民が加担者として成立した可能性が高いと説いた（ちなみに、この仮説のもととなったフィールド調査の舞台はモンゴル高原だった）。

しかし、近年の考古学的調査の進展で、「群れごと家畜化」仮説とは正反対のプロセスで遊牧が始まったということが明らかになってきた。すなわち、遊牧の前提には牧畜があり、牧畜の始まりには、農耕の開始と定住化があったというのだ。

牧畜の初現地は、考古学的にみて西アジアに求めることができる。そのなかでもチグリス川とユーフラテス川流域（イラク）、アナトリア高原南部（トルコ東南部）、レヴァント地方（東部地中海沿岸）から構成される弓形をした地域（わが国の歴史研究者が肥沃な三日月弧とよぶ、文明の揺籃地）で成立したとされる。

肥沃な三日月弧では、牧畜に先立つ前九〇〇〇年ごろから、小麦などの雑穀栽培がおこなわれ、人々は定住的な集落を構えて生活していた。この定住化が、牧畜の始まりに大きな影響を与えた。前八五〇〇年ごろになると、トルコ東南部のタウロス（トロス）山脈あたりで、アジアムフロンという野生羊と、パサンという野生山羊の家畜化が始まった。こうした家畜化は、集落内に捕獲してきた野生の山羊や羊を係留することから始まった。係留するためには囲いのような設備が必要だった。人の目と設備のある農耕集落は、牧畜の始まりにふさわしい場所だったといえる。

野生種と家畜種の違いはどこにあるのか。遺跡から出土した当時の動物骨の分析によると、家畜化した羊と山羊の骨は、野生種に比べて小さかった。家畜化された動物の身体のサイズは、人間が管理しやすいように概して小型になる。また、屠られた年齢構成に野生種との差異があらわれる。たとえば、自然死ならば幼獣と老獣の割合が高くなるはずだが、壮年の個体の比率が不自然に高まっていたとしたら、それは人間が意図的に選んで屠っていた証とされる。

乳利用の本格化

初期の家畜の利用は肉や毛皮だった。ただ、それだけではもったいない。羊や山羊は、年に一回、しかもほとんどの場合、一頭しか出産しない。屠畜は元手を切り崩しているようなものだ。それならば、なにも手間のかかる管理をしなくても、近隣の豊かな森に足を延ばして、ガゼルなどの野生動物を狩猟すれば事は足りた。おそらく家畜化の眼目の一つに乳利用があった。

しかし、家畜化以後しばらくのあいだ、乳の利用は明確でない。それは搾乳が難しかったからだっ

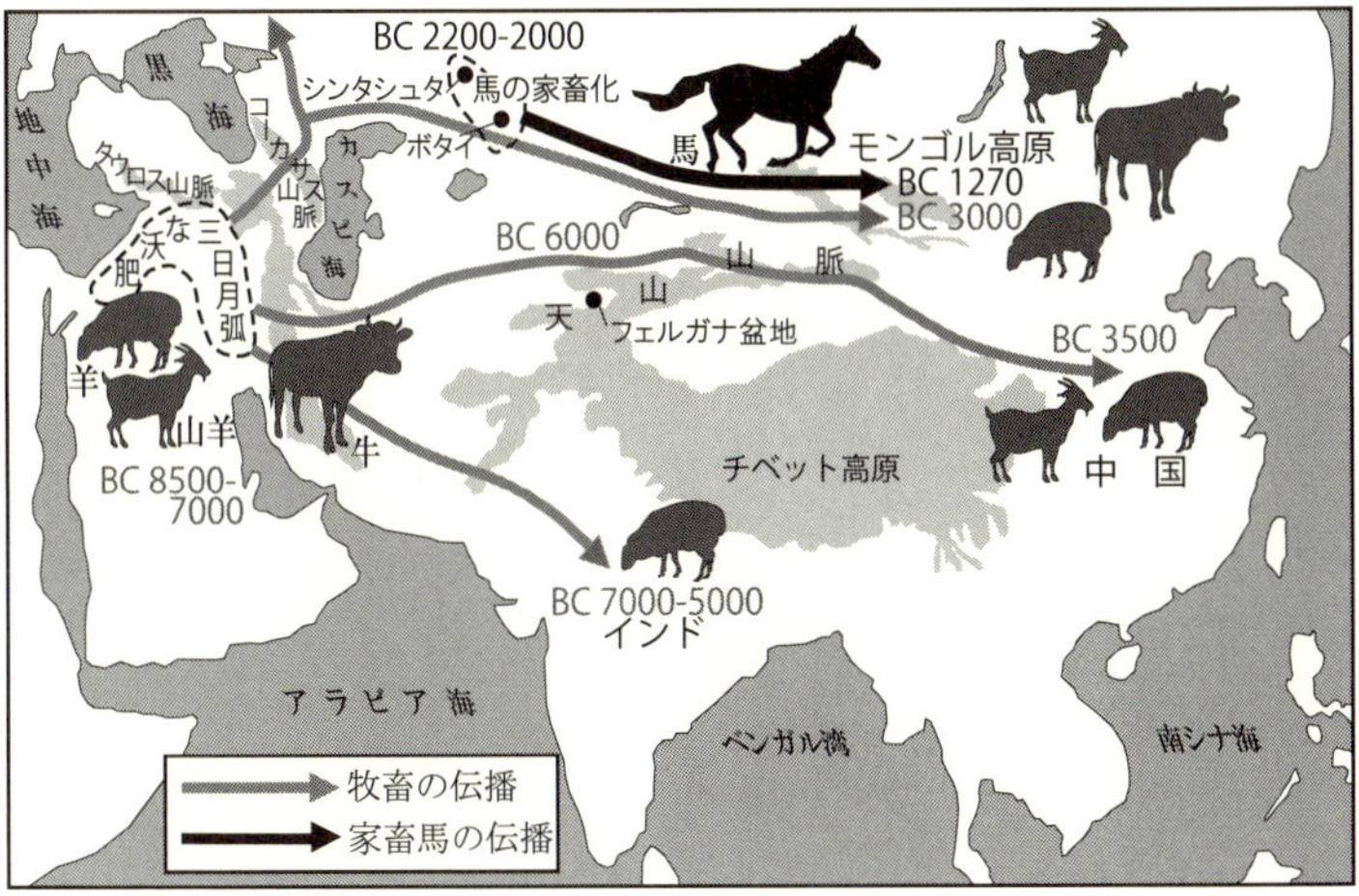

図1-2　牧畜の伝播

た。本来、母畜は自分の子どもにしか乳を与えない。そこで子どもを近くに置いたり、声を聞かせたりと、だまし技を用いて母畜の乳の出を促し、隙をみて搾乳するという巧妙な技術が必要だった。また、家畜全体において乳の出るメスの割合を増やすため、種オスの管理も必要だったとされる。こうした技術が確立して、前七〇〇〇年までに乳利用は本格化したとみられている。

乳を加工し、チーズなどの保存可能な食品が生み出せれば、牧畜だけで食料をまかなうことができる。それによって、すべてを農業に依存する必要がなくなり、定住的な集落から離れた所でも生活を営めるようになった。穀物などが必要になれば、農民の村に行って乳加工品と交換すればよかった。

そのころ農業と牧畜の普及で食料事情がよくなり、肥沃な三日月弧では人口増加が起こった。人口増加は、集落の大型化と農耕地の拡大につながった。それまで集落のなか、あるいは近接して置かれていた家畜の飼育圏は、農耕地との競合を避けて遠隔地へと移った。

ときを同じくして、肥沃な三日月弧の西部にあるレヴァント地方では、気候変動による乾燥化で森林が衰退して草原がひろがった。そうしたなか、一部の家畜を抱えた集団は、拠点集落を保ったままで、その周縁で放牧地を変えながら周回移動するようになった。それを移牧という。

さらに乾燥化の進んだ地域では、拠点集落と距離を置いた、いっそう移動性の高い移牧もおこなわれるようになった。それは遊牧の萌芽とみてよい。その時期は、前七〇〇〇年ごろ、換言すると、いまからおよそ九〇〇〇年前のことだった。

遊牧という選択肢

前六〇〇〇年までに、牧畜はコーカサス（カフカス）山脈（ジョージア、アルメニア、アゼルバイジャンの北に位置する）にまで伝播した。その南麓に営まれた当時の半農半牧の集落では、周辺で羊と山羊を日常的に放牧していたほか、夏期は高山に、冬期は山裾にと、標高差を利用した羊と牛の垂直方向の移牧もおこなわれたとわかっている。

この研究には、出土家畜骨の歯牙エナメル質を使った炭素と酸素の同位体分析が用いられた。微量な同位体の変化で、季節性や季節ごとに暮らした場所の違いがわかるという生化学的手法で、近年の考古学で活用されている。移動のさいには、荷物の運搬用として牛が活用されていたことも、牛の椎骨の変形から判明している。

ここで留意すべきことは、肥沃な三日月弧で成立した牧畜が、コーカサス山脈にまで北上するあいだに、集落地での家畜の係留、集落周辺での放牧、標高差を利用した季節周回型の移牧など複数の牧畜技術を備えていたことだ。もちろん、すでに遊牧も、そのオプションに加えられていた。おそらく、こうした牧畜技術は、人類が家畜化以前から動物の生態を間近で実見するうちに、試行錯誤で身につけたのだろう。

多様な選択肢があれば、起こり得る環境リスクの軽減につながる。牧畜を生業とした集団は、こうした持ち合わせていた牧畜技術のオプションのなかから、各地域の地形や気候に適したものを選択した。牧畜が広い地域に伝播できた要因になったと考えられる。

こうして牧畜技術をもった集団は、黒海北岸から大興安嶺まで東西七〇〇〇キロメートルにも及ぶユーラシア草原地帯へと進出を遂げた。新来の集団は、平原から険しい山岳地帯まで、多様な自然環境のなかで在地集団を混交しながら、その地域に適した牧畜の形態を、これまで体得した選択肢のなかから発現させていった。

西アジアを発した牧畜の伝播の速度は、意外に早かった。前六〇〇〇年ごろには、中央アジア東部にもひろがったという研究がある。家畜化された羊が天山山脈西端にあるフェルガナ盆地南部（キルギス）でみつかっている。この羊は、在地の野生種を祖とする羊ではなく、西アジアで家畜化された種だとゲノム解析でわかっている。

前四〇〇〇年ごろになると、カスピ海北岸からウラル山脈南麓の草原地帯と森林地帯の境界あたりに、半農半牧の定着的集落が形成された。その一つのカザフスタンの西北部にあるボタイ遺跡では、大量の馬の骨が出土した。

馬が食料として利用されたのは、旧石器時代からのことで、それ自体は珍しくない。ここで特筆すべきは、馬乳を利用していた痕跡が、乳脂肪として当時の土器から検出されたことだ。すわ、馬の家畜化の初現か——と学界に衝撃を与えたが、ボタイ遺跡の馬は、現在の家畜馬とは別種だったことがゲノム解析からわかっている。

ただ、別種とはいえ、ボタイ遺跡の住民が家畜化の難しい馬との距離を縮めつつあったことは確かなようだ。一般的に動物から搾乳することは容易でないが、とくに馬は神経質なので一朝一夕にはいかない。母馬の緊張を解き、傍らに子馬を控えさせて母性を高ぶらせたうえで、注意深くしかも手早く搾乳しなければならない。かなりの牧畜技術の進歩と馬の生態を熟知していたようすを、ボタイ遺跡の事例からうかがい知ることができる。

現時点において、現生種につながる馬の飼養は、前二二〇〇～前二〇〇〇年ごろ、カスピ海の北側にひろがる草原地帯で始まったと想定されている。西アジアから伝播してきた羊、山羊、牛から構成される牧畜に、ユーラシア草原地帯の一角で馬も加わった。

アルタイを越えた牧畜

前三一〇〇年ごろ、カザフ平原の草原と森林が入り混じる地帯にアファナシェヴォ文化が成立した。青銅器を用い、生業は半農半牧で、牛、羊、山羊を家畜としていた。

ちょうどそのころ、カザフ平原を含む中央アジア東部で、乾燥化傾向がみられるようになった。バルハシ湖周辺で森林が縮小する一方、草原がひろがりをみせた。乾燥化のなかでアファナシェヴォ文

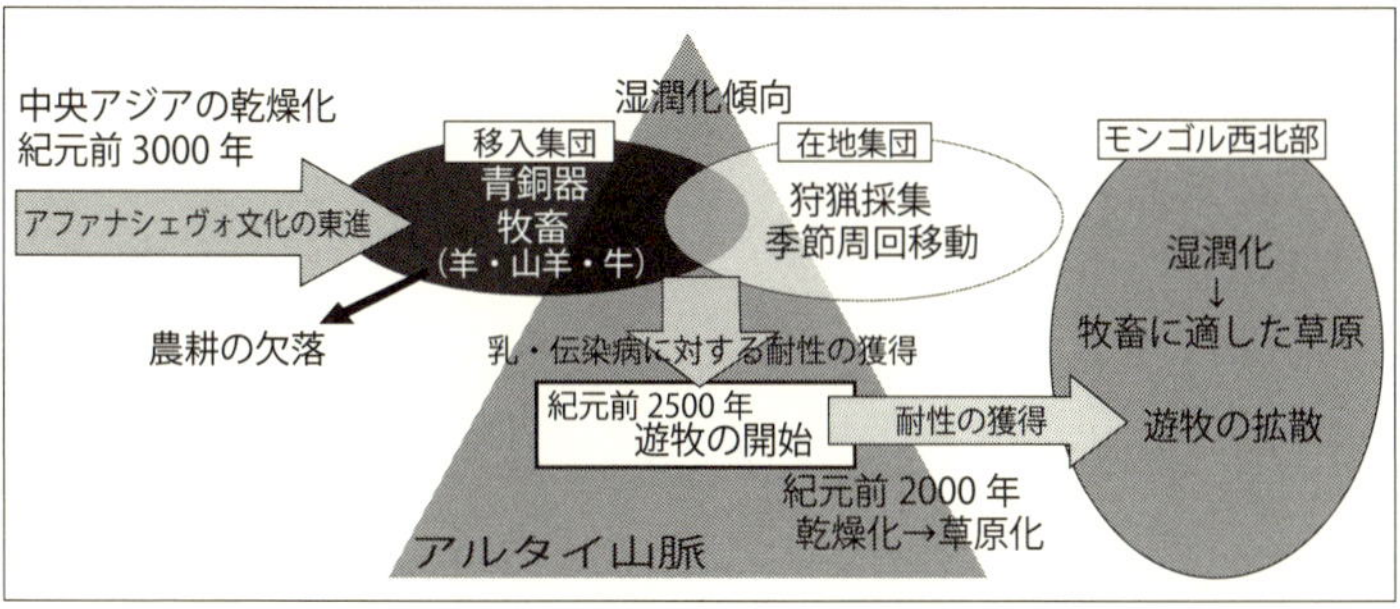

図1-3　北モンゴリアにおける遊牧の始まり（白石2023を改変）

化の担い手は東漸し、前三〇〇〇年ごろ、アルタイ山脈からハンガイ山地南麓にかけての地域に姿を現した。当時のアルタイ山脈は、比較的温暖かつ湿潤で森林が保たれていたとされ、多様な動植物が育まれていた。東漸してきたアファナシェヴォ文化の担い手は、そこに居を構えることを選んだ。

アファナシェヴォ文化の到来は、モンゴル高原に青銅器をもたらした。青銅器といっても、軟質で切裁には不向きなナイフと針が一点ずつ、アルタイ山脈北部のホーライ・ゴビ遺跡一号墓から出土しているだけだ。時代区分上、このときから北モンゴリアは青銅器時代に入るが、じつのところ、石器が利器として広く使われていた。

この文化の墓は、直径一〇メートル、高さ〇・五メートル程度の低墳丘の円形積石塚《つみいしづか》で、ほぼ中央に浅く掘った墓坑が設けられていた。そのなかに手足を折り曲げた姿勢で遺体が安置されていた。

出土人骨の残留コラーゲンを炭素・窒素安定同位体比分析という生化学的方法で調べると、被葬者が生前に摂取していた食品の傾向を知ることができる。アルタイ山脈にやってきたアファナシェヴォ文化の集団は、どうやら穀物は摂取していなかったらしい。カザフ平原にいたときにはみられた農耕は、なぜだかアルタイの地に至ると消えていた。

かわりに彼らは、草食動物に食料の多くを依存していたとわかった。もちろん野生動物も含まれていたが、少なからず家畜を利用していたと考えてよい。その証拠として、アルタイ山脈北部の当時の墓地遺跡からは、野生種とは異なる羊または山羊の四肢骨が出土している。

ちなみに、北モンゴリアの現生の家畜種の羊には、この地域の野生種のアルガリの遺伝子は認められないとされる。すべては西アジアのアジアムフロンに系統をたどれるという。つまり、この地の家畜羊は西アジアからやってきたということだ。

ハンガイ山地西南麓の墓地遺跡から検出された人骨の歯石に残っていた乳プロテインの分析（プロテオミクス）では、牛と羊の乳の痕跡がみつかった。これは日常的にそれらの乳製品を摂取していた証拠だという。アファナシェヴォ文化の伝来をもってモンゴル高原での牧畜の初現とする。

モンゴル高原に牧畜をもたらした集団は、人骨のゲノム解析をおこなったところ、父系のY染色体ハプロタイプ（ハプロタイプとは、片方の親から受け継いだ遺伝子の配列の型をいう）と母系のミトコンドリアDNAハプロタイプともに西ユーラシア人の特徴をもっていたとわかった。この地域に先住していたのは、東ユーラシア人だったので、かなり異質な集団の到来だったといえる。

新来の集団は青銅器を携えていたが、とても武器とよべるような鋭さはなかった。在地集団とは、強圧的というより、融和的に接したのではないか。そうであっても、在地集団にとって新来者は警戒すべき存在だった。未知の感染症をもたらしたかもしれない。それは人からだけでなく、ともにやってきた家畜からも伝わった。また、乳製品を共有する場面があったとしても、在地集団には乳耐性がないので、にわかに乳利用を受け入れることは難しかったはずだ。

新来の集団が持ち込んだ牧畜が、どのような形態でおこなわれたのかは明らかになっていない。これまでのところ定住的な集落はみつかっていないので、簡易な居住設備だけで、移動性の高い生活を営んでいたようだ。

ホーライ・ゴビ遺跡一号墓からは車両の残骸とみられる木材が出土している。馬は利用されていなかったので、おそらく牛に牽引させていた。そうした車に家財を載せて、西からやってきた牧畜民たちは、アルタイ山脈を越え北モンゴリアの地に入った。

遊牧民の登場

前二五〇〇年ごろ、アルタイ山脈北部に新たなタイプの墓地が営まれるようになった。その墓は、径二〇メートル、高さ二メートル程度の円形積石墓で、傍らに人物を模《かたど》った石像（石人）が立つ。埋葬施設は、深さ三メートルほどの竪坑《たてこう》を掘り、その底に大きな板石を用いた箱式石棺を設けていた。石棺の内部は赤色に塗彩されていた。

アルタイ山脈北部という比較的狭い範囲に分布が限定されるので、地域の環境に適応して在地化した集団が残したものといえる。とくに、東トルキスタン北部のイルティシュ川流域に遺跡が濃密に分布し、モンゴル国内にも三〇ヵ所あまりが知られていて、チェムルチェグ文化とよばれている。

チェムルチェグ文化の墓から出土した家畜骨には山羊、羊、牛があるが、馬の痕跡は認められない。ただ、野生馬の寛骨《かんこつ》が出土した例はある。人骨の歯石からは、山羊と羊の乳プロテインが検出されているが、馬乳は利用されていなかったようだ。

出土人骨のゲノム解析をした例は、いまのところわずか三体と少ないが、西ユーラシア人と東ユーラシア人の両方の特徴をもっていた。これは、中央アジアからやってきた集団が在地集団と混血した結果と想定できる。おそらく、こうした過程で、家畜伝染病や乳に対する耐性が、在地集団にも備わったとみられる。

在地集団は、季節で棲息水域を変える淡水魚や、群れで季節移動する鹿などを追って、遊動性の高い暮らしをしていたと、食性分析の結果から判明している。草と水を求める牧畜とは、きわめて親和性が高かった。在地集団と牧畜とが結びつくのは当然の帰結だったといえる。

こうして新たに形成された集団は、一時滞在型のキャンプ跡を残した。そこからは家畜の羊や山羊の骨が出土している。それらの遺跡の分布をみると、アルタイ山脈を流下する標高差のある谷筋に点々と確認できる。遺跡を残した集団は、おそらく夏を高地で、冬を低地で過ごすという、家畜を連れて水と草を追う季節周回型の移動生活をおこなっていた。これを北モンゴリアにおける遊牧の初現ととらえたい。

誤解のないように改めて強調しておくが、遊牧という牧畜形態は、北モンゴリアで始まったものではない。西アジアを発した牧畜のなかに、すでに遊牧というオプションが内包されていた。それがアルタイ山脈の自然および社会環境のもとで、もっとも有効な方式として選択されたにすぎない。

前二〇〇〇年ごろになると、アルタイ山脈周辺において森林が減少して草原化が進んだ。その背景には乾燥化と寒冷化があったと、この地域の氷床コアの酸素同位体分析から明らかになっている。

草原化は遊牧の拡大には好都合だったが、寒く乾いた気候は、けっして好ましい状況とはいえなかった。それに対して、アルタイ山脈の東方にひろがるモンゴル高原西北部の平原地帯では、気候が乾燥から湿潤傾向に変わった。前一五〇〇年ごろのハンガイ山地北麓では、家畜の好むイネ科植物の優占する草原が拡大したという。こうした自然環境の変化がアルタイ山脈にいた遊牧民を平原へと誘った。ただ、湿潤化していたとはいえ、基本的にモンゴル高原は乾いた冷涼な土地で、人と家畜を養える資源量は限られている。一ヵ所に長く集住すれば、すぐに資源は枯渇する。新たな行動圏となった草原地帯でも、引き続き遊牧というオプションが選ばれた。

アルタイ山脈を越えて東遷した遊牧民は、在地集団と交わって、牧畜を伝えるとともに乳利用も広めた。そのころハンガイ山地北麓にいた在地集団からも、歯石を用いたプロテオミクスで乳利用の痕跡が確認されるようになった。

2　家畜馬の到来

草原の積石塚——ヒルギスールと鹿石

前一五〇〇年ごろ、シベリア南部のエニセイ川上流や北モンゴリア西北部には、新たな形態の墓が造られるようになった。地表に人頭大の礫《れき》を円形あるいは方形に低く積み上げた積石塚が築かれるという点では、何の変哲もないものだった。ただ、塚の四隅に立石を設置していることに特徴があった。石積みの径あるいは一辺は五メートル前後が多い。被葬者は、その積石塚直下に掘られた深さ一メートルほどの竪坑に、西北に頭を向け、仰向けで足を伸ばした仰臥伸展か、左半身を下にして膝を曲げた左側身屈肢の姿勢で安置された。墓坑は何枚かの板石を使って閉塞されていた。副葬品にはわずかばかりの土器、石器、石製装飾品がある。

こうした墓の被葬者には、ゲノム解析の結果、西ユーラシア人を主体に、西ユーラシア人と東ユーラシア人との混血もいたとわかっている。また、彼らは、牛、羊、山羊の乳を利用していたことが、歯石のプロテオミクスで明らかになっている。

前一四〇〇年ごろになると、積石塚は円墳状に高く大型化し、四隅の立石は消えて、その代わりに大型の礫を配した石囲いが塚を一巡するという形態へと変化した。

こうした墓はヒルギスールとよばれる。一九世紀にこの地を訪れた考古探検家が、大昔に住んでいたキルギス人が築いた墓だろうと考え、キルギス・フール（キルギス人の墓）とよんだことに由来するという。それが転訛してロシア人考古学者はヘレクスルとよぶ。筆者よりも一世代前のロシア語文献をとおしてモンゴル考古学に触れた日本の研究者も、その呼称を用いることが多い。

しかし、それはモンゴル語的にみて正しくない。モンゴルでは、本書のようにヒルギスールとよぶのが一般的だ。筆者は、モンゴルの考古学用語をできるだけ現地の呼称に近づけることを心がけている。それが日本人考古学者というよそ者を、快く受け入れてくれる現地の人々に対する礼儀だと、つね日ごろ考えているからだ。

さて、これまでのところモンゴル国内だけでおよそ八〇〇〇基のヒルギスールが確認されている。ヒルギスールの積石塚部分は、直径一〇メートル未満の小型のものから、三〇メートルを超える大型のものまでみられる。そうした積石塚の外周を円形あるいは方形を呈した石囲いが一巡している。石囲いの規模は、おおむね積石塚をやや上回る程度だが、なかには一辺が二〇〇メートル近い例もある。さらに石囲いの東側外縁には、サテライト集石という径二〜五メートルの小型円形の配石遺構群がともなう場合もある。

前一三〇〇年ごろになると、ヒルギスールの傍らに高さ〇・五〜三メートルの石柱が立てられるようになった。多くの場合、石柱の表面にはデフォルメされた野生動物や器物が陰刻してあり、とくに鹿の姿が印象的に描かれている。そのためこの石柱は鹿石《しかいし》とよばれている。

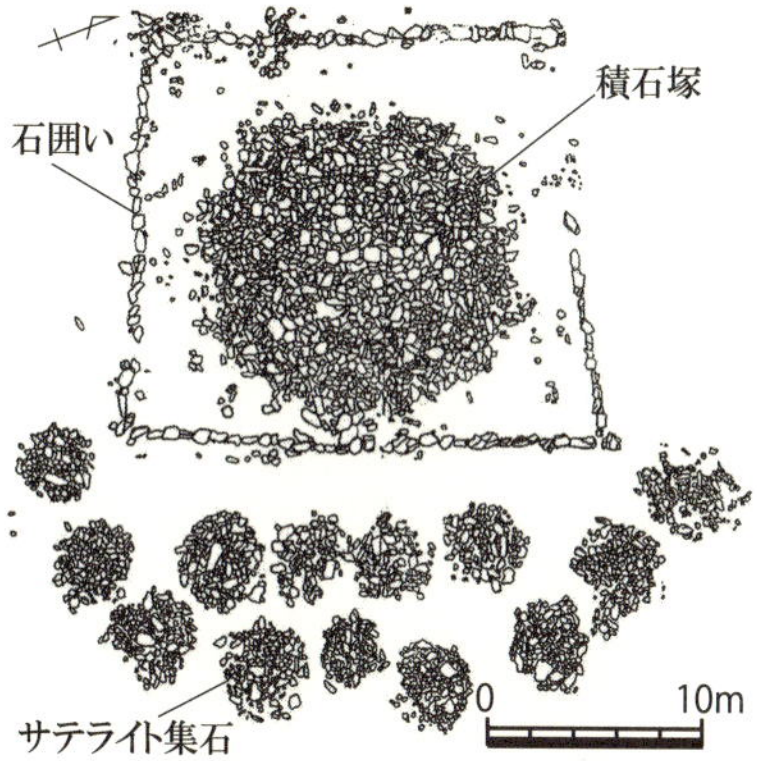

図1-4　ヒルギスール（白石2022を改変）

こうしたヒルギスールと鹿石から成る構造物は、欧米の研究者からディアストーン・ヒルギスール・コンプレックス（鹿石ヒルギスール複合）とよばれている。それが造られた時期と空間的ひろがりは、鹿石ヒルギスール文化として括ることができる。

そもそも鹿石ヒルギスール複合とは、いったい何のために築かれたのか。比較的多数の研究者は、鹿石ヒルギスー

図1-5　鹿石（オラーン・オーシグ遺跡）

ル複合を墓と考えている。積石塚の基底部に、人一人納まる程度の石棺状施設があり、そのなかから人骨が出土した例が少なからずあるからだ。とくに、初現段階や小型のヒルギスールは、おおむね墓とみなしてよい。

　しかし、積石塚の径が一〇メートルを超える比較的大きなヒルギスールは、かならずしも墓とはいえないようだ。石棺状施設が確認された例は、いままで発掘されたなかの約七割にとどまる。大きめのヒルギスールでは、人骨が検出されたとしても、その約三割が幼児だという。モンゴルの青銅器時代に属するほかの文化の墓地では、幼児の割合は一割に満たないので、ヒルギスールでは明らかに多い。成人が埋葬された場合でも大腿骨以下だけが出土したというように特殊だ。これらの被葬者は、夭折した乳幼児や不慮の死を遂げた者だった可能性がある。純然たる墓というよりも、何らかの祭祀の場であったとみてよかろう。

　総じてみて、鹿石ヒルギスール複合からは、遺物の出土がきわめて少ない。そのため、こうした特殊な構造物が、どのような系譜をもつ人々によって築かれたのか、うかがい知ることは難しい。ただ、鹿石に刻まれている短剣などの器物を模した図柄をみると、シベリア西南部のエニセイ川中流域にあるミヌシンスク盆地を中心にひろがっていたカラスク文化（前一四〇〇〜前一〇〇〇年）の影響がみてとれるという。

当時のミヌシンスク盆地では、それまでの厳しい乾燥期が終息し、湿潤に好転したことで牧畜が活性化したのと同時に、キビの栽培も始まっていた。生活が豊かになったことで、カラスク文化は分布圏を拡大させた。カラスク文化の担い手が、モンゴル高原の在地集団と接触したことで、鹿石ヒルギスール文化が成立したとも考えられる。ちなみに、カラスク文化の担い手のなかには、ゲノム解析により、紅毛碧眼の西ユーラシア人もいたとわかっている。

家畜馬の登場

ヒルギスールの外側にみられるサテライト集石は、石囲いの外側（おもに東）に数基から十数基が築かれている場合が多い。なかには数百基以上が、十数の列を成して整然と配列されている場合もある。集石部の礫を除去してみると、羊などの家畜骨が出土する。祭祀の供物として納められたと考えられている。

それが前一二五〇年ごろのものから、ほぼ決まって馬の頭部が検出されるようになる。おおむね一基のサテライト集石には、一頭分の馬の頭骨が納められた。

サテライト集石から出土した馬は、炭素と酸素の同位体分析によると、冬のあいだに飼葉を与えられていたという。家畜として飼育されていたことはまちがいない。ゲノム解析の結果、前二〇〇〇年ごろロシアのウラル地方に栄えたシンタシュタ文化の馬と関連があるとわかっている。シンタシュタ文化は、スポークのある車輪が発現しているが、馬はそうした車両の牽引にも用いられたようだ。

さて、家畜化された馬が、どのようにモンゴル高原にやってきたのかは、よくわかっていない。ただ、アルタイ山脈の遺跡から出土した人骨に解決の鍵がありそうだ。この地域の複数の古段階のヒルギスール（サグサイ型とよぶ。本章扉写真）から出土した人の歯石をプロテオミクスで調べたところ、馬乳利用の痕跡がみつかった。その年代は、前一四二〇〜前一二七〇年までさかのぼるという。

同様に馬乳の痕跡がみつかった前一二七〇年ごろとされるオリアスタイ・ゴル遺跡の人骨は、父母ともに西ユーラシア人の系統だったとわかっている。オリアスタイ・ゴル遺跡には、中央アジアから天山山脈北麓沿いに浸透してきたアンドロノヴォ文化の影響がみられる（アンドロノヴォ文化は、地域性や時期差でいくつかの文化に細分できる。シンタシュタ文化はその一つとされる）。

シンタシュタ文化で発現したスポーク車輪を用いた馬車は、耐久性と軽量な点でディスク（円盤形車輪よりも優れ、アンドロノヴォ文化のなかで拡がった。東トルキスタン地域に進出したアンドロノヴォ文化の担い手は、山岳地帯の季節移動における物資運搬にこうした馬車を用いたとされる。おそらく、アンドロノヴォ文化を介して北モンゴリア西部に家畜馬が伝来した。

北モンゴリアで家畜馬をサテライト集石に納めるようになったころ、鹿石ヒルギスール複合が巨大化した。ハンガイ山地北麓のタミル川流域に築かれたツァツィン・エレグ遺跡のB一〇号複合は、中央の積石塚が径三〇メートル、高さ五メートル、それを囲む方形配石は南北一九〇メートル、東西一七〇メートルで、方形囲いのほぼ四周に総計二三〇〇基ものサテライト集石が配されていた。また、同じくハンガイ山地北麓のハヌイ川流域に築かれたオルト・ボラグ遺跡の鹿石ヒルギスール複合は、中央の積石塚が径四〇メートル、高さ五メートルで、それを巡る方形石囲いは南北一九〇メートル、東西一四〇メートルの規模を有する。方形石囲いの東側と南側には総計二七〇〇基ものサテライト集石が認められた。

多くの場合、ヒルギスールの築造には、一人の大人が何とか持ち上げられる程度の礫が用いられていた。オルト・ボラグ遺跡の鹿石ヒルギスール複合には、そうした大礫が五〇万個以上も使われたという。仮に一日あたり一〇〇〇人を動員したとしても、完成には一ヵ月以上を要した。

さらに、二七〇〇基のサテライト集石があったことから、単純に述べれば二七〇〇頭の馬が犠牲になったことになる。サテライト集石から出土した馬の性別と年齢構成をみると、六〜一五歳の牡馬がかなりの割合で屠られていた。この年齢の牡馬は運搬力などに有用とされる。そうした馬を惜しげもなく犠牲としている点から、馬を供出させ、労働力も徴発することのできるエリート層が、すでに鹿石ヒルギスール文化の社会に存在したという意見がある。

広域ネットワーク

その一方で、巨大な鹿石ヒルギスール複合は、エリート層と無関係という意見もある。エリート層の墓にしては、巨大ヒルギスールの埋葬施設が簡素だからだ。地下ではなく、積石のなかに、わずかな箱状のスペースを設けているだけで、被葬者は、礫の隙間に遺棄されたのも同然の状態で検出される。そうしたことから小動物による食害や雨水の浸透で、人骨の残りはきわめて悪い。当時の来世観は定かでないが、貴人を葬るのにふさわしいとは思えない。

また、副葬品も乏しい。これまでヒルギスールから人工遺物が出土したのは、調査例全体の約九パーセントにすぎない。まして、巨大ヒルギスールからは、ごく数点がみつかっている程度だ。これだけ大規模な構造物が築けた被葬者に、威信財とまではいわなくとも、宝石や貴金属製品が一点も納められていないのは、何とも理解しがたい。

巨大な鹿石ヒルギスール複合が数多く築かれた地域、たとえばハンガイ山地から北流するハヌイ川流域でのフランス隊の悉皆的な踏査によると、当時の居住遺跡からは石器製作の痕跡と若干の銅スラグがみつかっただけで、エリート層の存在を思わせるような技術や物資の集積された痕跡は認められなかったという。鹿石ヒルギスール文化期におけるエリート層の存在は、かなり疑わしい。

この問題を考えるうえで参考になるのが、英国の新石器時代やわが国の縄文時代の事例だ。どちらの社会にも際立った階級差は存在しなかったとされる。にもかかわらず、前者には著名なストーンヘンジ、後者には周堤墓《しゅうていぼ》といった大掛かりな構造物が存在した。

ユネスコ世界文化遺産に登録されている北海道のキウス周堤墓群は、ヒルギスールと同時期の前一二〇〇年ごろ築かれた。深さ三メートルの竪坑を掘り、その底に墓が営まれた。竪坑を掘って出た土砂は、竪坑の周囲に環状に積み上げて、これを周堤とした。最大規模の周堤墓は直径約八〇メートル、周堤の頂部と竪坑底面の比高は約五メートルにもなった。その築成のために動かした土量は、大型ダンプカーおよそ五〇〇台分に相当するという。こうした大規模な造営は、突出したエリート層がいない社会でも、じゅうぶん可能だった。

そうだとすると巨大な鹿石ヒルギスール複合は、誰が何のために築いたのか。諸説あるなかで、共同体の統合と連帯の象徴として築かれたという説が近年有力になっている。

牧畜生活を家族のような小単位だけでおこなうことは難しい。たとえば、フェルト作りや家畜の繁殖などには、大人数による共同作業が不可欠だ。おそらく、こんにちの遊牧民と同じように、近隣のグループどうしが連携することで、不足する物資や労働力を補い合っていた。そうしたグループが自分たちの連帯の象徴として鹿石ヒルギスール複合を築き、家畜の増殖などを祈っていたのではないか。ヒルギスールに納められた遺体には、夭折した乳幼児や身体の一部が欠落した成人もいた。想像をたくましくすれば、後者は人身御供だったのかもしれない。

理化学的研究の成果がそうした祭祀のようすを具体的にしつつある。前出のツァツィン・エレグB一〇号複合では、馬骨の高精度炭素14年代測定により、およそ五〇年にわたってサテライト集石が増築され続けたとわかった。祭祀はかなり長いあいだ存続していた。しかも、アルタイ山脈北部の試料を酸素同位体分析した例では、馬を屠ったのは冬だとわかった。

長期間にわたって同じ場所で同じ祭祀を繰り返すことで、関与した集団間には、経済的つながりが緊密になっただけでなく、ある種の政治的連帯も強められたにちがいない。こうして成長した共同体は、物資の調達や通婚の範囲を広げるために、遠隔地のグループとも交流を始めた。

オルト・ボラグ複合から出土した家畜骨を、歯が形成された幼年期に過ごした地域を特定できるストロンチウム同位体分析という方法で調べたところ、三〇〇キロメートル以上も離れたゴビ地域のような温暖・乾燥の地からもたらされた家畜もいたとわかった。また、わが国で草原考古学なるものを唱道する髙濱秀《たかはましゅう》、林俊雄《はやしとしお》らが調査したフブスグル県オラーン・オーシグ遺跡では、鹿石のなかに地元で得られない岩石を使ったものがみられたという。これらの事例は、巨大な鹿石ヒルギスール複合を造営した集団が、広域にわたるネットワークを構築していたことを物語っている。

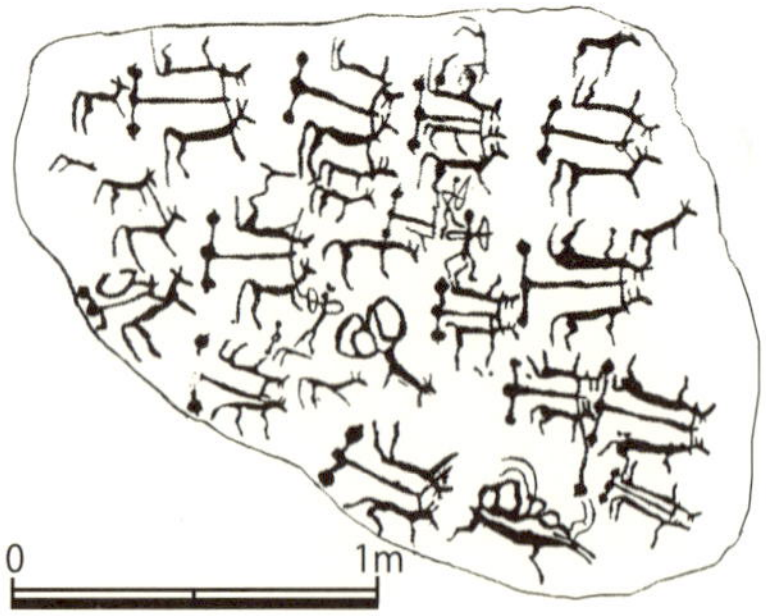

図1-6　馬車の描かれた岩壁画（チョロート・ゴル遺跡、白石2022）

馬車から騎乗へ

そうした広域ネットワークを支えたのは、馬の機動力だった。このころ北モンゴリアでは、馬は酪肉や皮革だけでなく、遊牧のさまざまな場面で、欠くことのできない存在になっていたとみられる。

アルタイ山脈やハンガイ山地の山岳地帯には、露岩に顔料や陰刻で画が描かれている遺跡が多い。そういった画を岩壁《がんぺき》画《が》という。青銅器時代の岩壁画遺跡として知られるハンガイ山地北麓にあるチョロート・ゴル遺跡では、鹿石に描かれたのと同じ画風の鹿像の傍らに、一本の轅《ながえ》を二頭の馬が引くスポーク式二輪車からなる馬車の画が刻まれている。その数は十数両にものぼる。鹿石ヒルギスール文化期の馬は、車両を牽引していたとみられている。

先述のように、サテライト集石から出土した馬は、ゲノム解析によって、スポーク式車輪をもった馬車の初源とされるロシアのウラル山脈東南麓のシンタシュタ遺跡の馬に近いと明らかになっている。ユーラシア草原地帯をたどって、中央アジアから馬車が北モンゴリアに伝わった証左といえる。

車を牽くときに、馬の口には轡《くつわ》という器具が付けられ、銜《はみ》という部分を噛まされた。銜には金属製と革製があった。銜の両端には鑣《ひょう》や鏡板《かがみいた》とよばれる銜留具《はみとめぐ》が付けられていた。銜留具を馬の頬にあてがうことで銜が大きく外れることを防いだ。銜留具には手綱《たづな》がつながれていた。車側にいた御者は、手綱を巧みに操って馬の動きを制御した。

前一二〇〇～前一〇〇〇年ごろの北モンゴリア西北部から出土した馬の頭骨を観察すると、上顎骨外側縁に溝状の凹みが認められることがある。これは硬質材の銜留具が用いられていた痕跡だという。また、上顎第一前臼歯の側面にしばしば残る切断痕は、金属製の銜を装着したときに残るとされる。さらに、鼻梁部分には、わずかな後天的な凹みが認められる場合がある。これは頭絡《とうらく》（馬の頭から顎、頬、鼻、首筋にかけて掛かる革紐で、轡と連結してその位置を適切に保ち、手綱を通して馬の顔の向きを制御する）の一部の鼻革《はながわ》という細紐の跡だとされる。

こうした装着痕は、車両の牽引によって付いたと考えられている。だが、同様の痕跡は騎乗することでも馬体に刻まれる。騎乗でも同じような頭絡、轡（銜、銜留具）を装着するからだ。そこで、すでに鹿石ヒルギスール文化期に騎乗があったと主張する研究者もいる。騎乗というものが、いつ、どこで始まったのか、じつはわかっていない。

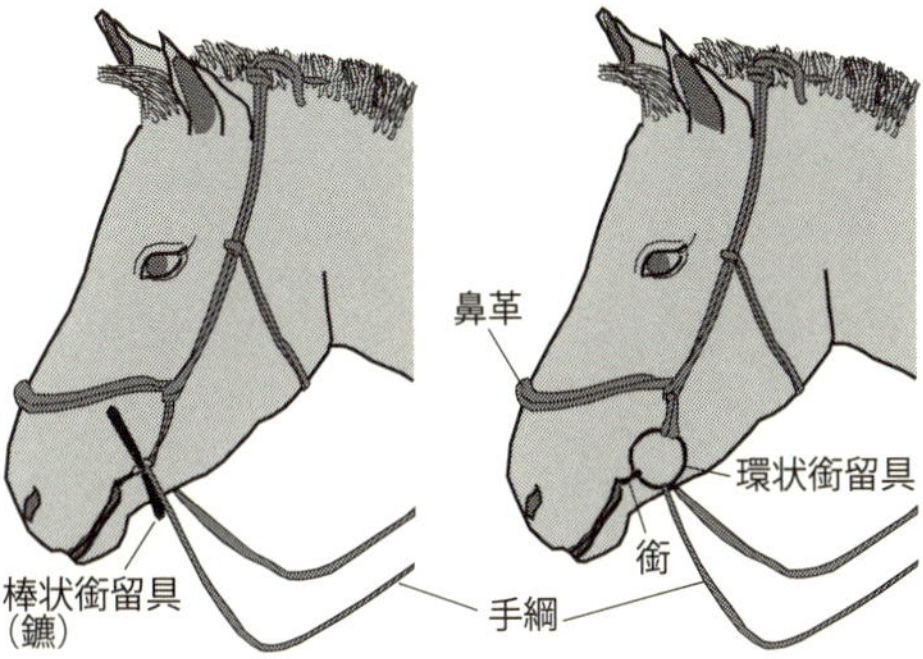

図1-7　銜留具の形態。北モンゴリアでは棒状が先行し、11世紀から環状が盛行した

騎乗はいつ始まったのか

日常的に騎乗している人間の腰椎や股関節には変形がみられる。それを乗馬症候群という。前四千年紀後半の黒海西北岸地域の人骨に、そういった変形があらわれるという研究があるが、その見立てには専門家のあいだでも意見が分かれている。

変形は馬体にもみられる。しかも、馬車と騎乗とを比べたとき、騎乗のほうに馬体の変形が大きくあらわれる。たとえば、人間の重みで馬の背骨(胸椎)に変形があらわれるともされる。北モンゴリアとその周辺でこうした痕跡があらわれるのは、いまのところ前一〇世紀までさかのぼる事例はない。やはり、鹿石ヒルギスール文化期の馬は、車両の牽引用だったのではないか。

騎乗の有無を確実に断ずる指標は鞍の存在だろう。もちろん鞍がなくても乗りこなすことは可能だが、長距離移動の場合、装着したほうが尻は楽だ。モンゴル高原とその周辺を瞥見すると、東トルキスタンのトルファン盆地にあるヤンハイ遺跡からの出土例が、いまのところ最古級として知られている。革を縫い合わせたものに草や動物の毛が詰められている。炭素14年代測定法による古い値を採用すれば、前八世紀には用いられていた可能性がある。

騎乗の起源地については、ウラル山脈南麓の草原が有力視されているが、一元的であったとは限らない。モンゴル高原を含むユーラシア草原地帯に暮らす遊牧民のあいだでは、馬の生態についての知識が蓄積され、馬の馴化も進んでいた。いつ、どこで騎乗が始まってもおかしくない状況だったといえる。多元的に騎乗が始まった可能性もある。それはさておき、いまのところ北モンゴリアにおける騎馬遊牧民の登場は、前一千年紀初めごろとみるのが妥当なようだ。

それに先立って馬という機動力を手に入れた鹿石ヒルギスール文化の担い手は、馬車を操って、その勢力圏を拡大した。北モンゴリア北部に湿潤をもたらした当時の自然環境が、その進出を後押しした。前二千年紀末には、ヘンティー山地の東麓やヘルレン川流域にも鹿石ヒルギスール複合が築かれるようになった。

鹿石ヒルギスール文化の担い手は、武器を携えていた。鹿石の表面に陰刻された画から、短剣、弓矢、楯、闘斧《とうふ》（つるはし）、槍、鉾などの種類があったとわかる。それらの多くは青銅製だった。ただ、そのころの青銅製武器は、質が悪く、殺傷能力は低かった。それよりも効果があったのは、おそらく馬や馬車だった。北モンゴリアの東部にいた集団にとって、まだそれらに馴染みがなかった。隊列を組んだ馬車の行進だけでも、その異様さが相手に威圧感を与えたにちがいない。

3　エリート層の形成

うつ伏せの被葬者

目を転じて、ゴビ地域を含む北モンゴリア東南部をみてみよう。

ゴビ地域は、いまでこそ年間降水量五〇〜一〇〇ミリメートルという極度の乾燥地だが、前二五〇〇年ごろまでは、降水に恵まれた湿潤な気候だったらしい。谷あいや丘陵の北斜面など、比較的保水性のよい場所には、森林がひろがっていたことがわかっている。そうした森林は野生動物にも恵まれていた。当時の遺跡からは多くの野生動物の骨が出土する。人々は河川近くや湧水地の周辺などに定着し、こうした動物を狩って生活していた。

北モンゴリア西北部では青銅器時代が始まっていたが、まだゴビ地域など北モンゴリア東南部では石器時代が存続していた。主要な利器は、きわめて精巧な技術でつくられた細石器だった。カミソリの刃のような薄くて細い石片を、水晶や碧玉《へきぎょく》といった硬質な母岩から連続的に、しかも大量に剝ぎ取り、それらを骨角や木製のシャフトに組み合わせて装着することで、槍先やナイフとして使っていた。

こうした細かい石器づくりの高度な技術は、ゴビ地域で産出する玉髄《ぎょくずい》などを用いた玉製作に活かされた。それらは交易によって周辺地域にひろがった。その対価の一例とみられるのが、彩文土器《さいもんどき》（器面に赤や黒で絵が描かれている）で、五〇〇キロメートル以上離れた黄河上流域からもたらされた。

当時、ゴビ地域に暮らしていた集団は、ハンガイ山地南麓まで進出していた家畜を連れた青銅器時代人と交流があったはずだ。それでも、動植物に恵まれたゴビ地域の豊かな暮らしに、青銅器や牧畜が入り込む余地はなかった。

ところが前二〇〇〇年ごろから、ゴビ地域では急激な乾燥化が始まった。それまで繁茂していた森林は縮小し、平野部は現在と同じような乾燥ステップへと変化した。同じころ乾燥から湿潤へと変化した北モンゴリア西北部とは正反対だった。

そうしたなか前一七〇〇年ごろになると、ゴビ地域から陰山山脈周辺にかけて、従前とは異なる葬制がみられるようになった。それは遺体を東に頭を向けた伸展の姿勢で、うつ伏せに安置していた。

モンゴル高原を通時的にみて、偶発的と思われる例を除き、伏臥の遺体の検出例はない。このような特殊性から伏臥葬文化《ふくがそう》とよばれている（ただし、仰臥の例もわずかに併存するので、こうした見方を疑問視する研究者もいる）。

特徴的かつ意図的な埋葬姿勢には、世界の民族をみわたすと、死者の属した集団の宗教や来世観が反映される場合が多い。わが国の縄文時代にみられた屈葬のような手足の折り曲げは、死後硬直の始まる前におこなう必要があった。被葬者とそれを取り巻く集団の宗教や来世観に基づいて、遺体の姿勢変更は、計画的におこなわれたと考えられる。すなわち、葬制が同じということは、ある種の同一の帰属意識をもっていた集団に属していた証左といえるのではないか。

伏臥葬文化の墓の外形には、いくつかのヴァリエーションが認められるが、特徴的なのは、長方形の積石塚で、その四辺が内側に弧状に入り込んでいることだ。その風変わりな形からこの墓は、人形《ひとがた》墓、撥形《ばちがた》墓、分銅形墓、はたまた蟻形《ありがた》墓などとよばれている。筆者は、屠った家畜から剝ぎ取った皮を、広げて干した状態を模したと考えている。いずれにしても、あまり適切な学術用語とはいえないので、最初にこの形の墓が注目されたゴビ・アルタイ山脈の麓にあるテウシ遺跡から「テウシ型墓」とよぶことにしよう。

遅れて来た青銅器

テウシ型墓は、おおむね長さ五メートル、最大幅三メートル、高さ〇・五メートルほどの規模をもつが、なかには長さが三〇メートルを超える例も報告されている。埋葬施設は、積石部の中心直下に

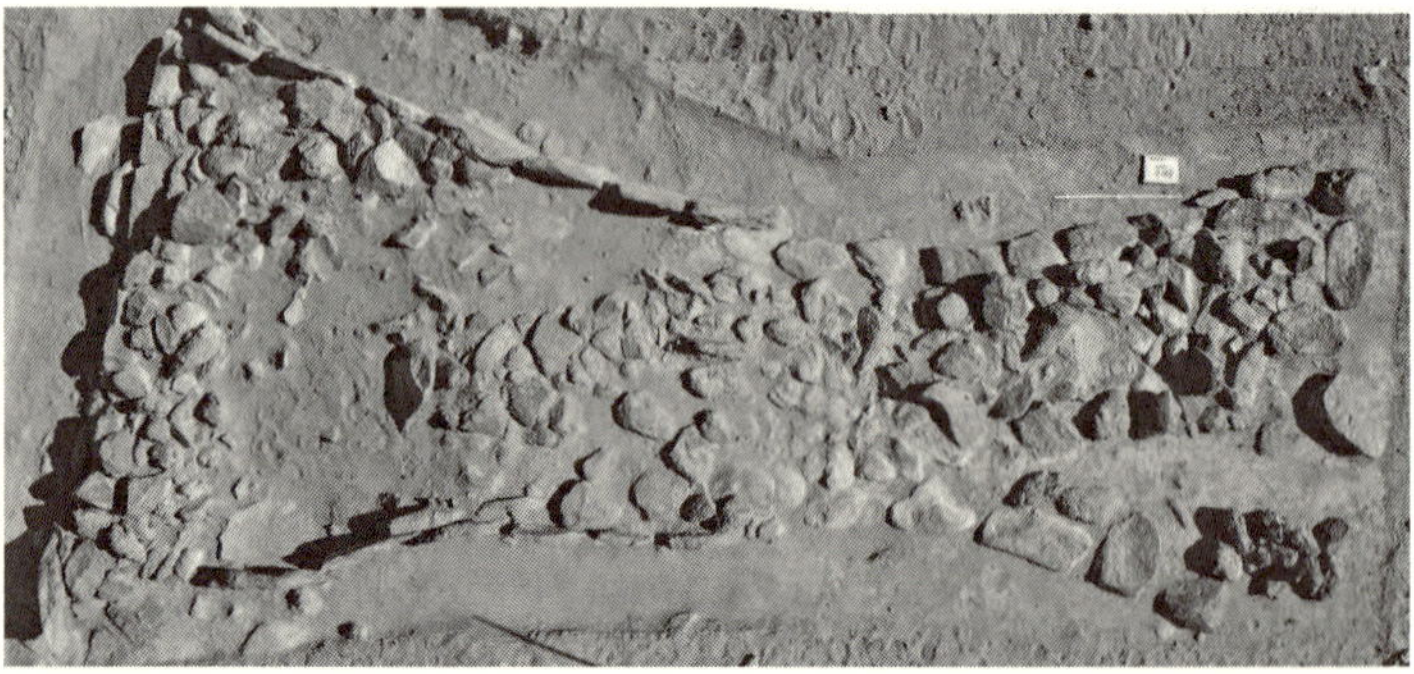

図1-8　テウシ型墓（Turbat et al. 2016）

設けられた。人一人が納まる程度の小さく浅い墓坑だった。

副葬品には、石製あるいは骨製臼玉、髪飾りあるいは衣服の留め金具とみられる細長いU字形をした金製品のほか、青銅刀子もみられた。伏臥葬文化の始まりをもって、ようやく北モンゴリアの東南部も青銅器時代に入った。

ほかに特徴的な副葬品として三足器もあった。鬲《れき》ともよばれ、深鉢の底部に三本の脚が突起した土器のことをいう。当時の南モンゴリアを含む中国北部では煮沸用器として一般的だった。水を入れて火にかけ、甑《こしき》という蒸器を上に載せて、キビなどの食品を蒸しあげた。いまのところ伏臥葬文化の遺跡から雑穀の実物は出土していないが、雑穀利用の可能性を示唆している。

伏臥葬文化の墓から出土した人骨の歯石を分析したところ、牛、羊、山羊の乳利用が明らかとなっている。それらを飼育する牧畜がおこなわれていたとみてよい。だが、馬の痕跡は認められていない。

人骨のゲノム解析の結果、伏臥葬文化の担い手は、ほとんどが在地の東ユーラシア人だったが、なかにはオルドス地域（黄河が几字状に屈曲した内側の高原部）に多い系統も存在していた。じつは、この地域の青銅器時代にも伏臥葬が存在している。すでに報告され、研究者に注目されていた。どうやらこの文化の源流は、オルドス地域に求められそうだ。

青銅器の製作技術も南からもたらされたようだ。青銅は、銅を主成分とし、錫《すず》や鉛を添加した合金をいう。この地域の青銅は、錫の比率の高い、いわゆる錫青銅だった。銅と錫はゴビ地域に産地がある。ゴビ地域の銅鉱床は地表に近く、採掘するのが容易だった。銅鉱床が露出した部分には、当時の採掘坑と採掘用の礫器が残されていた。その付近には当時操業した製銅炉も確認されている。青銅器を身近で容易に入手できる環境は、伏臥葬文化の勢力伸張を、おおいに後押ししたとみられる。

軍事エリートの出現

こうしてゴビ地域に定着した伏臥葬文化に、前一二〇〇年ごろになると鹿石ヒルギスール文化の影響がみられるようになった。テウシ型墓の営まれていた墓地にヒルギスールが築かれるようになった例もある。馬車を操った鹿石ヒルギスール文化は、伏臥葬文化に対して優勢だった。

ところが、前一一〇〇～前九〇〇年ごろになると、伏臥葬文化のなかにも、馬の痕跡が認められるようになる。馬骨の出土や馬乳プロテインの検出が報告されている。伏臥葬文化の担い手も鹿石ヒルギスール文化に対抗できる機動力を獲得したようだ。

それと歩調を合わせるように、伏臥葬文化がハンガイ山地南麓、オルホン川、トーラ川、ヘルレン川などの流域、さらには後バイカル地域へと分布域を拡大した。なかには、ヒルギスールの一部を壊

図1-9　四角（板石）墓（ヘンティー県）

してテウシ型墓を築いた例もみられるようになった。鹿石ヒルギスール文化と伏臥葬文化の勢いが逆転したかにみえる。

前一〇〇〇～前八〇〇年ごろになると、北モンゴリア東南部の葬制に大きな変化がみられた。被葬者は、うつ伏せではなく、仰向けで安置されるようになった。墓の構造も、縁辺が内側に湾曲する長方形積石墓ではなく、大きめな礫で縁辺を四角く直線的に囲むタイプに変わった。これを四角墓という。一部の墓では、縁辺の囲みに衝立《ついたて》状の板石を配するタイプもある。これは板石墓とよばれる。こうした方形プランの墓を営んだ文化を四角墓文化と総称する。

四角墓には大小があるが、一辺五メートル前後が多い。板石墓では、衝立状の枠石の高さは一〇センチメートル程度から、人の背丈ほどのものまであり、おおむね低い方が古く、時代が下るにつれて高くなる傾向がみられるという。

墓の中央に人一人が納まる大きさで、深さ〇・五～一メートルの素掘りの墓坑が設けられた。東頭位という埋葬姿勢や四角い墓形は、伏臥葬文化の名残といえよう。その一方で、墓坑を分厚い板石で閉塞するという点は、小型のヒルギスールと共通している。四角墓文化の起源は定かでないが、こうした所見から、伏臥葬文化と鹿石ヒルギスール文化とが融合して形成された可能性が強い。

ゲノム解析の結果、四角（板石）墓の被葬者の多くは、伏臥葬文化の担い手の特徴を色濃く引き継ぐ東ユーラシア人系だとわかったが、全体の二割ほどに西ユーラシア人系も含まれていた。こうした西ユーラシア人は、鹿石ヒルギスール文化に由来する人々だったと考えられる。四角墓文化が鹿石ヒルギスール文化を併呑しながら西方へと勢力圏を拡大したことを示している。

四角墓には、これまで北モンゴリアにみられた青銅器時代の墓葬と比較して、副葬品の数が目立つ。土器や石器、滑石・玉髄・瑪瑙《めのう》・トルコ石などを使った玉類のほか、鏃《やじり》、刀子、帯金具、装飾品といった青銅器も多い。そのなかでも青銅鏃は、ポピュラーな副葬品といえる。狩猟ならば石鏃や骨鏃でじゅうぶんなので、殺傷力の高い青銅鏃の普及は、武力抗争の多発化を物語る。

図1-10　青銅製冑（ボルガン県ホルトスト・ノガ遺跡出土、Turbat et al. 2016）

四角墓文化の勢力圏には、青銅の主原料の銅の産地はもちろん、錫の産地もヘンティー山地周辺に数多く知られている。ちなみに、四角墓文化の青銅は、伏臥葬文化と同様に錫の割合が高かったが、それ以外に鉛の割合も高いという特徴をもっていた。北中国の青銅器でも鉛の割合が高いので、その影響が考えられる。一方、鹿石ヒルギスール文化など北モンゴリア西北部の青銅器は、錫や鉛の割合が低く、ヒ素とアンチモンの割合が高かった。アルタイ山脈にある銅鉱を使っていたためとみられる。青銅技術の点で北モンゴリアが二極化していたことに注目しておきたい。

さて、武器が鋭利になれば、防具のほうも発達する。四角墓からは青銅製の冑《かぶと》の出土も報告されている。冑が納められた四角墓は、比較的規模が大きいことから、その持ち主は、軍団の指揮をおこなっていたエリート層だったと想定できる。

筆者が発掘したヘルレン川上流域のタワン・ハイラースト遺跡第三地点一号墓も、冑は出土しなかったが、そうした軍事エリートの墓だとみられる。骨を使った炭素14年代測定で前九世紀後半という値が出ている。

この墓は、平坦地や低丘陵に造営された一般的な四角墓とは異なり、急峻な山の頂上近くの眺望の利く場所に営まれていた。墓坑は畳一枚分もある厚い板石で厳重に塞がれていた。それでも盗掘を受けていた。情況からみて埋葬直後に被害を受けたようだ。

その被葬者は、身長一七〇センチメートルを超える大柄の初老男性で、左大腿骨には存命中に負った刃物痕が認められた。戦場で受けた刀傷であろうか。

この人物の生前の食生活を炭素・窒素安定同位体比分析で調べたところ、C４植物（キビやアワなど）の割合が、この地域に一三世紀に栄えたイェケ・モンゴル・ウルス期の墓の被葬者とまったく同じ傾向だった。一三世紀の人々はキビを常食にしていた。タワン・ハイラーストの初老男性も、酪肉のほかにキビを日常的に摂取していたと考えてよさそうだ。

当時、四角墓文化の人々は、どのようにしてキビを入手したのか。シベリア西南部のエニセイ川中流域にみられたカラスク文化や、その後のタガール文化（前七～前三世紀）には、粗放的な農耕があったとされる。おそらく、北モンゴリアでもキビ栽培がおこなわれていたのではないか。

　この初老男性の傍らには、青銅鏃、大小の青銅製ボタン、碧玉製管玉、皮革製品という多彩な副葬品が納められ、くわえて、遺体の上には馬の頭骨、脛骨《けいこつ》、大腿骨が置かれていた。想像をたくましくすると、この馬は、戦場をともにした男性の愛馬だったのかもしれない。このころには東部を含む北

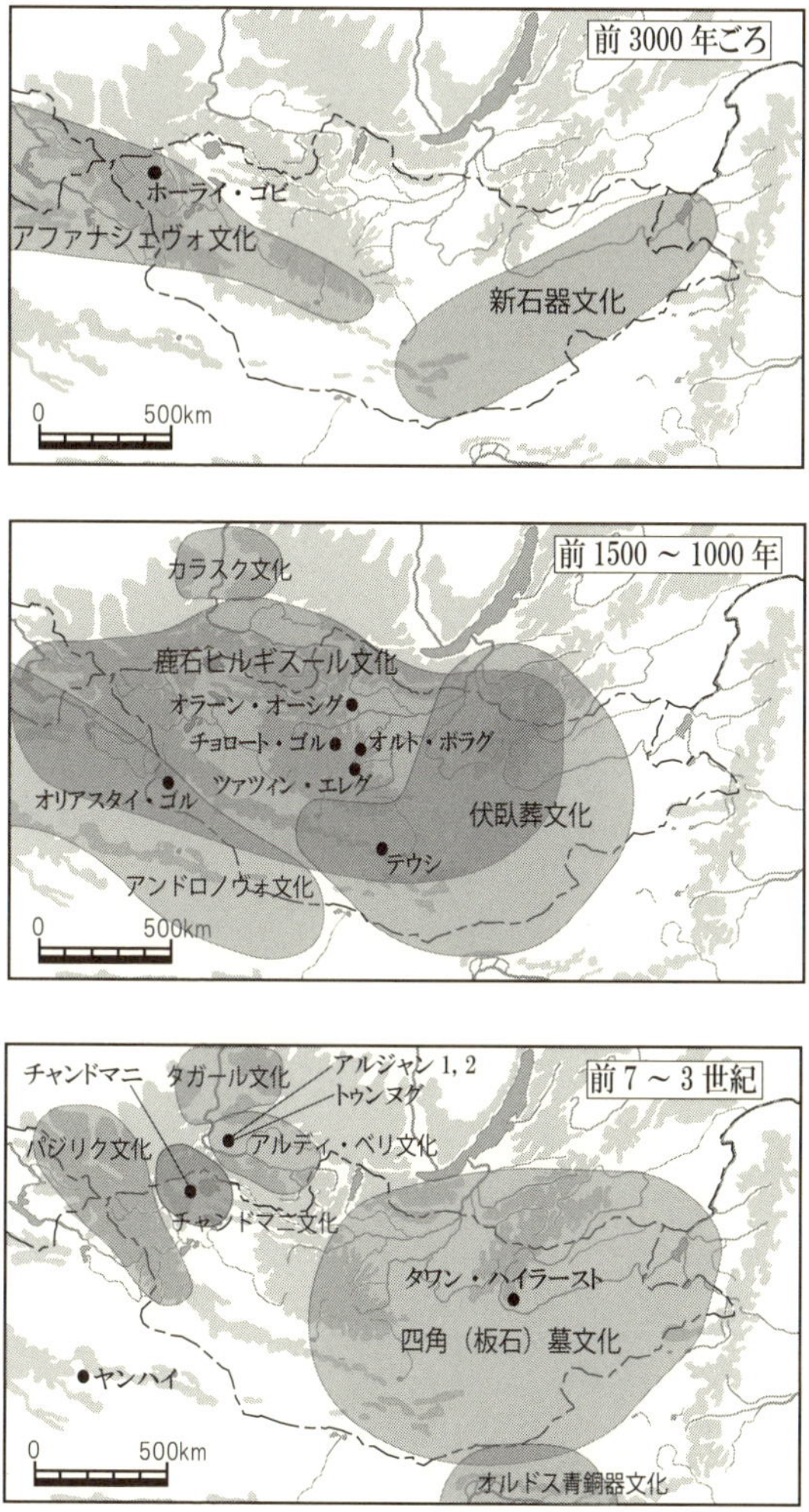

図1-11　青銅器文化の変遷

モンゴリア全域に馬利用が広がり、おそらく騎乗も始まっていたのではないか。

4　遊牧王朝の萌芽

巨塚の谷

北モンゴリアで軍事エリートが登場したころ、その西北にあるトゥバ地域では、遺跡数が目立って増加した。トゥバ地域は、三〇〇〇メートル級のサヤン山脈とタンヌ山脈に囲まれた狭隘な土地で、シベリアの大河エニセイの源となっている。

前九世紀ごろ、それまで乾燥が激しく砂漠ステップがひろがっていたトゥバ地域に、湿潤な気候がやってきた。ヨーロッパアカマツを中心とする針葉樹林と草原がパッチ状にひろがる森林ステップへと変わった。

その背景には、北大西洋振動という気候メカニズムが関係していた。北大西洋の南北における気圧差が小さくなる現象が起こると、偏西風が流れを変え、トゥバ地域一帯に湿潤な気候をもたらすという。湿潤な傾向は、牧畜を主体としていたこの地域の集団にとって、好ましい環境変化だった。

そうしたことが人口の増加や周辺地域からの移入をうながし、結果として遺跡数の増加につながったようだ。さまざまな文化的影響を受けて、アルジャン文化と名づけられた独特な文化が成立した。

アルジャン文化の中心地の一つにウユク盆地がある。トゥバ地域の中心都市クズルから西北に七〇キロメートルにある水と草の豊かな場所だ。西から東に流れるウユク川に沿った平原には、地元民からクルガンとよばれている大小の塚が一〇〇基あまりも点在する。このあたりは一メートルほど掘ると永久凍土に達するので、埋もれた遺物は比較的良好な状態で遺存していた。

一九七〇年代から断続的におこなわれている発掘は、遊牧王朝の萌芽を語るうえで多くの重要な知見を提供してきた。いくつかのクルガンは、強力な王権の存在を示すような際立った規模を有し、そこからは、夥しい数の豪華な副葬品が出土した。そこを〝トゥバの王家の谷〟とよぶ人もいる。

前九世紀後半になると、ウユク川の上流にトゥンヌグ一号墳とよばれるクルガンが築かれた。現存高一・五メートル、径約九〇メートルの円丘と、そのまわりを幅一二メートル、高さ一メートルの石積み周堤が巡っている。周堤は、ヒルギスールの石囲いを大型化したようなもので、その南と東の外縁にサテライト集石が多数設けられていることも合わせると、鹿石ヒルギスール文化との関連が強くうかがえる。

墳丘の表面は礫で覆われていたが、その礫層の下には、針葉樹の丸太を芯材として入れた粘土壁によって仕切られた一〇〇あまりの部屋があった。それぞれが墓室で、多数の被葬者を納めることのできる集団墓だったようだ。しかし、被葬者の痕跡は検出されておらず、また、遺物も青銅製の銜、土器片、石製容器などがわずかに出土したにとどまる。いまのところ、この遺構の正確な位置づけは明らかになっていない。

つづいて前九世紀末から前八世紀初頭にアルジャン一号墳が築かれた。アルジャン一号墳はクルガン群のほぼ中央にあり、トゥンヌグ一号墳の七キロメートル東北に位置する。

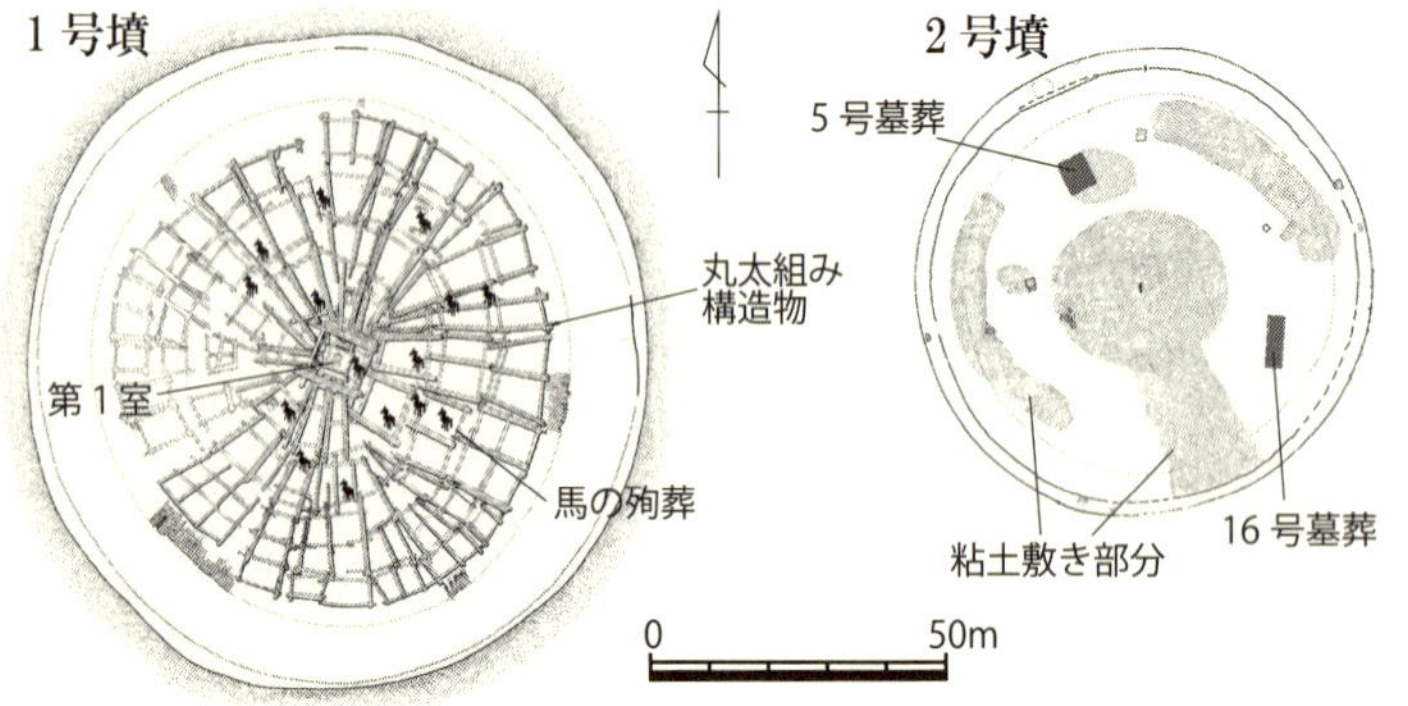

図1-12　アルジャン1号墳と2号墳の封土をはがした状況（Čugunov et al. 2010を改変）

墳丘は径約一〇〇メートル、高さ四メートルほどの円丘状を呈する。およそ一二〇基のサテライト集石が、墳丘の東側を弧状に半周して配置されていた。さらに、発掘時には気づかれなかったが、ここにも環状の石積み周堤が巡っていたらしい。ソ連時代に建築資材に利用するため取り壊され、発掘時には残っていなかったという。そうならば外部の構造はトゥンヌグ一号墳と同様で、やはり鹿石ヒルギスール文化の流れを汲むものと位置づけられる。

封土を取り除くと丸太組みの構造物があらわれた。その径は七〇メートルで、車輪のスポークのように中心から周囲へ放射状にのびる木組みを、横方向から渡した木組みで仕切ることで、ログハウス状の約七〇の区画が造られていた。区画の仕切りが粘土壁でないことがトゥンヌグ一号墳との相違点といえる。

一部の区画からは人骨と馬骨が検出された。人骨が一六体分、馬は一六〇頭分と報告されている。

墳丘中心部にある第一室は、八メートル四方と区画中最大で、床にも丸太を並べて敷き詰めた木槨状になっていた。さらに、その内部にも四×三メートルの丸太造りの木槨があった。いわば内槨だ。内槨には老齢の男性と成人女性の遺体が安置されていた。この男性が主たる被葬者だったようだ。

内槨の周囲には、二基の小木槨と六基の丸木棺が置かれていた。こうした棺槨に納められた人々は、主たる被葬者に殉じたのだろうか。

第一室からは、金銀製品、青銅製品、トルコ石、毛革製品などの豊かな副葬品が出土した。とくに金属加工技術には目を見張るものがあった。犠牲馬は、それぞれが規格の整った青銅製の轡を装着していた。そうした製品を大量に生産することができる工人集団が、主たる被葬者のまわりにいた。

犠牲馬が戦車の牽引用だったのか、あるいは騎乗用だったのかは、定かでない。ただ、人間の重みを支えるため、ある程度の屈強な体軀が求められる騎乗用の馬とは異なり、これらの馬は、小柄で肢が細かったとわかっている。

ほぼ一度に一六〇頭もの馬を屠ることができた点からみて、主たる被葬者は、相当の権力者だったと想定できる。しかも、優れた金属加工の技術者を支配下に置いていた。この人物は、軍事エリートの枠にとどまらず、グループ内の生産や技術なども掌握していた、突出したリーダーだったようだ。

黄金まみれの騎馬民の男女

前七世紀中葉になると、トゥバ地域でアルディ・ベリ文化が始まった。この文化の最大の特徴は、鉄器の使用だった。

人類の鉄器製作は、前四千年紀末に小アジアでの隕鉄の利用から始まった。隕鉄を溶解して作った鉄器の使用は、北モンゴリアに青銅器をもたらしたアファナシェヴォ文化でも知られている。ただし、これを鉄器時代の始まりとはしない。鉄鉱石の製錬をおこなう本格的な鉄器製作の萌芽をもって鉄器時代の開始とする。その初現は、前一二世紀ごろの西アジアに求められる。そこから中央アジアを経由して、前七世紀までに鉄はトゥバ地域へと至った。

トゥバ地域では、アルジャン文化期に金や青銅の金属製品を作る技術が発達していた。鉄工の技術を受け入れるのは、比較的容易だったはずだ。しかもトゥバ地域には鉄鉱石の産地が少なくない。鉄器生産には好立地だった。ただし、この地域における製錬炉の発見例は、前四世紀のものがいまのところ最古とされる。このギャップを解消する研究を期待している。

アルディ・ベリ文化期になると、青銅器技術にも変化があらわれた。アルジャン文化期の青銅には、ヒ素とアンチモンが特徴的に含まれていたが、前七世紀になると錫が顕著に含まれるようになった。前述のように、錫青銅は、北モンゴリア東部を中心とする四角墓文化にみられた特徴だった。

ゲノム解析によると、トゥバ地域における集団の構成は、それまでの西ユーラシア人主体から、しだいに東ユーラシア人が優勢に変化した。この東ユーラシア人は、このころ北モンゴリア西北部まで伸張していた四角墓文化に由来したのかもしれない。

アルディ・ベリ文化を代表する遺跡にアルジャン二号墳がある。これも前述したウユク川沿いのクルガン群にあり、その東端に築かれている。アルジャン一号墳からは東へ九キロメートルの地点に位置する。

アルジャン二号墳は、径七〇メートル、高さ二・五メートルの円丘状の積石塚で、墳丘上には鹿石が立てられていたらしい。周囲にはサテライト集石も一七〇基ほどあり、ここにも鹿石ヒルギスール文化の後裔と思しき特徴が見受けられる。

　積石を除去すると、分厚く粘土を敷いた部分が現れた。その粘土敷きの下からは、埋葬施設が二八基検出された。多くは簡素な石棺状だったが、竪坑が一基だけ、墳丘の中心からやや西北に外れた場所からみつかった。これは五号墓葬とよばれている。

　その規模は長さ五メートル、幅四・五メートル、深さ四メートルで、竪坑の底部には一部に加工を施した丸太を組んで造った二重の木槨が設置されていた。内側の木槨は二・四×二・六メートルの大きさだった。そのほぼ中央に西北頭位で左側を下にし、膝を軽く折り曲げた姿勢で、四〇代の男性と三〇代とみられる女性が、寄り添うように安置されていた。

　ゲノム解析の結果、男女ともに母系は東ユーラシア人だった。男性は骨に転移の痕跡を残す悪性腫瘍が死因だったとみられるが、女性のほうは、とくに死因となるような病気や怪我は見出せなかった。男性に殉じた可能性がある。

　この男女の遺体の周囲には、およそ六割が金製装飾品という約九〇〇〇点もの副葬品が置かれていた。まるで黄金にまみれているような姿だった。それら工芸品の微に入り細を穿つ精巧さには、目を見張るものがあった。

　副葬品には鉄器も含まれていた。短剣、環頭刀子、闘斧、鏃など多様な鍛造鉄製品がみつかっている。耐久性と殺傷能力の点で鉄は優れていた。ただ、短剣には、豪奢なデザインの金象嵌《きんぞうがん》が施されるなど、実用品というよりも威信財としての色彩が強かった。

ほかの二七基の石棺状の遺体収納施設からは、一八体の被葬者が検出されている。五号墓葬と同じく、多くは西北頭位左側身屈肢の姿勢で安置されていた。一部の被葬者の頭部には闘斧によるとみられる貫通孔があり、殉葬の可能性が指摘されている。なかには八〇〇キロメートルも離れたアルタイ山脈あたりの出身者がいたことも、歯牙のストロンチウム同位体分析によって明らかになっている。

また、一六号墓葬とよばれる埋葬遺構からは、一四頭もの馬が青銅製の轡を装着し、頭を西に向けて整然と並べられた坑がみつかった。いわゆる犠牲坑だ。これらの馬には、胸椎下部の変形が顕著にみられた。過重な騎乗に原因があったと考えられている。アルジャン二号墳の被葬者と、その造営にかかわった者たちは、まぎれもない騎馬民だった。

気候変動と社会変化

アルジャン二号墳五号墓葬の男性被葬者は、馬の機動力によって広範囲に勢力を及ぼした、この地方の騎馬民グループのリーダーだった。おそらく彼の役割は、交易や軍事行動を主導し、得られた品々を集団の構成員に再分配することだった。そうしたことで、グループの内外で政治的かつ経済的影響力を高めていたにちがいない。

アルディ・ベリ文化期のエリートの地位は、他の遺跡のゲノム解析結果によると、父系で世襲されたとわかっている。おそらく五号墓葬の男性被葬者もそうした人物で、個人的な資質や人格で選ばれた部族の長とは異なり、社会的威信のある血縁集団から輩出されたリーダーだったと考えられる。

そうしたリーダーの存在をもって、そのころトゥバ地域に初源的な国家が成立していたとみる研究者もいる。たしかに、巨大な墳墓を造営でき、金や銅の優れた冶金の専業工人を管轄できる権力者が存在していた。ただ、これを前出のレンフルーらの社会考古学的定義にあてはめれば、都市はもちろん、宮殿や宗教施設といった大規模な公共建築の存在は認められない。また、中央集権的な統治組織の有無など解明されていない点も多々ある。そこで国家、すなわち遊牧王朝とよぶにはいささか躊躇する。しかし、少なくともその萌芽を認めることはできよう。

さて、アルジャン二号墳が築かれた前七世紀、トゥバ地域は湿潤のピークだった。アルジャン二号墳とアルジャン一号墳の馬のサイズを比べると、二号墳のほうが大型だった。良好な草の生育が、馬を始めとする家畜の育成にプラスに作用したとみられる。

また、そのころ灌漑農耕が存在した可能性も衛星写真の判別結果から指摘されている。定着的イメージの強い農耕は、遊牧と背反する存在のようだが、好適な気候などの条件が整えば、季節移動経路の一角で粗放的な農耕は可能だった。こうしたバックグラウンドが豊かな黄金に彩られた文化を支えたのかもしれない。

ところが前六世紀になると、トゥバ地域は乾燥傾向になった。偏西風の流れが変わり、この地域に湿った気流が入らなくなった。それによって森林が減少して草原化した。草原化は牧畜にとって悪くはなかったが、その原因には人為的な環境破壊も絡んでいた。たとえばカラマツ林の減少は、乾燥化による土壌の保水性の低下のほかに、増加した人口と、発達した金属生産を支える上で大きなダメージとなった。

やがてトゥバ地域の遺跡数は急激に減少し、同時に、威勢を誇った騎馬遊牧民のリーダーの姿が消えた。かつて巨塚がつぎつぎに営まれたウユク盆地に、新たなクルガンは築かれなくなった。

トゥバ地域を去った者のうち西に移ったグループは、黄金の輝きに象徴されるスキタイ文化を黒海北岸から南ロシア平原にかけて展開させたと長らく指摘されてきた。その説には、彼我の考古資料の類似が大きな根拠になっていたが、いまひとつ説得力に欠けていた。そうしたなか、近年盛んにおこなわれるようになったヒトゲノム研究によって、東から西へのダイナミックな人々の移動が実証的に裏づけられようとしている。

高地に栄えたパジリク文化

前五世紀になると、北モンゴリア西北部一帯は、ふたたび偏西風の流れの変化で湿潤傾向となった。それに合わせるように、アルタイ山脈北部にパジリク文化がひろがった。パジリクとは現地語で墓のことをいう。山間の平坦地に築かれた大小の積石塚の存在が、この文化を特徴づけている。

大型の積石塚は、直径四〇～五〇メートル、高さ三～四メートルほどの規模をもつ。積石塚の中心直下には、旧地表から五メートルほど掘り下げた墓坑がある。墓坑のなかには、二重あるいは三重の丸太造りの木槨が設えてあった。かなり手の込んだ造りといえる。木槨は箱形を呈し、その一辺が五メートルになる例もみられた。

高緯度の地で、しかも一九〇〇メートル以上の高地に営まれたことが幸いした。木槨内は凍結し、貴金属類、鍛鉄製の短剣などの武器、巧みな木工品、色彩豊かな毛・皮革製品などの副葬品が、きわめてよい状況で残っていた。特筆されるのは、刺青のある皮膚をとどめた生々しい状態で被葬者が検出されたことだろう。伝説の怪獣グリフィン（鷲の上半身に、ライオンの下半身をもつ）などが鮮やかに彫られていた。

　パジリク文化では、馬の殉葬が一般的だった。一つの墓に複数頭が納められた。被葬者にとって馬は大切な伴侶だったとわかる。こうした犠牲には牡馬が多く、馴化のための去勢がなされていた。ゲノム解析の結果では、長い疾駆に耐えるよう前肢が丈夫で、乳の出のよい遺伝子をもつ馬が、近親間ではなく、広域での交配によって生み出されていたようだ。アルジャン文化期の馬の体高が一四四センチメートルだったのに対し、パジリク文化期の馬は一五〇センチメートルと大型化していたが、これも品種改良の結果とされる。

　犠牲馬は、装飾性豊かな頭絡で飾られていた。パジリク文化といえば、ロシアのエルミタージュ美術館に展示されている大きな車輪が目を引く四輪車がよく知られている。馬はこうした車を牽引した。それだけでなく、背にフェルト製の軟式鞍を付けた犠牲馬も出ていることから、騎乗用としても使われていたとわかる。

　こうした墓の被葬者をパジリクの〝王〟と形容する記述を、これまでしばしば目にしてきた。しかし、トゥバ

図1-13　パジリク文化の凍結墓から出土した木槨（モンゴル国立文化遺産センター蔵）

地域のアルディ・ベリ文化のエリート層の墓と比べると、墓の規模や副葬品の点で格段に劣る。パジリク文化の構成員を一般民と富者という二つに大きく括れば、こうした被葬者は富者の範疇に入る。だが、トゥバ地域のウユク盆地のような突出したリーダーの存在を、そこに見出すことはできない。社会進化の視点でみると、パジリク文化はアルディ・ベリ文化よりも後退した感がある。

パジリク文化のひろがった寒冷で狭隘な山岳地帯においては、基幹となる牧畜さえも、その生産性はけっして高くなかった。パジリク文化がアルディ・ベリ文化よりも後退したようにみえるのは、そういった環境が関係しているのだろう。

草原の道のパイオニア

パジリク文化の担い手は、遊牧民といっても多分に定着的側面を有していた。谷あいで垂直方向の移牧（トランスヒューマンス）をおこない、夏は高地で白樺樹皮のテントに、冬は山麓でログハウスに住む半定住生活を営んでいた。アルタイ山脈北麓の比較的標高の低い地域では、気候条件がよければキビの栽培といった農耕もおこなっていたようだ。

とくに変哲のない牧畜経済にもかかわらず、副葬品に豊かさがみられたのは、周辺地域とのつながりのおかげだった。

たとえば、パジリク文化の青銅器生産では、ヒ素とアンチモンが多く含まれるアルタイ山脈の銅鉱を利用したとわかっている。そうしたなか、鉛同位体による産地推定で、南モンゴリア地域の鉱山で産出した銅を原料としたものも一部に存在したとわかった。じっさいに、パジリク文化の遺跡からは、中国の戦国時代の銅鏡が出土している。青銅器以外にも中国産の絹織物の存在が知られている。

注目したいのは、そうしたモノの動きが中国からアルタイ山脈への一方通行だけではなかったことだ。オルドス地域を中心とする南モンゴリアでも、パジリク文化を含むアルタイ山脈からエニセイ川流域でみられた動物意匠を特徴的にあしらった青銅器が作られるようになった。このような文化をオルドス青銅器文化という。

オルドス地域とアルタイ山脈は二〇〇〇キロメートル以上離れているが、両者のあいだに交流が芽生え始めていたとわかる。やがてそれは、ステップルート（草原の道）として人口に膾炙する、ユーラシア草原地帯を東西に貫く壮大な交易ネットワークへと成長する。

東西のユーラシア人が混在

パジリク文化が栄えていた前四世紀ごろ、トゥバ地域西南部に発してモンゴル領内のオブス湖に流れ込むサギル（ロシアではサグリ）川流域で遺跡数の増加がみられた。そうした一つに、オブス県の県都オラーンゴム市郊外のチャンドマニ山麓に営まれた墓地遺跡がある。かなり広範に及ぶが、総称してチャンドマニ遺跡という。いままでに約六〇基が発掘されている。

地表には墓の存在を示す目立った構造物は存在しない。埋葬施設は、地表下に三メートル四方で深さ四メートルほどの竪坑を掘り、そのなかに丸太組みの木槨を設けるものだった。

木槨には複数の被葬者が合葬されていた。ほとんどの墓では二～四体で、なかには一〇体が葬られた例もあった。ゲノム解析によると、きょうだいのような近しい親族で合葬されたようだ。被葬者は頭位を北ないし西北とし、側身屈肢の姿勢で安置されていた。この姿勢にはアルディ・ベリ文化との関連がうかがい知れる。

副葬品には銅鏡、環頭刀子、闘斧、有茎三翼鏃などがあり、それらの多くは青銅製だったが、刀子、闘斧、帯金具などには鍛造鉄製品も含まれていた。これらはモンゴル国内における鉄利用の初例とされる。

こうした遺構や出土品の特徴から、モンゴル人研究者ダムディンスレン・ツェウェーンドルジによってチャンドマニという文化期が設定された。英語圏を中心にチャンドマンとよぶ研究者もいるが、それは正しくない。チャンドマニとはチベット語に由来し、魔力をもった宝石のことをいう。なお、ロシア人研究者はサグリ文化とよび、また、ウランゴム文化という名で学史に登場する場合もある。ここでは、筆者がモンゴルに留学していたときの指導教員であったツェウェーンドルジが提唱した名称を採用する。

チャンドマニ文化のおもな生業は牧畜で、遊牧生活を送っていたと考えられている。家畜には牛、羊、山羊、馬がいた。これらは肉だけでなく乳も利用されたと、ヒトの歯石を用いたプロテオミクスの結果が示している。また、被葬者の生前の食性を知るための、その骨を使った炭素・窒素安定同位体比分析は、キビなどC4植物を摂取していた可能性を示した。

チャンドマニ文化の担い手は、西ユーラシア人と東ユーラシア人が、ほぼ半々程度の割合で混在していたとゲノム解析の結果からわかっている。男系でみると、西ユーラシア人はミヌシンスク盆地にいたタガール文化の担い手に、東ユーラシア人は四角墓文化の担い手にルーツを求めることができるという。こうした集団の系統差は、墓の規模や副葬品の内容にはまったく関係しない。チャンドマニ文化の社会では、さまざまな出自をもつ集団が差別なく共存していた。

しかしながら、社会階層は存在していたようだ。チャンドマニ遺跡には、前述のような木槨墓のほかに、単人用で規模の小さな石棺墓も同時期に営まれた。石棺墓の副葬品はおおむね簡素で墓の規模も小さい。石棺墓の被葬者は、木槨墓の被葬者よりも低い階層の人物だったとみてよい。ただ、木槨墓をみまわしても、王とよべるような突出したリーダーの存在をうかがい知ることはできない。

おそらく、当時の社会は、中小の有力者が勢力拡大を企てる混乱のなかにあった。牧地争いはもちろん、品種改良で生まれた優れた家畜の強奪や、金属加工の技術者や奴隷要員の拉致などが日常的に起こっていたのだろう。そうした事件が陰惨な戦闘へとつながった。

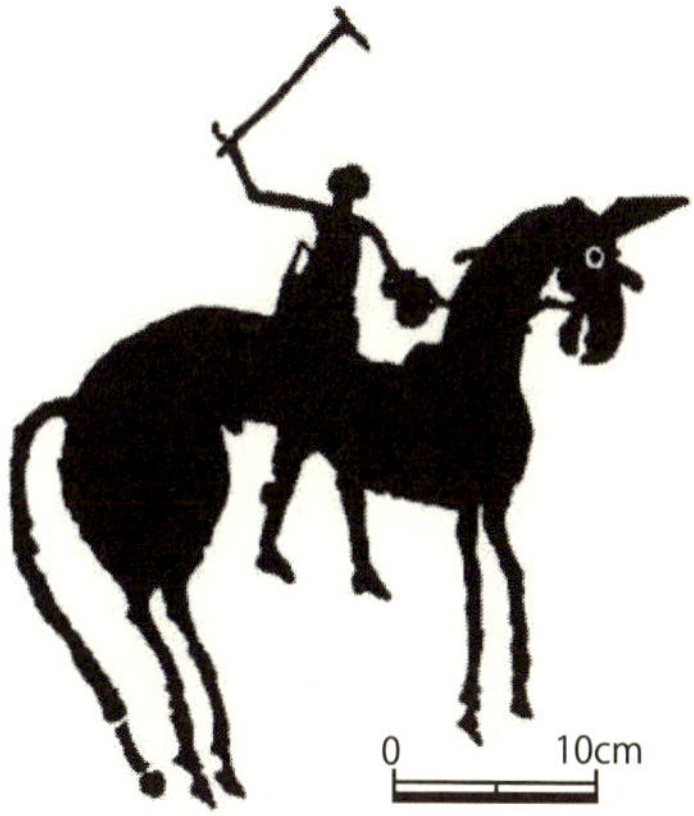

図1-14　馬上で闘斧を振りかざす人物。バヤン・ウルギー県シウェート・ハイルハン岩壁画（Turbat et al. 2016）

チャンドマニ遺跡から出土した頭蓋骨の一六％に闘斧による刺突孔や擦傷痕が確認できた。文字どおり闘斧は武器だった。当時の岩壁画には、敵の頭を目掛けて、つるはしのように闘斧を振り下ろす場面が描かれている。合葬例からみて、家族そろって犠牲になる場合もあったようだ。また、犠牲者のうち、およそ二割は女性だった。情け容赦のない死闘が繰りひろげられていた。

チャンドマニ文化に西接するパジリク文化の墓葬資料にも、闘斧による損傷がみられる被葬者が目立つ。偶然の一致とはいえない。どうやら前四世紀から前三世紀前半にかけての北モンゴリア西北部は、広範囲で戦乱状態のなかにあったようだ。

こうした流れは、集団の再編・統合を促すことにつながった。目を南に転ずると、陰山山脈からオルドス地域では、オルドス青銅器文化の担い手たちの活動が活発になり、騎馬の一団となって、ふたたび中原《ちゅうげん》とよばれる中国文化の中核地域の北辺を侵すようになった。馬の機動力と、鉄という利器を手に入れたモンゴル高原の遊牧民は、いままさに歴史の表舞台に躍り出ようと激しく胎動を始めた。

第二章

台頭する遊牧王権

匈奴、鮮卑、柔然

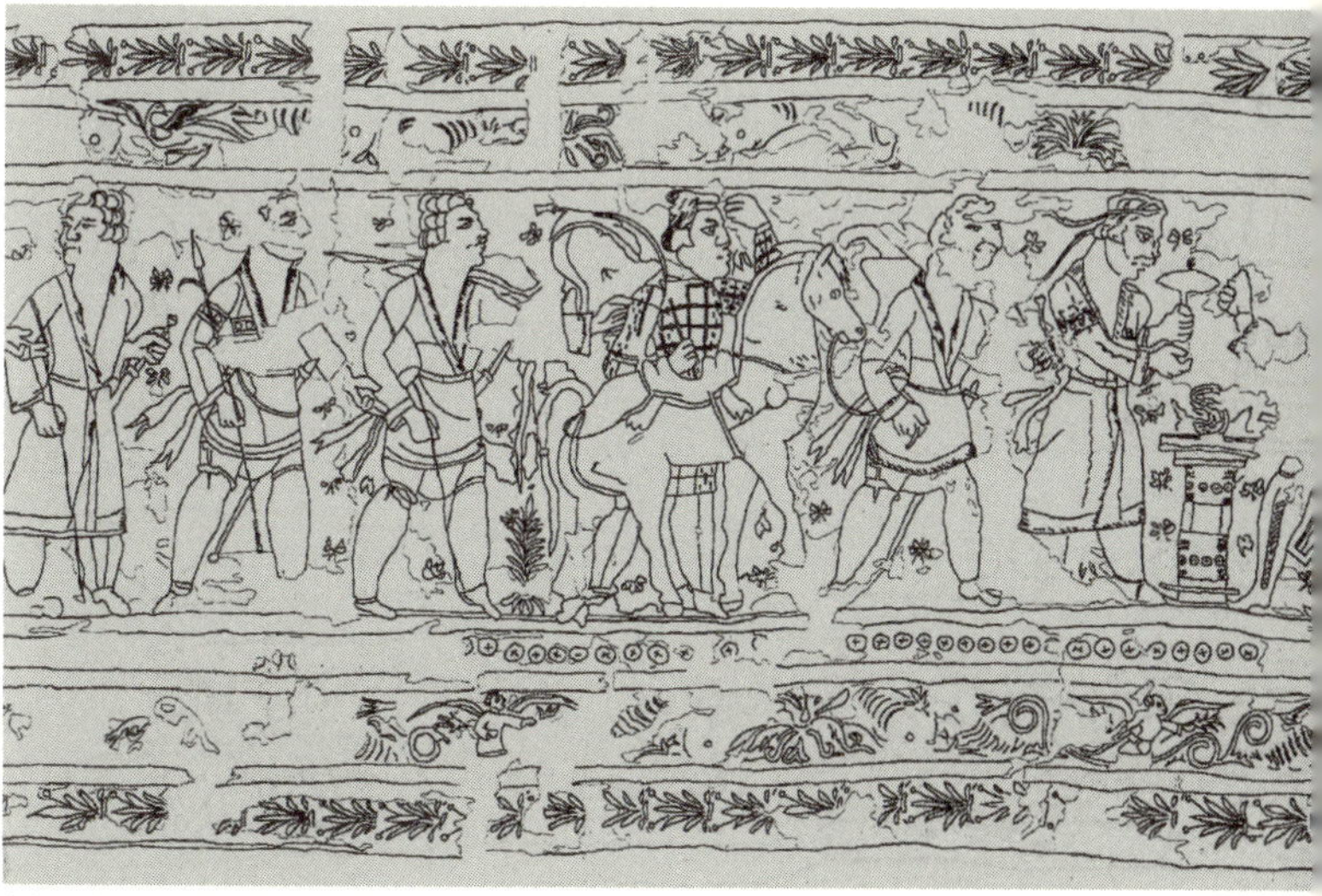

匈奴の単于級の墓と考えられているノヨン・オール 31 号墓から出土した絨毯の断片に刺繍された人物像。彼らのエキゾチックな風貌から往時の東西交流のようすがうかがえる（Erdene-Ochir et al.2021 より筆者改変）

1　ゴビ砂漠の攻防

新しい祀り

紀元前三世紀の初めごろ、北モンゴリアにそれまでの時代にはなかった一風変わった構造物が築かれた。それは、わが国の円墳を思い起こさせるような土盛りの円丘だった。

その円丘は、モンゴル国中東部のヘンティー県ゴルワン・ドウ遺跡にある。ゴルワンとは〝三つの〟、ドウとは〝土丘〟という意味をもつ。ヘルレン川北岸の草原に、その名のとおり三つの円丘が残る。

多少の大小差はあるが、おおむね円丘の大きさは、径三〇メートル、高さ一・五メートルだった。いずれの円丘も版築《はんちく》工法を用いて築成されていた。版築とは土を突き固め、土層を重ねて壁や壇を築き上げる工法で、中国北部の黄土地帯で発達したとされる。何枚もの薄い層が水平に重なった横縞は、まるで洋菓子のミルフィーユのようになる。乾き固まった版築土は、焼成レンガのような堅緻さをもつ。

ただ、ゴルワン・ドウ遺跡の版築土は、黄土地帯のそれに比べて、各層が厚くて粗い。突き固めた面も、本来は水平になるべきところ、ところどころ波打つように湾曲していた。技術の稚拙さが感じられる。

これら三基の円丘は、何を目的として築かれたのか。それを明らかにしようと筆者は、二〇一六年から四年間、延べ四〇日をかけて発掘調査をおこなった。稚拙な版築でも土の硬さは想定を超えていた。つぎつぎと現地調達の土掘り具が壊れるなか、日本製のスコップだけが無傷のまま調査終了まで大活躍だった。

調査が始まる前、筆者はこれらの円丘を墳墓と考えていた。円丘の中心の直下に竪坑があるか、もしくは横から地下に進入する通路（墓道）の付設された墓室があると思っていた。だが、いくら掘り進めても墓室も墓道も見当たらなかった。物理探査も方法を変えて三度試みたが、いずれも墓室らしき反応は得られなかった。

図2-1　ゴルワン・ドウ遺跡の発掘

そのかわり、円丘の基底部、すなわち旧地表から、動物の骨片を含んだ焚火の跡がみつかった。円丘を築く前に地面を平らに整えて、動物を供物として焚焼する儀式がおこなわれたようだ。どうやらこの円丘は、墓の封土として築かれたのではなく、祭祀関連の施設だったらしい。同様の構造物は、北モンゴリア中部のタミル川流域でも知られている。先行する青銅器時代には存在しなかった技術と祭祀の登場は、この地域に新たな時代が到来したことを教えてくれる。

ゴルワン・ドウ遺跡の円丘が築かれたころ、中国の黄河と長江という大河の流域では、戦国七雄とよばれる七つの小国が覇を競っていた。その北方にひろがる陰山山脈からオルドス地域あたりの草原地帯では、遊牧民の活動が活発化し、七雄の北縁を侵していた。

遊牧民の侵入の理由は、中国の動乱に乗じただけではなかった。そのころ太陽活動が衰える極小期に入ったことで夏季モンスーンが弱まり、陰山山脈からオルドス地域周辺の夏の降水量が減った。草と水を追う遊牧民にとって、それは生活環境の悪化を意味した。遊牧民は馬を駆って南の農耕地帯を略奪することで活路を見出そうとした。

七雄のうち燕《えん》、趙《ちょう》、秦《しん》の三国は、それぞれ北辺に長城とよばれる防塁を築き、遊牧民の侵入を防いだ。そのなかで趙の武霊王《ぶれいおう》は、馬車に歩兵という旧来の戦い方を改め、遊牧民に倣って騎兵化を進めた。騎乗のためズボン様の胡服を採用し、兵士には騎射を習得させたことも知られている。彼らにとっては、中原に覇を唱えるよりも、遊牧民対策のほうが喫緊の課題だった。そうした遊牧民のなかに匈奴《きょうど》という集団がいた。

前三一八年、七雄のなかで国力が突出してきた秦を、韓《かん》、趙、魏《ぎ》、燕、斉《せい》の五国が連合して攻めたとき、五国側に匈奴が加わっていたと司馬遷の『史記』にみられる。史料で匈奴の存在が具体的になったのは、このときが最初とされる。

匈奴とは、自称か他称かは定かでない。おそらく、そういう名前の一つの民族や部族ではなく、いくつかの氏族や部族が、政治的あるいは経済的な思惑で野合した集団を総称したものだった。

すでに述べたように遊牧民は、自分たちで生産できない穀物や手工業製品を、周辺の定住農耕民との交易によって手に入れていた。だが、つねに友好的に目的の品々が獲得できたとは限らない。背に腹は代えられない状況のときは、実力行使で品々を奪った。そうしたときには、知略と武勇に優れたリーダーのもとに人々が集まった。巧みな戦略をもち、和戦両面で多くの物資を入手できるリーダーは、多くの民と大きな権力を掌握した。

匈奴も、おそらくそうやって形成された。氏族や部族、さらには文化の垣根を越えて、モンゴル高原とその周辺から遊牧民が匈奴のリーダーのもとに身を寄せた。

匈奴のリーダーは単于《ぜんう》という称号を用いた。その語源は定かでないが、『漢書《かんじょ》』には広大の意とある。単于の地位は攣鞮《れんてい》という氏族が独占し、基本的には男系長子が相続した。単于は、すでに前四世紀中葉に存在したと史料にみえるが、その事績が比較的詳らかになるのは、頭曼《とうまん》、冒頓《ぼくとつ》の父子の登場を待たねばならない。

最初の遊牧王朝・匈奴

頭曼は、中国統一を成し遂げた秦の始皇帝（位前二二一～前二一〇年）と対峙した。『史記』秦始皇本紀によると、前二一五年、始皇帝は、部将蒙恬《もうてん》に三〇万（『史記』匈奴伝では一〇万とも）の兵を与え、匈奴を討たせた。圧倒的な軍勢を前に頭曼は敗れ、オルドス地域を放棄して拠点を北に移した。秦は、オルドス地域の北縁にあった長城を修築して、匈奴の侵入を防いだ。

前二一〇年に始皇帝が世を去ると、強力な指導者を失った中国はふたたび乱れた。頭曼は、その混乱に乗じてオルドス地域の回復に成功した。

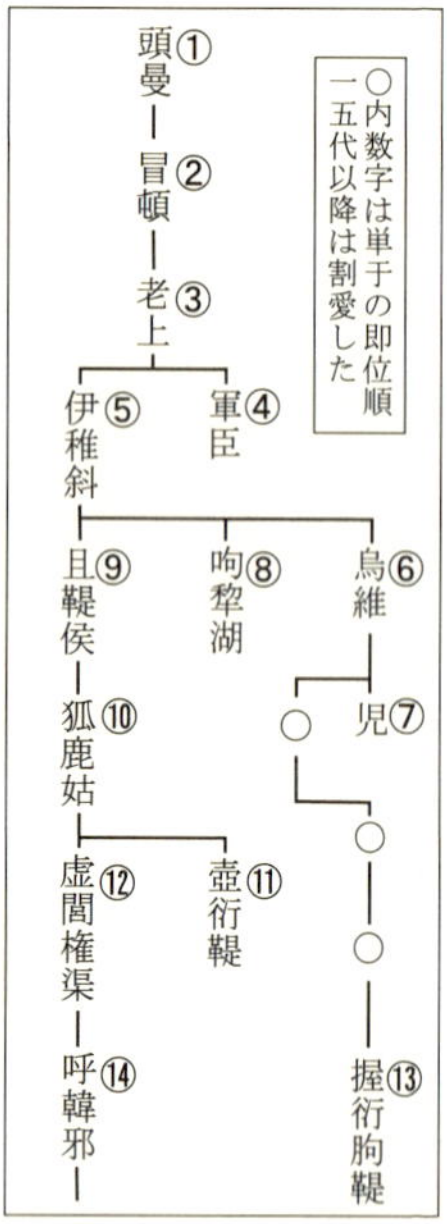

図2-2　単于の系図（沢田1996、林2007より）

前二〇九年、後継をめぐる内紛で、頭曼は息子の冒頓に弑された。冒頓は単于の位に就くと（～前一七四年）、東の大興安嶺山脈周縁にいた東胡《とうこ》を攻め、西のアルタイ山脈から天山山脈北麓に勢力を誇っていた月氏《げっし》を討ち、北は丁零《ていれい》（丁令とも）を抑え、モンゴル高原を統一した。

前二〇二年、中国の内乱を終息させた劉邦《りゅうほう》（高祖）は、漢王朝を建てて皇帝（位前二〇二～前一九五年）に即位した。

前二〇〇年のこと、山西方面への進出を企てる冒頓が大軍を率いて南下すると、高祖は三二万の兵でこれを迎え撃った。極寒のなかの戦いとなり、両軍の兵が凍傷に苦しんだ。勝敗が決しないなか、とつぜん冒頓が兵を引いた。ここが勝機とばかりに高祖は、大軍の先頭に立って冒頓を追撃した。だが、これは冒頓の策略だった。高祖の機敏な動きについていけない後続の漢軍部隊は、しだいに遅れをとった。平城《へいじょう》（山西省大同市）の近郊にある白登山《はくとさん》に至ったとき、軽備の隙をつかれた高祖は、匈奴の伏兵によって包囲されてしまった。

包囲は七日間も続いた。窮した高祖は、恥をしのんで単于の閼氏《あっし》（后妃）に取り入り、何とか囲みを解かせることに成功して、命からがら都の長安に逃げ帰った。漢文史書はこの事件を「平城の恥」と伝える。

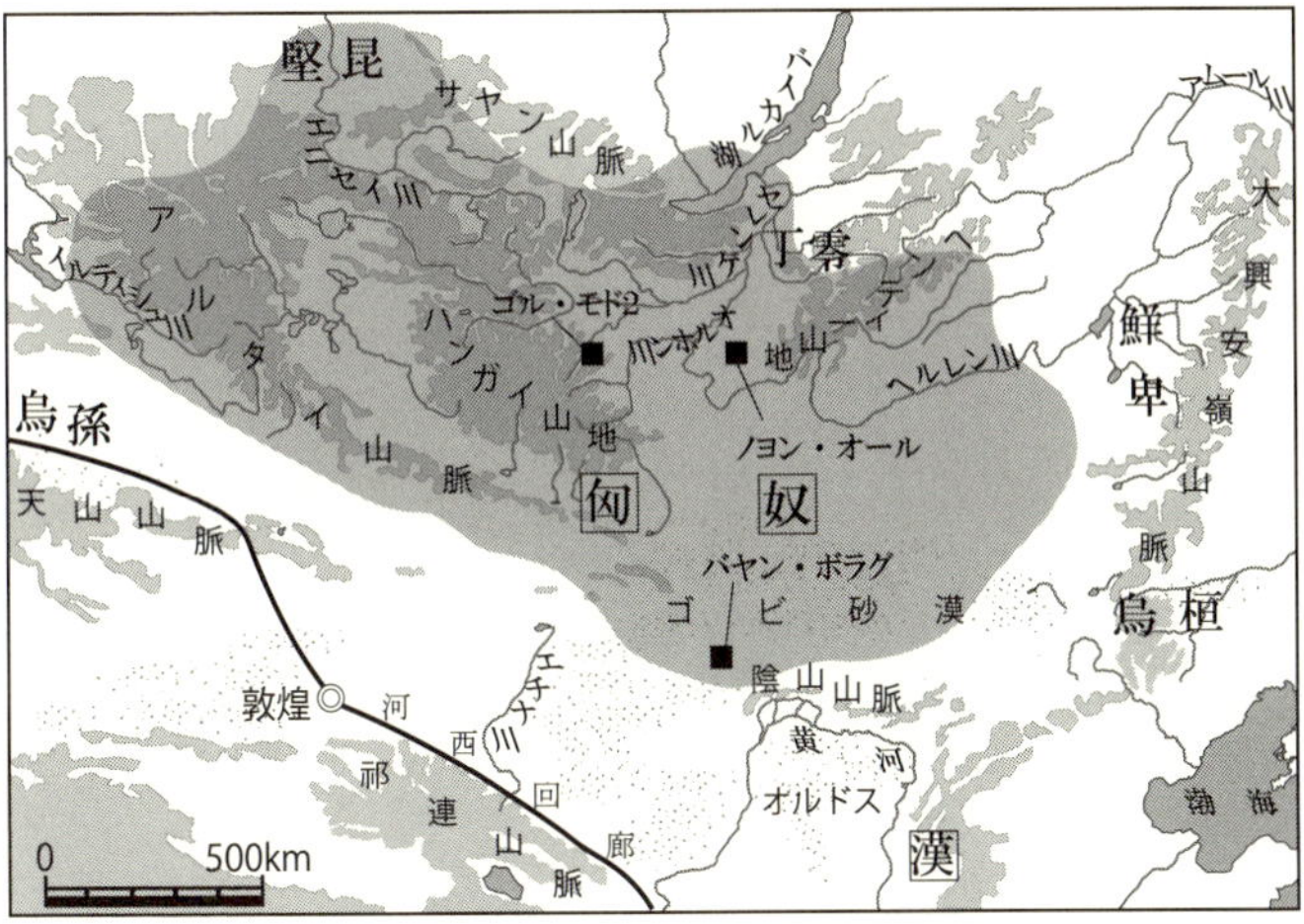

図2-3　匈奴の版図（前1世紀ごろ）

匈奴を侮れないと身に染みて悟った高祖は、皇女を閼氏として差し出すこと、真綿、絹、酒、米を毎年貢納すること、漢皇帝は単于と兄弟の契りを結ぶこと、という条件を提示し、匈奴と和親を結んだ。こうして漢からもたらされた品々は、匈奴の強大化を後押しした。

匈奴の領域は、冒頓のもと、モンゴル高原だけでなく周辺にも拡大した。その広大な国土は、大きく三つに分けて統治された。中央は単于が直接治めた。陰山山脈の東麓あたりに単于の本営が置かれた。国土の東方は左賢王《さけんおう》と左谷蠡王《さこくりおう》が管轄した。左賢王には単于の世嗣が任ぜられることが多かった。当初の左賢王の領域は、南モンゴリアの大興安嶺山脈中部西麓あたりとみられる。西方の管轄は、単于の血縁の有力者が右賢王《うけんおう》と右谷蠡王《うこくりおう》となっておこなった。その領域は陰山山脈西麓からアルタイ山脈方面だった。

こうした王号やつぎに述べる官職の左右は、単于が南を向いた状態を基準として決まる。すなわち東を左、西を右とする。匈奴では左が上位とされる。ちなみに、こうした左右観は、現在に至るまでモンゴル遊牧民に共通している。

東方（左翼）の左賢王と左谷蠡王の下には、左大将、左大都尉……といった役職が連なり、一方の西方（右翼）の右賢王と右谷蠡王の下には、対称的に右大将、右大都尉……と並んだ。こうした左右両翼の王・将たちの最上位に単于がいた。

単于の周辺には姻族から選ばれた左・右骨都《こつと》侯《こう》、左・右大且渠《しょきょ》がブレーンとして侍った。おもだった王・将や諸官は、呼衍《こえん》、蘭、須卜《すぼく》といったエリート氏族から世襲的に選ばれた。彼らは、平時には封建領主としてそれぞれの遊牧領域を治め、有事には配下を率いて戦った。

配下の領民たちは、一〇世帯を一単位として什長に束ねられた。一〇人の什長は配下とともに百長に従った。さらに一〇人の百長は配下とともに千長の指揮下に入った。そうした千長を監督したのが王侯たちだった。つまり、匈奴の民衆は、単于を頂点とする十進法から成る統治機構に組み込まれた。それがそのまま軍事組織として機能した。

簡素ながら匈奴には、単于という絶対君主を置く中央集権的な統治機構が存在した。すでに述べたが、新進化主義の文化人類学者たちが説く「バンド→部族→首長制→国家」という社会進化の四つの類型からみたとき、傑出したリーダーを頂点とした身分秩序のヒエラルキーと中央集権的な統治機構の存在は、その社会が国家のレベルに達していたとみなすことのできる指標とされる。このとき、いわば匈奴単于国なる遊牧王朝がモンゴル高原に成立したのだった。

風雲受降城

さて、漢の弱腰につけ込んだ冒頓単于は、南下政策を活発化させた。

前一七七年、冒頓は、河西回廊《かせいかいろう》にいた月氏を西方に駆逐し、天山山脈方面の二六のオアシス国家を支配下に置いた。これらの地域は、農産物はもちろん、絹織物、金属製品、宝石類など優れた品々を産したことで知られている。

冒頓が死去すると、子の老上単于《ろうじょうぜんう》が即位した。老上は、漢に対する憎悪を抱いて匈奴に降った中行説《ちゅうこうえつ》の助言を受け、たびたび漢の北辺を侵した。とくに前一六六年の入寇では、長安の近郊までもが匈奴兵に蹂躙された。それでも、漢は、公主の降嫁や交易場の開設などの和親策を続けた。

しかし、前一四一年に一五歳で武帝《ぶてい》が即位すると、対匈奴政策は一転した。前一三九年には、張騫《ちょうけん》を中央アジアに逃れていた大月氏《だいげっし》に遣わして、匈奴の挟撃を画策した。それが巧くいかないと、前一三三年には、ときの軍臣単于《ぐんしんぜんう》を国境に誘い出して、伏兵をもってそれを誅そうとした。歴史にいう馬邑城《ばゆうじょう》事件で、これ以降、両国の和親は完全に崩壊した。

前一二七年、車騎《しゃき》将軍衛青《えいせい》率いる漢軍は、オルドス地域から匈奴の勢力を排除した。武帝は、オルドス地域の西北縁に朔方《さくほう》郡を設置し、対匈奴戦略の拠点とした。

つづいて前一二一年、衛青の甥で驃騎《ひょうき》将軍の霍去病《かくきょへい》が率いる漢軍は、河西回廊を攻撃し、祁連山脈北麓にいた匈奴を駆逐した。さらに前一一九年には、衛青と霍去病が長駆してゴビ砂漠を越えて老上の子の伊稚斜《いちさ》単于の本隊に大打撃を与えた。こうした武帝の一連の作戦の成功で、匈奴は西北へと遷り、ゴビ砂漠の南側に、その勢力はみえなくなった。

しばらくして、伊稚斜の孫と思しき児単于《じ》が即位した。まだ年端もいかず、しかも気性が荒い単于に、人心は離れた。折り悪しく寒雪害がモンゴル高原を襲い、多くの家畜が死滅した。そうした匈奴を見限って漢へ投降した者を受け入れるため、前一〇四年のこと、武帝は公孫敖《こうそんごう》に命じて陰山山脈の北方に「受降城《じゅこうじょう》」を設けた。

受降城は漢軍の前線基地として史料に名をとどめる。まさに漢と匈奴の攻防の舞台だった。前七九年には、匈奴兵九〇〇〇騎が駐屯したと『漢書』にあるように、匈奴の手に落ちて、逆に対漢作戦に利用された時期もあった。

受降城の位置は定かでない。ただ、ロシアなどの一部の研究者は、ウムヌゴビ県バヤン・ボラグという城郭遺跡を受降城に比定している。そこは、ゴビ・アルタイ山脈の南麓に形成された広大な扇状地の端部にある。バヤン・ボラグとは〝豊かな泉〟という意味で、山に降った雨雪が伏流水となって、この地で豊富に湧き出している。周囲には不毛な礫漠がひろがるが、ここだけは清冽な水によって緑に満ちている。

バヤン・ボラグ城の囲壁は、幅九メートル、高さ一メートルほどだが、往時は高く堅固だったと考えられる。壁で囲まれた部分の形は、将棋の駒のような五角形を呈する。こうした不整なプランだが、おそらく漢尺（一尺＝二三・四センチメートル）を用いて、南北長が一〇〇歩《ほ》（一歩＝六尺、一四一メートル）に、囲壁の周長は四〇〇歩（五六四メートル）になるように設計されていたと考えられる。

炭素14年代によると、この城郭は、前一世紀〜後一世紀初頭ごろに機能したようだ。史料にある受降城の機能した年代と矛盾しない。

囲壁内には瓦葺きの建物があった。筆者が踏査したとき、地面には深鉢、浅鉢、甑などの漢式の陶器、五銖銭《ごしゅせん》が散らばっていた。これまでの発掘調査で、鋳鉄製の手斧などの生活用具のほか、青銅製の三稜鏃、弩機《どき》（弩の引き金部分）などが数多く出土している。匈奴兵は弩を用いなかったので、それを残したのは、漢の部隊だったとわかる。

特筆すべきは、囲壁の東南外に設けられた径七メートルの浅い坑から、三十数体分の人骨が折り重なるようにみつかったことだ。ゲノム解析によるとそれらの一体は、中国本土の出身者の可能性が高いとわかった。また、数体に傷痕も認められた。匈奴の襲撃で殺された漢人守備兵を、仲間がまとめて埋葬したのかもしれない。

バヤン・ボラグ遺跡は、漢の北方経略の拠点が置かれていた朔方郡から、およそ二七〇キロメートルにある。半月ほどかかる遠方だが、築城直後に設けられた国境（後述の光禄塞《こうろくさい》）からはわずか三四キロメートルと至近に位置する。まさに攻防の最前線だった。受降城の有力候補といえる。

しかし、この地域を悉皆的に踏査すると、ほかにも同様の漢の拠点を見出せる。たとえば、バヤン・ボラグ遺跡の東北七〇キロメートルにあるサイリン・バルガス遺跡もほぼ正方形に土壁で囲まれた城郭跡（最内城、図2－18参照）で、辺長はほぼ一〇〇歩に相当する一四四メートルだった。城内から漢式陶器片が多数出土している。また、バヤン・ボラグ遺跡から東一八〇キロメートルにあるマンガシン・フレー遺跡も、一辺一三六メートルの方形城郭址で、漢式の屋根瓦や陶器が出土している。そこは朔方郡からは二三〇キロメートルと、三城のなかではもっとも漢の本土に近い。バヤン・ボラグ遺跡を受降城と断定するのは、いささか時期尚早のようだ。

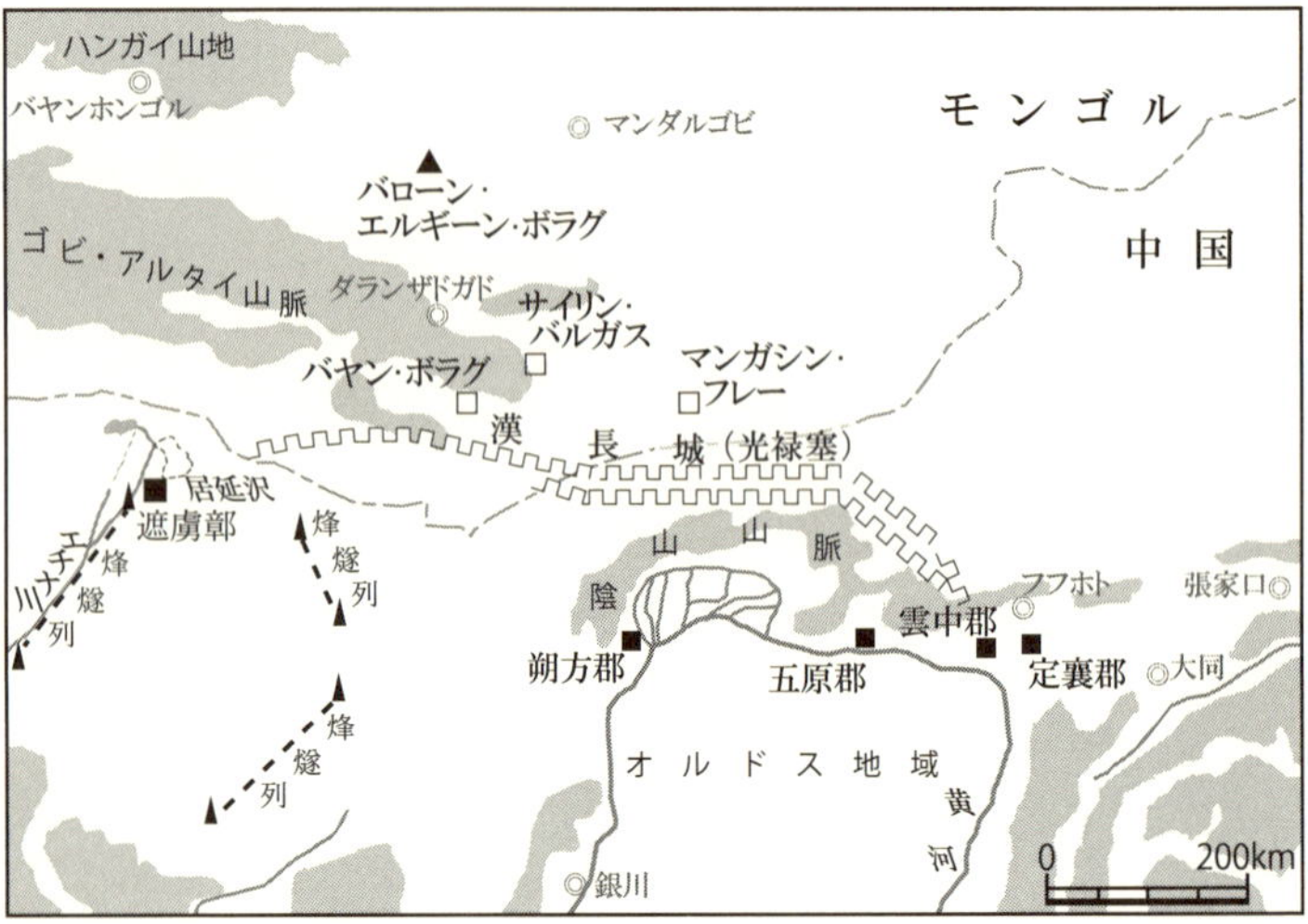

図2-4　漢の北辺防備

面目の陛下に報ずる無し

漢の皇帝のなかで、武帝は、匈奴の軍事的制圧にもっとも心血を注いだといってよい。度重なる漢軍の侵攻で、匈奴は西北方向に退いた。上谷《じょうこく》（中国河北省北部）にあった左翼を雲中《うんちゅう》（内モンゴル自治区フフホト市あたり）の北に、オルドス地域にあった右翼を酒泉《しゅせん》と敦煌《とんこう》の北へと移動した。雲中の北にあった単于の本営は、陰山山脈の北方へと遷った。

前一〇二年、武帝は、徐自為《じょじい》に命じて陰山山脈北麓に防塁（長城）と、守備兵の駐屯する小城（堡）を築かせた。すでに漢は、秦時代の長城を修復した古い防御ラインを陰山山脈の南麓に設けていた。それを北麓へと大幅に前進させたことになる。新たな長城は、徐自為の官職名の光禄勲《こうろくくん》から光禄塞と名づけられた。

その痕跡は、内モンゴル自治区パオトウ市北部を東の起点とし、同自治区バインノール市北部を通過して西に延びていることが、考古学者によって確認されている。

この長城は、北線と南線という三〇キロメートルほど離れた二条からなる。南線はモンゴル国境の手前で途絶えるが、北線はモンゴル国ウムヌゴビ県を横断して、内モンゴル自治区最西端のエチナ地域の手前まで至る。モンゴル国内に残る北線の長さは三一五キロメートルに及ぶ。

図2-5　漢のエチナ防備の要衝（甲渠第4烽燧《ほうすい》跡）

風の激しい地域なので、風食によって遺構はほとんど削平されてしまった。残っていたとしても、一二世紀末ごろに西夏《せいか》による改修が施されていて、漢代の原形をとどめる部分は少ない。それでも、漢の最前線がじりじりと北進していたようすをうかがい知ることができる。

長城と小城は、中国領内では石積みで築かれていたが、モンゴル領内に入ると、なぜか土造りに変わる。砂地が続く地域では、生えている灌木の枝を積み上げているところも見受けられた。

小城は、長城の南側に近接して築かれた。ほぼ正方形に土壁で囲まれ、周長は一〇〇メートル前後で、受降城の可能性を紹介した前出の三城よりひと回り小さい。小城は一五〜三〇キロメートル間隔で設けられている。ほかに山頂などの高所に設けられた小規模の砦も確認されている。烽火《のろし》を使って北辺の急変を知らせていた。無造作に積まれた砦の石垣からは、最前線の緊張が感じられる。

前九九年、騎都尉《きとい》の李陵《りりょう》は、弐師《じし》将軍李広利《りこうり》による右賢王討伐を援護せよとの武帝の命を受けた。李陵は、居延沢《きょえんたく》という湖水のほとりに築かれた遮虜鄣《しゃりょしょう》（南モンゴリアのエチナ川下流）と名づけられた要塞から、射士と歩兵からなるわずか五〇〇〇の兵を率い、北に向けて進軍した。武帝の指示は、「匈奴の本拠のある浚稽山《しゅんけいざん》から竜勒水《りゅうろくすい》に至り、匈奴の動向を偵察したのち、受降城を経由して帰還せよ」というものだった。経由地の位置は不詳ながら、おおよその経路からすると、李陵は新造の光禄塞を越えるはずだった。

ところが、千里ほどゴビを進んだ李陵隊の前に、且鞮侯《しょていこう》単于が率いる八万余騎の匈奴本隊があらわれた。李陵隊は、最新鋭の弩弓で万余人を斃す奮戦をした。だが、しょせんは多勢に無勢。応戦虚しく、刀折れ矢尽きて「面目の陛下に報ずる無し」と嘆じ、ついに李陵は匈奴に降った。彼が光禄塞を越えることは、なかった。

2　シン・匈奴像

種をまく匈奴人

匈奴を語るさい、かならずといってよいほど引用される一節がある。

「馬、牛、羊を飼い、酪肉を常食とし、定住せずに穹廬《きゅうろ》（ゲル）に住んで水と草を求めて移動し、都市をもたず、農耕をおこなわない」

この司馬遷の『史記』匈奴伝の記述は、二〇〇〇年という長きにわたって読み継がれ、遊牧と農耕が相容れない関係にあるような印象を人々に与えてきた。

だが、匈奴のなかで農耕がおこなわれていたことは、『漢書』の記述などからうかがい知れる。たとえば、前九〇年の部分には、数ヵ月にわたって降雪が続き、家畜は死に、人々は疫病に罹り、穀物も実らなかったとある。また、紀元一〇年ごろの部分には、西域の警備の任にあった陳良《ちんりょう》と終帯《しゅうたい》という者たちが反乱を起こし、およそ二〇〇〇の民をともなって匈奴に降った。そこで匈奴は、その民を零吾水《れいごすい》という匈奴の地を流れる河川のほとりに留めて耕作にあたらせた、とある。

ただ、これらの記述から読み取れるのは、匈奴の地での農耕に携わっていたのは、遊牧民ではなく、漢からやってきた人々だったということだ。こうした理解を援護したのが、イヴォルガ遺跡における考古学的知見だった。

イヴォルガ遺跡は、ロシア連邦ブリヤート共和国にある。セレンゲ川の左岸に位置し、遺跡から一三〇キロメートルほど川を下ればバイカル湖へと至る。遺跡の規模は、南北二五〇×東西二二〇メートルで、その外周を四重の土塁と壕によって方形に囲まれている（東側はセレンゲ川の氾濫で大規模に欠失）。そのなかには五〇棟を超える竪穴《たてあな》住居跡が確認されている。住居内には、かまどの排煙を壁際に巡らせた煙道を通して暖房するカン（炕）という設備がみられた。マイナス三〇度にもなる冬の厳しい寒さも、これがあれば乗り越えることができた。

大麦、小麦などの種子がみつかっていることから、周辺の肥沃な土壌と豊かな水を使い、定住して農耕が営まれていたと考えてよい。また、秦代と漢代の影響を色濃く受けた遺構と遺物が大量にみつかっている。そうしたことから、ここに暮らしていたのは、拉致や投降によってやってきた漢人で、いわば漢人居留地《コロニー》だったと理解されている。

こうしたことを踏まえて、匈奴の社会は、農耕、手工業、土木造営にかかわる外来の定住民出身者と、牧畜に携わる在地遊牧民との二重構造で成り立っていた、とおおかたの研究者は考えてきた。匈奴の遊牧民は農耕をおこなわない、という『史記』の一節が前提にあったからだ。

しかし、その定説に疑問を投げかける考えが近年提示された。モンゴル考古学に新知見をもたらし続けている気鋭の考古学者ジョシュア・ライトは、匈奴社会における遊牧民による農耕の存在を主張している。

ライトの調査対象地は、モンゴル国西北部にあるセレンゲ川の支流のエグ川流域だった。そこは水力発電用の貯水ダム建設の予定地となり、二四六平方キロメートル（東京・山手線内の広さの約四倍）という広範囲で悉皆的な分布調査と発掘が実施された。エグ川遺跡群とよばれ、匈奴時代に限れば、居住地や墓地など、およそ六〇ヵ所の遺跡がみつかっている。

これらの遺跡には、面積が一ヘクタールを超える大規模居住地と、数十平方メートルの小規模居住地とがあった。前者はエグ川本流の河岸段丘上に、後者はエグ川に注ぐ小川の谷中に点在していた。遺跡からは羊、山羊、馬、牛の骨が出土した。居住者の生業は牧畜だった。彼らは、夏季に本流近くまで進出して大規模居住地に暮らし、冬季は谷奥に分散して越冬するという季節周回移動をしていたことが、出土家畜骨を用いた理化学的な季節推定で明らかになっている。こうした季節周回移動は、エグ川流域に暮らす現在の遊牧民の生活サイクルと一致する。

ライトが注目したのは、大規模居住遺跡から出土した炭化物のなかに、いずれも開墾された土地に生えるシロザ、アブラナ、タデといった植物の種子とともに、小麦と大麦の種子が検出されたことだった。彼は、遊牧民がそこに滞在しているときに、牧畜と並行して農耕もおこなっていたと解釈した。小麦と大麦の生育期間は一〇〇日程度なので、大規模居住地に滞在していたあいだに、じゅうぶん収穫できる。さらにキビならば、低温や乾燥といった厳しい気候にも比較的強く、生育期間は四五日程度と短く好都合だ。

雑穀食が、単于など政権のエリート集団に浸透していたことは疑い得ない。単于一族の墓所と考えられているトゥブ県ノヨン・オール（ロシア人はノインウラとよぶ）遺跡の副葬品に雑穀粒が存在することは以前から知られていた。それだけでなく、一般の遊牧民と思われる当時の人骨を、炭素・窒素安定同位体比分析で調べたところ、キビ食に起因するとみられるＣ４植物の影響が顕著に認められている。こうした雑穀食の拡大が、遊牧民を農耕に駆り立てたのではないか。

青銅器時代にさかのぼれば、鹿石ヒルギスール文化と強いつながりをもっていたシベリアのミヌシンスク盆地にいた集団は、キビを栽培していた。初期鉄器時代に黄金文化を開花させたトゥバ地域のアルディ・ベリ文化では灌漑の跡と思しき遺構がみつかっていた。さらに、パジリク文化でもアルタイ山脈のトランスヒューマンスに農耕を組み込んでいた。そういった事例を踏まえれば、匈奴の遊牧民が農耕をしていたとしても、何ら不思議ではない。

鉄は国家なり

雑穀食が盛んになったころ、匈奴では鉄の需要も高まっていた。一昔前の学者は、文献史料に基づいて、匈奴では武器の鉄器化が進まず、鋭利さが鉄に劣る青銅製武器を使っていたため、鉄で武装していた漢に勝つことが能わなかったと考えていた。しかし、農耕具や容器などの生活用品はもちろん、鏃や刀などの武器でも匈奴で鉄器化が進んでいたことがわかってきた。これも考古学の成果が教えてくれたことだ。

『漢書』によると、射士と歩兵五〇〇〇を率いて遮虜鄣から出撃した李陵は、ゴビ・アルタイ山脈を越えて北上し、浚稽山にある単于の本拠を目指した。それを迎え撃ったのは単于本隊の三万騎。匈奴軍は数の上では圧倒的に優位ながら、窮鼠猫を噛むのごとき李陵の必死の抵抗で守勢にまわった。そこで単于はモンゴル高原全土から援軍を動員した。こうして膨れあがった匈奴軍は八万余騎にもなった。

この後の李陵の運命については、中島敦の名著『李陵』にゆずるとして、とにかく、この戦いにおける匈奴軍の総勢は、およそ八万騎だったことが知れる。いささか誇張の感はぬぐえないが、ここではその人数を信じて話を進める。

そうだったならば、武具や武器に用いられた資材は莫大な量にのぼったはずだ。このとき漢軍は五〇万本の矢を携行していた。匈奴もそれに勝るとも劣らない数の矢を有していたにちがいない。鏃には青銅が用いられる例もあったが、そのころ漢も匈奴もおおむね武器は鉄器化していた。耐久性に優れ、殺傷能力が高かった鉄製武器への依存度は、急速に高まっていた。とうぜんながら鉄資源が大量に必要になっていた。

前一世紀代の匈奴墓の出土品からみると、刀、轡、鏃などに鉄が使われていた。試みに一兵士あたりの鉄の重量を見積もると、多寡はあるが、おおむね一～二キログラムだった。単純に計算すると、李陵隊に対峙した匈奴八万騎が使った鉄の量は、八〇～一六〇トンにものぼる。多めの数値をとって一六〇トンとみた場合、材質は異なるが、大型旅客機一機分の重さに匹敵する。

こうした大量の鉄を、匈奴人たちは、どのように手に入れたのか。略奪や交易といった外部からの調達によるというのが長らく学界の共通認識だったが、前出のイヴォルガ遺跡における一九五〇年代の調査で「鉄の溶鉱炉」なるものが検出されたことによって、匈奴の地で製鉄（製錬）がおこなわれていた可能性も一部の研究者から指摘されるようになった。ただ、ロシア（旧ソビエト連邦）という国情もあって、その詳細は不明だった。

そうしたなか、匈奴における鉄の生産の実態を明らかにする新たな手掛かりが得られた。それは、ヘルレン川上流にあるホスティン・ボラグ遺跡での成果による。

二〇一〇年に、日本を代表する製鉄考古学者の村上恭通《むらかみやすゆき》、笹田朋孝《ささだともたか》らがここを訪れ、地面に散らばる大量のスラグ（鉄滓）をみつけた。じつは筆者も先立つこと一九九〇年に現地を訪れていた。そのときはほかの資料に目を奪われ、迂闊にもスラグには気づかなかった。餅は餅屋ということか。

さっそく笹田を中心とするチームによって発掘がおこなわれた。いままでに一〇基を上回る数の製鉄炉がみつかっている。ここでの製鉄炉の発見は、すべての時代を通じて、モンゴル国内で初めての

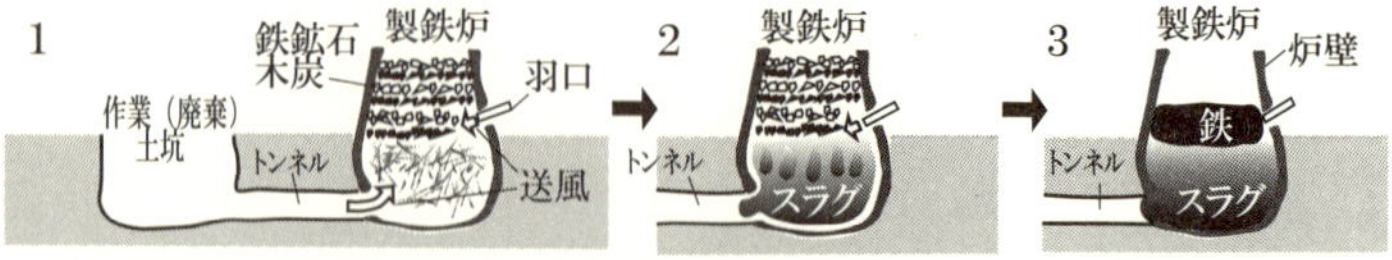

1．作業開始：製鉄炉の中程まで木片や枝を入れ、その上に砕いた鉄鉱石と木炭を入れて燃焼する。羽口を使った送風のほか、トンネルからの送風により、炉内の温度を上昇させる。
2．鉄鉱石の溶解が始まり、融点の低い不純物（スラグ）が炉底へ滴下して溜まる。最終的にスラグでトンネルは閉塞される。
3．作業終了：炉内温度が最高の羽口付近に鉄塊が生成し、炉底にはスラグが冷えて固まる。鉄塊を取り出す際、粘土製の炉壁・羽口は壊され、作業（廃棄）土坑に廃棄される。

図2-6　匈奴の製鉄の復元（笹田朋孝氏監修、白石2022より）

成果だった。

調査によってさまざまなことが判明した。原料は、遺跡から東に二〇キロメートルほど離れた谷あいに露出した磁鉄鉱を運び入れていたと考えられている。燃料には、付近の山で容易に伐採できるシベリアカラマツの炭が用いられた。

製鉄炉の構造は、すこし複雑だった。二つの土坑があり、互いがトンネルで結ばれていた。

片方の土坑はスラグピットとよばれている。製鉄のさいに生じたスラグが詰まっていたからだ。坑の大きさは五〇センチメートル四方で、深さは四〇センチメートルほどだった。その地上部には真砂《まさ》土と粘土を混ぜこねた筒状の低い炉体が造られた。その炉に砕いた鉄鉱石と木炭を投入して製鉄をおこなった。そのさい、溶け落ちた不純物を含んだスラグが坑底に溜まる仕組みになっていた。

もう片方の坑は、作業土坑あるいは廃棄土坑とよばれる。炉壁片などの入った隅丸方形プラン（二×一メートル程度）の坑で、操業時に送風をおこなうなどの作業スペースとなり、操業後には炉壁の残骸などの捨て場になった。

このような地面に坑を掘った製鉄炉は、地下式製鉄炉とよばれている。地下式製鉄炉は、南シベリアからユーラシア草原地帯をたどり、さらに西方の黒海周辺に類例が求められるという。漢代に用いられた地上に高く突出した円筒形の炉体を築く高炉タイプとは、技術だけでなく生産される鉄の質も異なった。

漢では銑鉄を生産し、それを鋳型に流し入れて、おもに鋳鉄製品を作っていた。鋳鉄は炭素量が多くて脆い。強度の点からみて、武器にはふさわしくない。それに比べて匈奴では、低炭素量の鋼もしくは錬鉄を生産し、鍛造によって製品化した。鍛造の武器は丈夫で切れ味もよい。中国とは異なる鉄づくりが匈奴の強さを支えていたのかもしれない。

これまで農耕にしても手工業にしても、先に挙げたイヴォルガ遺跡の事例のように、漢からの拉致者が従事したと考えられてきた。しかし、炉形からみてホスティン・ボラグでの鉄工は、在地の遊牧民が従事していたとはいわないまでも、漢人でなかったことは明らかだ。西に系統をたどれるとすれば、碧眼紅毛の工人というのも、ありえなくはない。

ホスティン・ボラグ遺跡の発見を契機として、北モンゴリア中部のオルホン川流域、東部のオルズ川流域、西部のアルタイ山脈周辺などからも匈奴時代の製鉄遺跡が、つぎつぎとみつかり始めた。

鉄は、当時の匈奴にとって、武器だけでなく、馬具など遊牧生活の基本装備品としても需要が高まっていた。鉄が匈奴という王朝の基盤を支えていたといっても過言ではない。こうした製鉄遺跡の調査研究で鉄の供給体制が解明できれば、匈奴の興隆した背景をより鮮明にできるはずだ。

匈奴人のかたち

先に李陵と対峙した単于軍は総勢八万騎と述べた。かなりの大軍勢だ。それどころか『史記』匈奴伝には、冒頓が「三十余万」の弓兵を有していたと記す。前述の白登山の戦いでは、冒頓は高祖を「精兵四十万騎」（『史記』）あるいは「三十余万騎」（『漢書』）もの大軍で囲んだとある。それだけ徴兵できる人口が、当時の匈奴の領域内にいたのか。ちなみに、後世のチンギス・カンでさえ、全盛期の兵力は一二万九〇〇〇だった。

各種史料に基づき試算したところでは、近代化以前の北モンゴリアで養うことのできた人口は、乾燥寒冷の地で生産力が高くないこともあり、五〇万〜六〇万人が限度だった。じっさいに近代化以前（一九一八年）の人口は約六五万人だったとわかっている。遊牧民が国民皆兵制だったとしても、史料が伝える匈奴兵の数は、いずれも誇張といえる。

ところで、この匈奴王朝を構成した人々（いわば匈奴人）は、どのような出自の集団だったのか。一九二〇年代、単于一族の墓地と思しきノヨン・オール遺跡から、保存状態の良好な遺体がみつかった。その髪の毛は、西ユーラシア人（コーカソイド）を思わせる金髪にもかかわらず、東ユーラシア人（モンゴロイド）に属する東北アジアの諸民族に伝統的な辮髪《べんぱつ》（頭髪の周囲を剃り、中央に残った髪を編んで長く後ろに垂らす）だった。この事実は研究者を混乱させた。そののちほぼ一世紀近くも、いわば〝匈奴人〟の実像について、さまざまな議論が繰りひろげられてきた。

集団の系統を知るために、考古学では、墓制（墓の構造）や葬制（埋葬の方式）を調べることが有効な接近法だと考えられている。匈奴の墓は、外見だけからいうと、きわめて斉一性が強い。地表にはドーナツ状の石積みが認められる。筆者はこれを環状墓とよんでいる。環状墓の直径は、小さいもので三メートル程度から、大きなものでは二〇メートルを超える例もある。直径の大きい墓は、内部構造の規模も大きく、副葬品の内容が豊かというおおまかな傾向にある。それは何らかの政治的規制の存在を想定させる。

環状の石積みの直下には、素掘り竪坑の墓坑が造られた。墓坑の深さは二～五メートルが多い。墓坑の広さは、棺に納められた被葬者一体と若干の副葬品を置くスペースがとれる程度だった。被葬者は、仰向けで手足を伸ばした仰臥伸展の姿勢で、頭を北ないし西北に向けて安置された。二体以上を葬った合葬はほとんどみられない。副葬品には、鏃や刀などの武器、轡といった馬具、陶器、帯飾り、中国鏡などの外来品、犠牲となった羊や牛があった。棺は板材を組み合わせた木棺が多い。

これに類する墓制を周辺地域で探すと、南モンゴリアの陰山山脈周辺にみられたオルドス青銅器文化との共通性を強く看取できる。具体的な共通点には、墓坑が長方形竪坑だったこと、被葬者を仰臥伸展で北頭位に安置したこと、おもに単独葬だったことがある。こうした点から、オルドス青銅器文化の担い手が匈奴を創ったと考える研究者も少なくない。たしかに『史記』からは、初期の匈奴の一団がオルドス地域から陰山山脈周辺を本拠地としていたと読みとれる。

だが、明確な差異もある。匈奴墓の重要な指標となる地表の環状石積みが、陰山山脈周辺に残るオルドス青銅器文化の墓にはほとんどみられない。さらに詳細に環状墓の構造をみてみると、比較的初期に営まれた規模の大きな環状墓には、板や丸太で作られた木槨が設えられていた。このような木槨も陰山山脈周辺の青銅器文化にはみられず、北モンゴリア西北部のチャンドマニ文化やパジリク文化という初期鉄器文化に源流をたどれる。

また、その北モンゴリア西北部の匈奴墓では、墓坑底の四辺に板石を並べ、そのなかに被葬者を安置した例も少なからず知られている。こうした箱式石棺もチャンドマニ文化における一つの特徴だった。まれに馬を殉葬した匈奴墓もみられるが、これはアルタイ山脈以西の文化の影響と考えられる。

このように匈奴人とは、きわめて多様な系統をもった集団により成り立っていたと想定できる。そうした複雑な状況を、ヒトゲノム解析の結果が、きわめて明解に説明してくれた。

これまで北モンゴリアで調査された匈奴時代の遺跡から出土した人骨を、ソウル大学のジョン・チュンウォン率いる研究グループが分析したところ、東ユーラシア人の系統をひく四角墓文化、西ユーラシア人の影響を色濃く受けるチャンドマニ文化、それに中央アジア南部からイラン方面にみられたバクトリア＝マルギアナ考古複合という三者の担い手のハイブリッドが、匈奴人の実像だという結果が得られた。

これまで匈奴人を特定の人種にあてはめようとしたり、わずかに史料が伝える人名や地名の発音からモンゴル系だとかトルコ系だとか検討が重ねられたりしたが、そうした議論は、かなり的外れだったようだ。そもそも匈奴が同一の言語を使っていたかも疑わしい。

西の血をひくエリート

ゲノム解析の成果は、匈奴人についての理解をさらに深めてくれている。

たとえば、北モンゴリア西北部にあるフブスグル県サリヒティン・アム遺跡では、父親から受け継がれるY染色体ハプロタイプが西ユーラシア人に属し、中央アジアの青銅器文化の担い手や、中央アジア南部に分布していた集団との関連を指摘できる人骨が比較的まとまって検出された。あわせて、母親から受け継がれたミトコンドリアDNAハプロタイプでも、西ユーラシア人系の影響がみられ、なかには黒海北岸に前二千年紀ごろにひろがったカタコンブナヤ（地下横穴墓）文化に系譜をたどれる例もあった。

サリヒティン・アム遺跡は、匈奴のなかでも比較的古い時期に営まれた墓地として知られている。匈奴の起源に、西ユーラシア人が重要な役割を果たしたことが、この結果から想定できる。

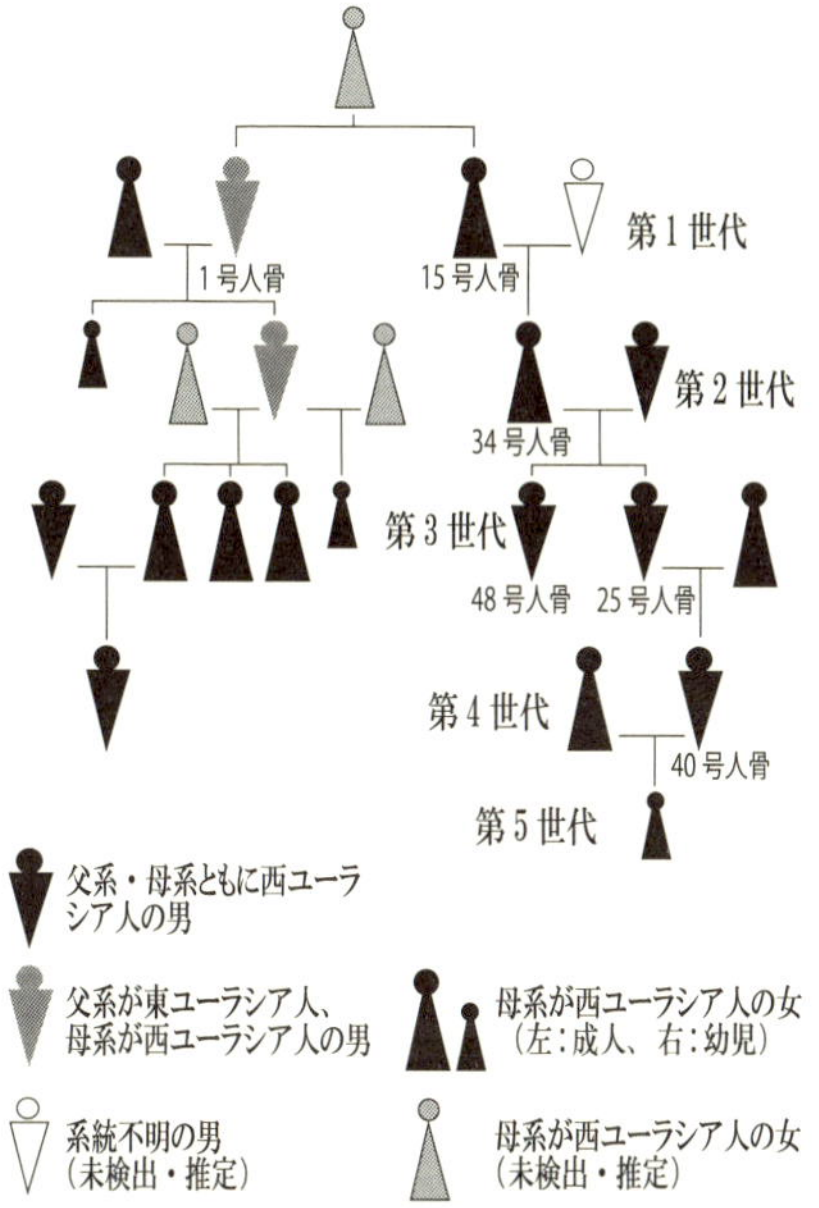

図2-7　タミリン・オラーン・ホショー墓地の被葬者の血縁関係（Keyser et al. 2021より）

西ユーラシア人系の集団の存在は、匈奴の最盛期にあたる前二世紀から後一世紀前半に営まれたアルハンガイ県のタミル川の北岸にあるタミリン・オラーン・ホショー遺跡でも確認されている。

ここには約四〇〇基の墓が存在する。比較的中規模の墓が多いので、地方有力者レベルのエリート層の墓地と想定できる。墓地はいくつかの支群に分かれており、その一つがフランス隊によって悉皆的に発掘された。そこから検出された五二体の被葬者は、生化学者のクリスティーヌ・ケイザーらによってゲノム解析がおこなわれ、五世代にわたる一族の家系が見事に浮かびあがった。興味深い結果なので、いささか煩雑だが全容を解説したい。

第一世代は、異父同母の男（一号人骨）と女（二五号人骨）のきょうだいだった。二人の母親はみつかっていないが、ミトコンドリアDNAハプロタイプから、真正もしくは混血の西ユーラシア人系の人物とみられる。

一方、父親を想定すると、一号人骨の父は、Y染色体ハプロタイプから東ユーラシア人とわかっている。一五号人骨は女性なのでY染色体をもたず、父の遺伝子型を知ることはできないが、形質的特徴などから、西ユーラシア人だったと想定されている。一五号人骨は同世代中で最大の墓に葬られていたので、彼女が一族のリーダー的存在だったとみられている。

一五号人骨とよばれる女性の地位は、彼女の娘（三四号人骨）が継いだ。これが第二世代となる。三四号人骨なる女性は、西ユーラシア人の婿をとり、二五号人骨と四八号人骨とよぶ二人の男子を生んだ。これが第三世代となる。

第三世代の二人は、ともに成人したのちリーダーとなったようで、それにふさわしい大型墓に葬られた。そのうち片方の二五号人骨なる男性と西ユーラシア人系の女性とのあいだに、第四世代となる男子（四〇号人骨）が生まれた。

四〇号人骨なる男性も西ユーラシア人系の女性を娶り、第五世代となる女児をもうけたが、この子は夭折したとみられる。

このように一五号人骨とよばれる女性の血筋は、配偶者に西ユーラシア人を選んだことで、世代を重ねるごとに髪の色が黒から栗色へと変化したこともわかっている。

一方で、第一世代でリーダーになれなかった一号人骨とよばれた男性の子孫も第四世代まで血筋を復元することができた。この家系でも配偶者として西ユーラシア人系の人間を求めていたことがわかった。ただ、いずれもリーダーとはいえない中小規模の墓に葬られていた。この一族の場合、第一世代の父親の出自が重視され続けた。

ケイザーによると、ここから読み取れるリーダーの要件は、性別ではなく、父系が西ユーラシア人の血筋か否かということだったらしい。しかし、単于に女性が就いたことを伝える史料は存在していない。

こうした比較的規模の大きな墓に葬られたエリート層の傾向とは異なり、小規模の墓地から検出された人骨のゲノム解析からは、四角墓文化の系譜を引く東ユーラシア人系の遺伝的影響が強くうかがえるという。多数を占める四角墓文化の遺民を、比較的少数の西ユーラシア人系のエリート集団が統治していたのが、匈奴という遊牧王朝の実態だったようだ。

3　単于の素顔

方形墓の出現

匈奴は、武帝の執拗な攻撃にも屈しなかった。ところが、前一世紀中葉に起きた単于の位をめぐる内紛や気候悪化で著しく弱体化した。漢に抗えるだけの体力がしだいに匈奴から失われていった。

前五一年、呼韓《こかんや》邪単于が前漢に入朝して臣下の礼をとるに至り、両者の対立関係にはひとまず終止符が打たれた。呼韓邪単于の治世には、平和的な交流が促進された。その結果、漢の先進文物が北モンゴリアに数多くもたらされた。そこに西方からの文化的影響も混ざることで、ユーラシア東西が融合した独自の文化が花開いた。当時営まれた墓がそのようすを如実に伝える。

それまでの匈奴の墓は、先述のような環状墓だった。環状墓に葬られたのは、豪奢な副葬品を納めたエリート層から、わずかな羊骨を納めただけの庶民まで、階層はさまざまだった。

そうしたところに前一世紀中葉から、それまでこの地方にはみられなかった方形墓という新たなタイプの墓も並存するようになった。方形墓とは、方形の本体部に、細長い柄状の突出部が付設されたもので、全体の平面プランは、「甲」字状、もしくは羽子板形と表現できる。外形に沿って石垣が積まれ、そのなかに礫や土砂を充塡して低い墳丘が築かれていた。なかには、わが国の古墳時代（三〜六世紀）に造られた前方後方墳を髣髴《ほうふつ》とさせる外観の例もある。

方形墓は、径一〇メートル前後が平均的な環状墓に比べて、規模が大きい。本体と柄状部分を合わせた全長は、最小の例となるアルハンガイ県ゴル・モド2遺跡一〇号墓でも一三メートル、最大例の

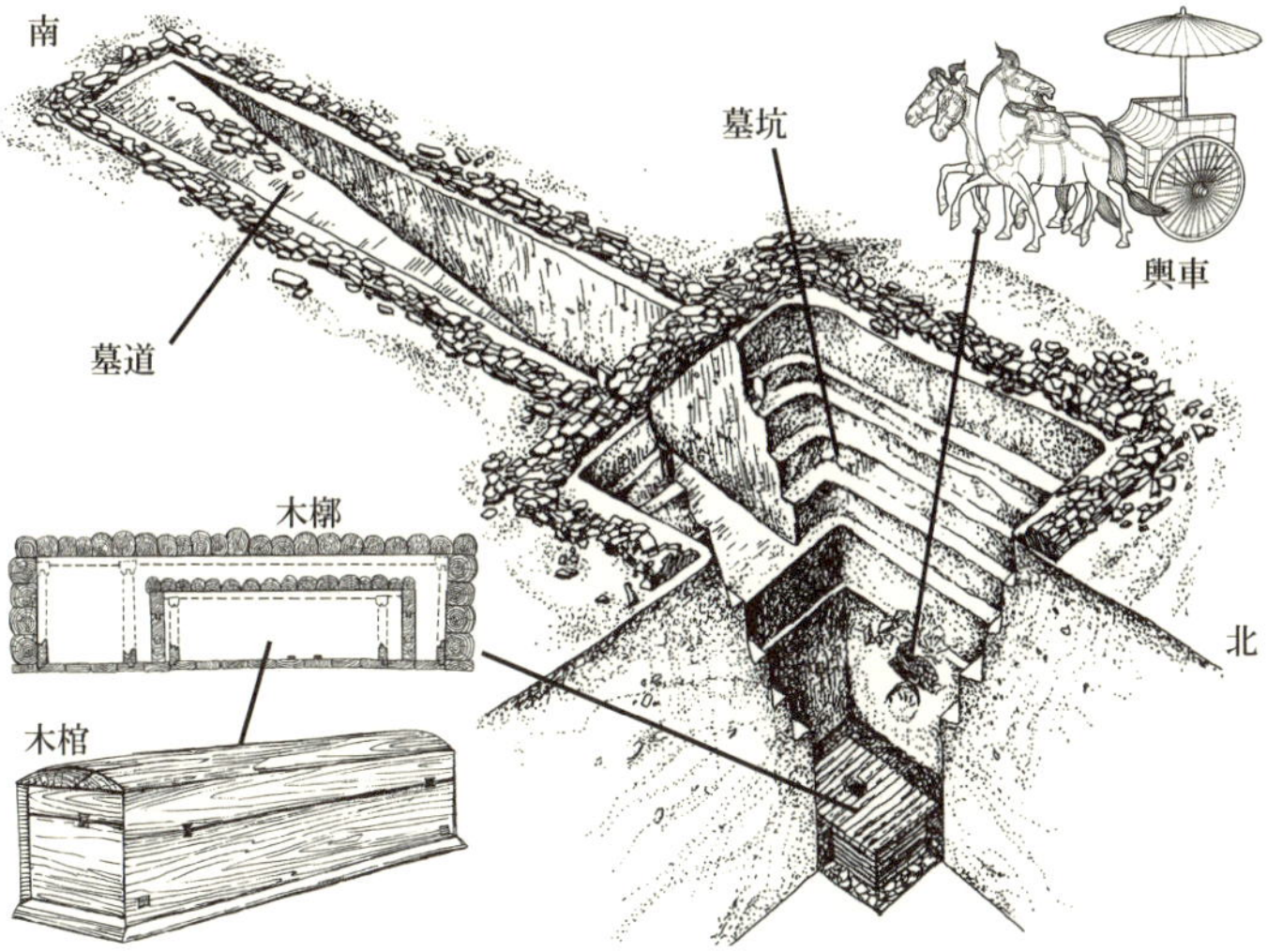

図2-8　方形墓の構造（Erdene-Ochir et al. 2021, 白石2022）

同遺跡一号墓では七六メートルもあった。後者の墳丘は、高さ三・五メートルという他に例をみない突出した規模を誇る。

　柄状の突出部の下には、スロープ状の墓道があり、本体地下の墓室へと続いている。墓室は、墳丘中心の地下に掘られた竪坑の底に設けられていた。竪坑の深さは二〇メートル近いものが多く、いまのところ最深はゴル・モド2遺跡一号墓の二三メートルとされる。

　墓室は、針葉樹の丸太を箱形に組み上げた木槨だった。木槨には一重の単槨と、外槨と内槨から成る二重槨とがあった。比較的大型で、墓室が深く設けられている墓では、二重槨が採用されていた。木槨のまわりは、突き固めた白粘土で厳重に封じられていた。その上には、殉葬の馬と、その馬が牽いた輿車《よしゃ》が置かれていることが多かった。木槨のなかには木棺と副葬品が納められた。ほとんどの墓は盗掘の被害に遭っていたが、それでもかろうじて残った副葬品をみると、二重槨のほうが明らかに厚葬だった。

はたして、こうした方形墓は、どこに系譜をたどることができるのか。墳丘および内部構造において、ここまで大掛かりの墳墓は、それ以前の北モンゴリアには存在しなかった。

丸太を組み上げる木槨には、チャンドマニ文化やパジリク文化といった在地の初期鉄器時代からの伝統が垣間見られる。また、方形の墳丘と、その封土の縁辺を石垣状に囲むという点は、エニセイ川中流のミヌシンスク盆地に広がった初期鉄器文化との関連が強いとされる。

その一方で、傾斜のある墓道で竪坑式の墓室に至る点は、明らかに漢の墓の影響を受けている。とくに、木槨を埋めるさいに白粘土を貼り詰める技法は、やや時代をさかのぼるが、中国の戦国時代の墓にみられた。

さらに、墳丘や木槨の設計には、漢の尺度（一尺＝二三・四センチメートル）が使われていた。たとえば、ゴル・モド2遺跡一号墓では、本体墳丘の東西長は二〇〇尺（四七メートル）、墓道長は一五〇尺（三五メートル）、墓坑の深さは一〇〇尺（二三メートル）、木槨の主軸長は二〇尺（四・七メートル）という切りのよい数で設計されていた。方形墓には、漢の影響が色濃く反映されていた。

方形墓の被葬者

方形墓をともなう墓地は、いまのところ一五ヵ所が確認されている。ロシア連邦内のセレンゲ川下流部に三ヵ所、エニセイ川上流のトゥバ地域に一ヵ所存在するが、大多数はモンゴル国にある。

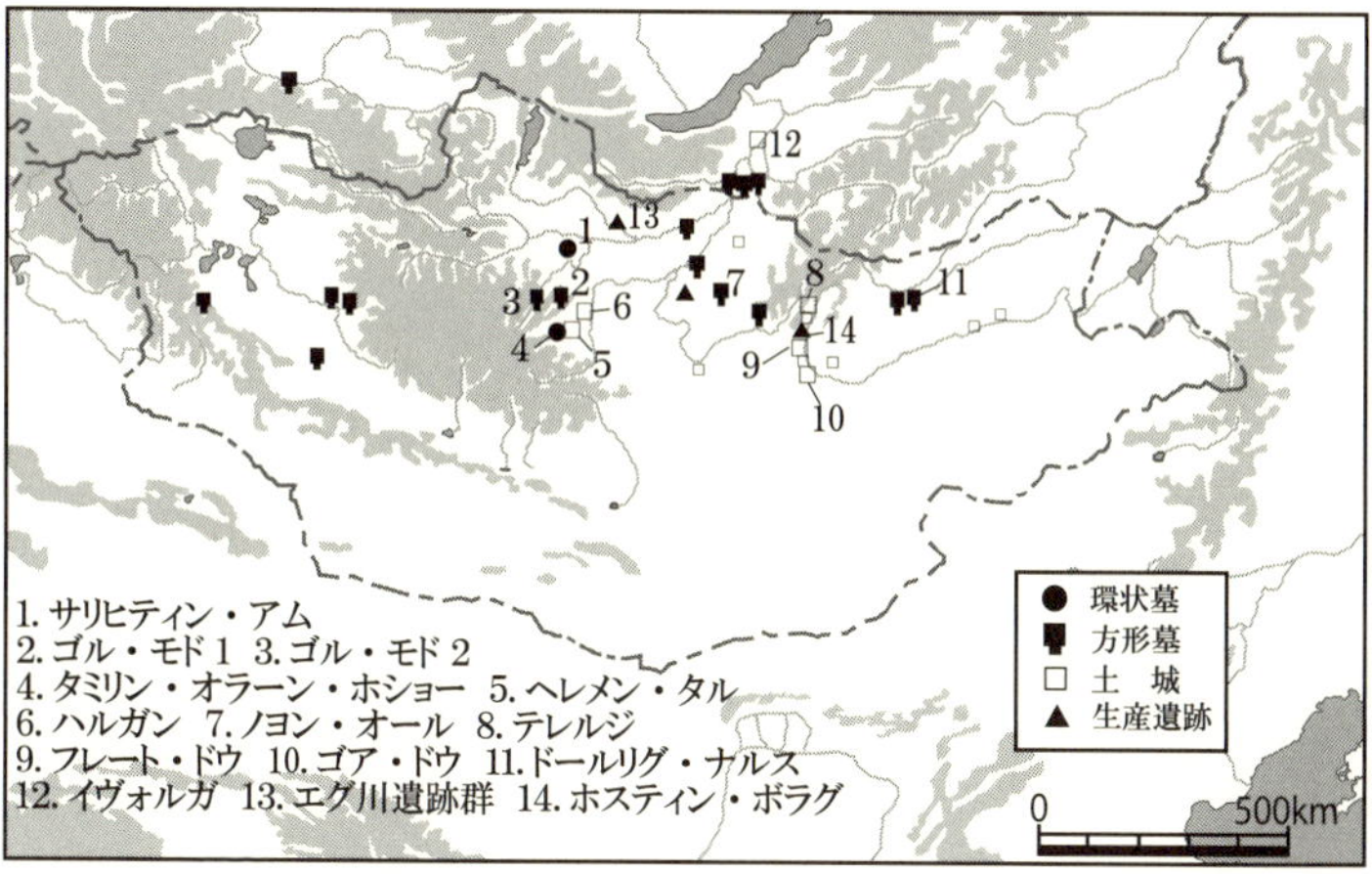

図2-9　匈奴期の主要遺跡の分布

とくに大型の方形墓がみられるのが、ハンガイ山地北麓のゴル・モド1遺跡と同2遺跡、ヘンティー山地西麓のノヨン・オール遺跡などだ。規模や副葬品の内容からみて、単于級の墓地とみてまちがいない。

こうした墓地では、方形墓のほかに、すこし小ぶりの環状墓も数多く存在している。単于の周囲に侍る妾や臣下、僕婢の墓だと考えられる。単于の死に殉じた者たちだったのかもしれない。『漢書』匈奴伝には「側近の臣妾で殉死する者は、多ければ数十《ママ》百人」に達したとある。それと思しき墓は、たとえばゴル・モド1遺跡で五〇〇基近くにものぼる。

それら単于級のものと比べると、やや規模と内容が劣る方形墓群が北モンゴリアの東と西に分かれてみられる。西部ではアルタイ山脈東麓のタヒルティン・ホトゴル遺跡とハンガイ山地西麓のヤマーン・オス遺跡が知られている。一方、東部にはオノン川上流のボル・ボラグ遺跡やドールリグ・ナルス遺跡などがある。おそらく、それらの被葬者は、東部では左賢王や左谷蠡王、西部では右賢王や右谷蠡王といった有力者と、それぞれの一族だった。

さて、単于級の墓地の可能性が高いとされるゴル・モド2遺跡のなかで、とくに一号墓とされた大型墳墓からは、豪奢な副葬品が大量に出土し、その質と量は、ほかの方形墓を凌駕している。被葬者が単于、もしくはそれにきわめて近い人物だったことはまちがいない。

被葬者の年齢は三五~四五歳で、性別は男性だった。ゲノム解析の結果、この被葬者の父方由来のY染色体ハプロタイプは西ユーラシア人、母方由来のミトコンドリアDNAハプロタイプは東ユーラシア人だったという。

史料から復元できた単于の地位は、男系男子に受け継がれたとわかっている。もし、この被葬者が想定どおり単于だったならば、匈奴という政権は、西ユーラシア人系の支配者を戴いていたことになる。リーダーに西ユーラシア人系の血筋が重視されていたことは、すでに紹介したように、タミリン・オラーン・ホショー遺跡という中堅エリート層の墓地からも明らかになっている。

ところが、そうとはいい切れない分析結果もある。ドールリグ・ナルス二号墓という大型方形墓の被葬者は、父方も母方も在地色の強い東ユーラシア人だった。こうした傾向は、タヒルティン・ホトゴル遺跡の方形墓の被葬者にもみられた。それは東ユーラシア人系の人物で、ことのほか四角墓文化からつながる影響が強く看取できたという。

地域に封じられた有力者は、単于と血縁的に近い人物とは限られなかったようだ。東西のさまざまな出自をもつ人々によって形成された〝匈奴人〟だからこそ、その支配者層の位置づけは、一筋縄ではいかない。

豊かな国際色

大型方形墓のほとんどは盗掘に遭っていた。それでも、かろうじて難を免れた副葬品からは、エリート層の豪奢な生活と、豊かな国際色を垣間見ることができる。

丸太を組み上げた木槨の内側には、絹や獣毛で織ったタペストリーが掛けられ、床には絨毯が敷かれていた。一九二七～三〇年に当時のソビエト連邦のエルミタージュ美術館を訪れた梅原末治《うめはらすえじ》が詳細な報告をしたノヨン・オール遺跡六号墓のほか、近年調査された二〇号墓、三一号墓で、優れた技巧の織物がみつかっている。三一号墓の人物刺繍のあるタペストリーは、金、黒、赤、茶の糸を使って描かれた人物の顔や服装に、ヘレニズム様式とバクトリアの風俗をみてとれる（本章扉）。

図2-10　貴族墓の埋葬施設の復元（国立チンギス・ハーン博物館蔵）

木槨のほぼ中央には棺が安置された。棺は、マツ属の板材で作られ、釘を用いずに、蝶形の木製チギリで接合することで組み上げられていた。同様の木工技術は、北京市近郊の大《だい》葆《ほ》台《だい》漢墓にもみられ、明らかに漢の影響といえる。

棺の表面には、金を使った装飾が施されていた。これまで多くの遺跡の棺に、太陽と月を模ったとみえる円形と三日月形や、細長い金板を交差させて描いた菱形ラティス文様の金板の飾りが認められている。何らかの匈奴の来世観を象徴する文様なのだろうか。ほかに、棺に絹布が掛けられていた例もある。

棺内には北頭位仰臥伸展の姿勢で遺体が納められていた。被葬者自体が身に付けたり、傍らに納められた衣類が、ノヨン・オール遺跡では、永久凍土の影響によって良好な状態で数多くみつかっている。六号墓からは、平織絹製で、こんにちの中央アジアでもみられるカフタン式の長衣が出土している。前を重ね合わせるタイプだが、右衽か左衽かは定かでない。脚衣には、絹製のほか、パルミラ地方（現シリア中部）の特徴がみえる毛織物でモンペ風のものもあった。

方形墓のなかでもとくに大型の墓では、木槨の上部から輿車とそれを牽引した馬が検出される場合が多い。『漢書』には、漢帝が単于に輿車を贈ったとの記述もある。輿車には、搭乗者が立って乗る軺車《ようしゃ》と、腰掛ける安車《あんしゃ》とがあった。

轅、輿《こし》、車輪といった車の基礎となる部分は木製で、赤や黒の漆が塗られていた。車輪の径は一二五センチメートル前後、車輪幅は五・五センチメートルほどだった。車轄《しゃかつ》（車軸受け環金具）と車輪枠は鉄で作られていた。

輿車には日差し除けの車蓋《しゃがい》（傘形の屋根）が付いていた。車蓋には一脚の傘タイプと四脚の幌タイプがみられた。車蓋の生地は赤の絹布だったようだ。車蓋の支脚や、車蓋の蓋弓《がいきゅう》（傘骨）の先端にあるソケット状の蓋弓帽《がいきゅうぼう》（露先《つゆさき》）は青銅製だった。ゴル・モド1遺跡二〇号墓では蓋弓が蓋弓帽から抜けないように、紙が挟み込まれていた。これはモンゴル最古の紙の出土例だといわれている。

ゴル・モド2遺跡一号墓からは三両の輿車が出土した。そのうち一両は幌付きで、馬三頭が轅で牽引した。輿の壁面には、黒漆地に赤と白灰色のパルメット文様が描かれていた。輿車を牽引した馬には、鉄製の銜、鍍金や鍍銀を施した青銅製の銜留具（鑣）、金銀製の杏葉《ぎょうよう》（飾金具）などが装着されていた。

胸飾や杏葉は、円形あるいは洋梨形をした薄い銀盤に、一角獣が浮き彫りにされた図柄が一般的だった。しかし、ノヨン・オール二〇号墓から出た径一五センチメートルの銀製円盤にはヘレニズム様式の影響を受けた表現で男女の裸像が浮かびあがる。製作地は不明ながら、ギリシャ美術を熟知した工人の手になったことはまちがいない。またゴル・モド2遺跡一号墓では、金製の円盤と杏葉に、特異な形相をした動物が浮き彫りにされていた。龍でも麒麟でもないようだ。調査者のディーマージャウ・エルデネバータルは、モンゴルの伝説の神獣から名をとってベルスとよんでいる。この聖獣が描かれた品々が納められたのはこの墓のみで、被葬者がエリート層のなかでも特別な位置（おそらく単于）にいたことはまちがいない。

図2-11　輿車の複製（国立チンギス・ハーン博物館蔵）

そのゴル・モド2遺跡一号墓には、およそ三〇基の陪葬墓がともなっている。おそらく后妃か近習が葬られた。その三〇号陪葬墓からローマンガラスが出土している。ゆるやかな縦襞《ひだ》が器面全周に施された碗で、濃い青地に白濁したマーブル模様が入る逸品だ。塩湖跡にみられる蒸発塩（ナトロン）を融剤として使ったナトロンガラス製で、地

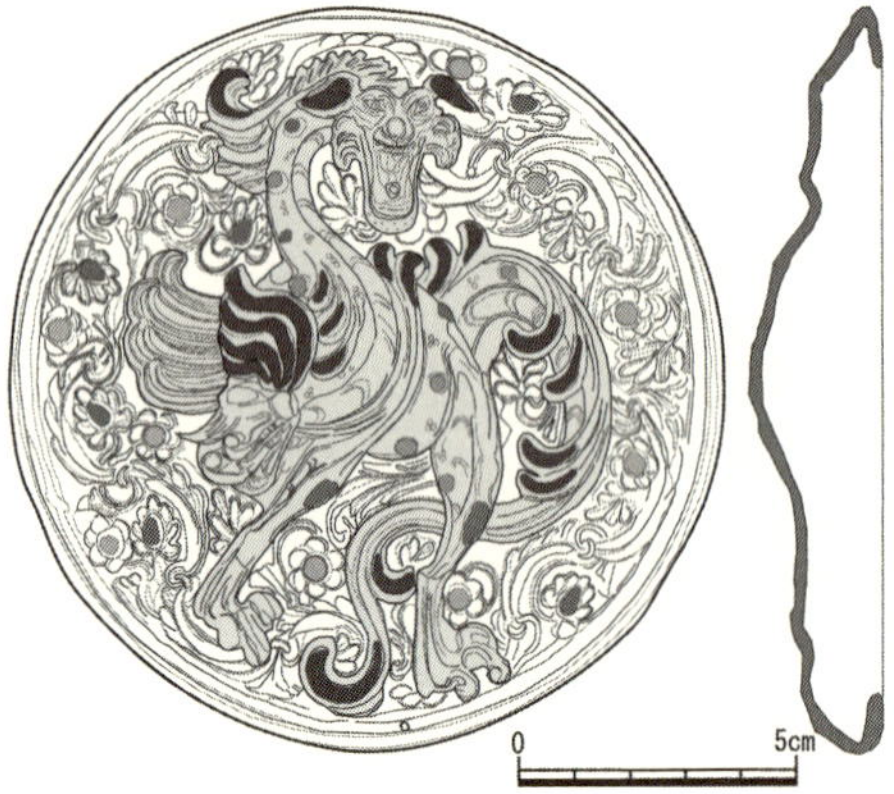

図2-12　金製円盤に浮き彫りにされたベルス（右図は断面）

中海地方の産とされる。

竇憲の故塁

とつぜんだが、ここで一旦時計の針を五〇〇年ほど進める。北魏《ほくぎ》の時代、その元号で神麚《しんか》二（四二九）年のことだった。

世祖太武帝《たいぶてい》は、北に柔然、南に宋と腹背に敵を抱えていた。宋は黄河以南の領土の奪還をちらつかせ、北魏を挑発してきた。そこで太武帝は、まずは北の憂いを取り除こうと柔然への親征を決断した。東道からゴビ砂漠を越え、柔然を駆逐しながら、栗水《りっすい》とよばれていたヘルレン川に沿って西進した。そのとき太武帝たちは、後漢時代に匈奴を討った竇憲《とうけん》が築造したという故塁を目にした、と『魏書《ぎしょ》』蠕蠕《ぜんぜん》伝にみえる。

この故塁とは何だったのか。のちの項で詳述するが、竇憲とは、匈奴の滅亡に大きくかかわった漢の将軍だ。彼がゴビ砂漠を越えたのは確かだが、ヘルレン川には至っていない。それゆえ、彼がそこに故塁とされる構造物を築いたとは考えられない。ただ、竇憲が築造したか否かは別として、ヘルレン川流域には、漢代並行期に築かれた遠目からでもわかる構造物がいくつも存在する。

それらは土塁で囲まれた城郭のような姿をし、研究者から土城《どじょう》とよばれている。土城のことをモンゴル語ではドゥルウルジンとよぶ。四角という意味で、そのとおり、土城の平面プランは、おおむね正方形に近い。一辺の長さが一〇〇メートルを超える大規模な構造物だ。

ヘルレン川上流域には、テレルジ、フレート・ドウ、ゴア・ドウを含む六つの土城遺跡が、川上から川下へと順に近接して並ぶ。まるで〝土城銀座〟とでもいえるような濃密な分布を示す。

すこし前まで土城は、ヘルレン川流域だけに存在すると考えられていた。しかし、近年の調査で、オルホン川、トーラ川、セレンゲ川流域でも土城の存在が明らかになってきた。オルホン川流域では三基が並存しているヘレメン・タル（タリン・ゴルワン・ヘレム）やハルガンといった土城遺跡が報告されている。

こうした土城は、炭素14年代測定の結果などから、おおむね前二世紀〜後一世紀前半に築かれたと考えられている。大型方形墓と同様に漢尺が設計に取り入れられていた。漢の尺制では、一八〇〇尺は三〇〇歩で、三〇〇歩は一里だった。

テレルジ土城は、一辺の長さは二三〇メートルで、およそ一〇〇〇尺に相当する。また、フレート・ドウ土城とヘレメン・タル一号土城は、いずれも一里に一致した。また、四辺を合わせた周長では、ヘレメン・タル二号土城は四里と一致し、テレルジ土城とハルガン土城は四〇〇〇尺、ゴア・ドウ土城は三〇〇〇尺（五〇〇歩）といずれも切りのよい数で設計されていた。

築成には、漢の黄土地帯で広くみられた版築工法が用いられていた。しかし、漢のものに比してかなり粗雑で、盛土面は水平ではなく、稚拙さが目立つ。想像をたくましくすれば、技術者以外の漢からの移入者や遊牧民が駆り出されて、見様見真似で築いたのではないか。

その当否は、いまの段階ではわからないが、土城の造営には、技術力と多くの労働者を動員できる権力が必要だったことはまちがいない。単于など超エリート層が直接関与、あるいはパトロンにならなければ、こうした構造物を築くことはできなかっただろう。

図2-13　ゴア・ドウ土城の復元図（Eregzen et al. 2018）

蘢城に大会す

　こうした土城のほぼ中央には、建物基壇と考えられている方丘がある。大小さまざまだが、ことのほかテレルジ土城の方丘は大型で、長辺六〇メートル、短辺三〇メートル、高さ二メートルもあった。その上には屋根瓦で葺かれた木造建物が築かれていた。瓦葺き建物の存在は、ハルガン土城など多くの土城跡で認められる。また、ゴア・ドウ土城では、基壇上の建物以外に、四周の囲壁が屋根付きの築地《ついじ》塀《べい》になっていて、そこも瓦で葺かれていた。

　一方でヘレメン・タル土城の基壇には、瓦葺きではなく天幕状の建物があったようだ。その二号土城では、一辺二七メートルもある方形プランの大型天幕が立てられていたと想定されている。ゆうに百人以上が収容できた大きさだ。

　これらの土城は、どのような機能をもっていたのだろうか。土城を発掘しても家畜骨などの食物残滓がほとんどみられないことから、非日常の空間、たとえば、祭祀の場とする意見が強い。

匈奴の土城のなかで、近年とくに注目されているのがハルガン土城だ。オルホン川中流の西岸にひろがる平坦地に築かれている。前述のように、土壁の四辺を合計した長さは漢尺で四〇〇〇尺だった。これは土城のなかで中規模クラスに相当する。

この土城が、なぜ注目されているかというと、中央に築かれた基壇から「天子単于與天無極千萬歳」と漢字で記された瓦当《がとう》（軒丸瓦《のきまるがわら》）が出土したからだ。単于を寿ぐ銘文のある瓦当の存在から、調査者はこの土城を特別な施設と考え、『漢書』に登場する「龍城《りゅうじょう》」の跡とし、大々的にマスコミ発表をした。二〇二〇年のことだった。

図2-14　ハルガン遺跡出土瓦当（径約16cm、国立チンギス・ハーン博物館蔵）

龍城は『史記』匈奴伝では「蘢城《ろうじょう》」とつくる。「歳の正月に諸長は単于庭《ぜんうてい》の祠に小会して、五月に蘢城に大会して祖先と天地鬼神を祭り、秋に馬が肥えたとき蹛林《たいりん》に大会し、人畜の数をしらべる」という一節にあらわれる。

遊牧王朝の君主たる単于は、自身も遊牧領域をもち、そのなかを季節移動していた。冬と春を単于庭（固有名詞ではなく、単于の主要な宿営地という意）で過ごし、夏になって蘢城に移り、秋になって蹛林に赴き、冬になるとふたたび単于庭に戻る、という周回移動の経路を復元できる。蘢城では、陰暦五月に有力諸長が集って祖先や天地鬼神を祭った。『後漢書《ごかんじょ》』南匈奴伝に「天神を祭った」とある「龍祠《りゅうし》」と同じだと考えられている。

龍というのは、単于に関連する施設に対する雅称と考えてよい。こうして君主を龍になぞらえるのは漢側の視点で、匈奴人は龍を重んじていなかった。龍城ではなく、蘢城という表記が、本来の姿を書き表しているのではないか。

蘢城という表記に着目したユーラシア古代史研究の泰斗江上波夫《えがみなみお》は、蘢（いぬたで）という文字を使った背景を、植物を編んだり積みあげたりしていたからだとみた。『史記』に「匈奴に深く入り、その蘢城を燔《や》く」という一文もあり、燃えやすい構造物だったことは確かなようだ。そうした構造物が時期を下るに従い、土造りの囲壁をもつ、瓦葺きの木造建築になったのではないか。

ハルガン土城は、風通しのよい平坦部にあり、敷地内に沼池を取り込んでいる。暖房設備もみられないことから、暖かい季節の施設だったことはまちがいない。排水用の石組渠もあるので、この地域で降雨の多い六〜七月、すなわち陰暦五月ごろに使われた可能性が高い。この瓦葺きの祠殿で、諸長が列席のもと、単于の主宰で祖霊と天地鬼神が祭られたのだろうか。

ただ、かりにハルガン土城が蘢城だったとしても、蘢城は一ヵ所だけでなかったことが史料からわかる。『史記』に「燔く」とあるのは、前二世紀中ごろの軍臣単于の「蘢城」だったとみられる。また『漢書』は、前一世紀前半の壺衍鞮《こえんてい》単于や虚閭権渠《きょろけんきょ》単于にも「蘢城」があったことを伝えている。時期を違えていくつかの蘢城が存在したようだ。

ところで、こうした先祖祭祀をおこなったのは、単于だけだったのだろうか。もちろん、国家的な祭祀は、単于が主宰しただろう。だが、王・将や隷属部族であっても、先祖祭祀がおこなわれた可能性はある。

たとえば、さきほど戯れに〝土城銀座〟とよんだヘルレン川上流域に集中してみられる土城群も蘢城の可能性がある。おそらくヘルレン川流域は、単于の片腕として国土の東方に封じられていた左賢王や左谷蠡王の領域だった。彼らもまた、遊牧生活に基盤を置き、みずからの遊牧領域内を、季節周回移動していたと考えられる。そうした彼らが移動の途中で逗留した祭祀場だったのではないか。ロシアや韓国の考古学者によって調査研究が進められているが、その実態の解明は道半ばだ。今後の進展に期待したい。

秋の大会は松林で

さて、単于が秋に大会を開いたという蹛林についても触れておこう。

蹛林については、古くより碩学が考証を重ねてきた。蹛には、巡るという意味がある。これも特定の地名ではなく、北アジアの狩猟遊牧民のあいだに古くからみられた、林木を騎馬で巡る祭祀と解するのが妥当だと江上は考えた。

江上の見解を容れたうえで筆者は、単于が巡った林とは松林だったと想定している。やや時代は下るが『遼史《りょうし》』に「蹛林とは土地の名前で、すなわち松林のこと」とあるからだ。モンゴル高原の松林は、山の陰の砂地に生えるという特徴がある。そうした砂地は、一〇メートル以上も墓坑を掘り下げる匈奴のエリート墓を営むには、格好の場所となっている。ゴル・モド1遺跡、同2遺跡など、大型の方形墓をともなう墓群は、ほとんどが松林のなかにある。

オノン川流域にあるドールリグ・ナルス遺跡もその一つだ。ナルスとはモンゴル語で松のことをいう。そこに営まれた大型方形墓を含む約三〇〇基の匈奴墓は、一キロメートル四方という広大な松林のなかに存在している。二〇〇〇年前と現在とのあいだには、とうぜん植生の変化も考えられる。そうであっても、この地方の樹木の生態的特徴を考慮すると、匈奴の大墓群が営まれた砂地の近くには、少なからず松林が存在したと考えてよい。つまり、蹛林の祭祀とは、松林に覆われた先祖の墓所を巡る慰霊祭だったということになる。

『後漢書』南匈奴伝には「匈奴の風俗では、歳に三度の龍祠があり、いつも正月、五月、九月の戊日に天神を祭る。（中略）よって、諸部族が会して国事を議し、馬とラクダを走らせて楽しみと為す」ともある。この九月戊日の祭は、匈奴伝のいう蹛林の大会に相当しよう。たんに林木を周回するだけでなく、それが競技になって人々の楽しみになっていたようだ。こんにちモンゴル民族のあいだで広く開催されているナーダムという夏の祭典の草競馬に通じるものを想起させる。

4　みずから鮮卑と号す

匈奴の滅亡

前漢にかわって新《しん》（後八〜二三年）を建てた王莽《おうもう》は、匈奴に対して、それまでの融和政策から転換して敵対姿勢をとった。すると、ふたたび匈奴は漢の北辺に侵入した。しかし、モンゴル高原を襲った干魃と蝗害、さらに単于位争いが重なり、匈奴は急速に衰退した。

こうした流れの中で、単于の求心力は著しく低下した。地理的に漢に近く、その文物に浸っていたゴビ砂漠以南と、その恩恵の薄いゴビ砂漠以北とのあいだに、思惑の相違が顕著になった。四八年、ついに匈奴は南北に分裂した。ゴビ砂漠の南にいた匈奴勢力は、南匈奴とよばれ、後漢（二五～二二〇年）に降った。一方でゴビ砂漠以北の北匈奴は、依然として独立を保った。しかし、後漢の度重なる遠征と東方からの鮮卑という新興勢力の侵入が、確実に北匈奴の命脈を縮めた。

八九（永元元）年、北匈奴の反乱を鎮めるべく、漢の車騎将軍竇憲が大軍を率いてゴビ砂漠を越えた。竇憲は精鋭一万騎を選び、稽落山《けいらくさん》（位置不詳）に進んで北匈奴の単于と対戦した。北匈奴は大敗し、単于は遁走した。王と名のつく者以下一万三〇〇〇の首級と、捕虜、家畜など合わせて一〇〇万あまりを奪い取った。竇憲は、国境を去ること三〇〇〇里ほどにあった燕然山《えんぜんさん》に登り、岩に勲功を刻ませた。

ゴビ砂漠北縁にあるデリゲルハーン山麓のバローン・エルギーン・ボラグという泉近くの岩壁に、竇憲の銘文が陰刻されていることは以前から知られていた。二〇一七年、内モンゴル大学の歴史学者チムトドルジらの調査隊が採拓し、マスコミを通じて大々的に発表したことで、改めて脚光を浴びることになった。

赤茶けた荒々しい岩壁に銘文はあった。岩壁の中ほどの節理によって生じた滑らかな面を使い、周囲を方形に整えたおよそ縦一メートル、横一・三メートルの範囲に、勇壮な八分隷《はっぷんれい》の書体で二〇行二四四字の漢字が刻まれていた。

惟永元元年秋七月、有漢元舅曰車騎将軍竇憲、寅亮聖皇、登翼王室、納于大麓、惟清緝熙。迺與執金吾耿秉、述職巡御、治兵於朔方、鷹揚之校、螭虎之士、爰該六師、曁南単于、東胡烏桓、西戎氐羌、侯王君長之群、驍騎三萬……

（永元元年秋七月、皇帝を敬い、王室を補佐し、国政を治める聡明な漢の外戚の車騎将軍竇憲は、執金吾の耿秉《こうへい》を副官とし、朔方に兵を進めた。鷹揚の将に螭虎の士を集めた六師［禁軍］を率いて、南匈奴、東胡の烏桓《うがん》、西戎《せいじゅう》の氐《てい》と羌《きょう》を合わせ、総勢は三万騎となった……）

この撰文は『漢書』の撰者としても名高い班固《はんこ》の手になる。銘文とほぼ同じ文章は『封燕然山銘』という題名で、南朝の梁《りょう》（五〇二〜五五七年）で編まれた『文選《もんぜん》』にも収録されている。九一年、ふたたび竇憲は匈奴に遠征した。居延（南モンゴリアのエチナ川下流）を発し、遠く金微山《きんびさん》（アルタイ山脈か）に至って北匈奴の単于を包囲して、単于一族を含む五〇〇〇もの匈奴人を斬殺した。単于は遠く天山方面へと逃走した。これをもって事実上の匈奴の滅亡とみる。

匈奴の残党が西に遷ったことで、あたかも玉突き現象のごとく、中央アジアから東ヨーロッパ平原にいた諸民族の活動が活発になり、やがてヨーロッパに民族大移動という人類史上屈指の変革期を出来《しゅったい》させたと歴史家はいう。そののちの匈奴の行方に興味は尽きないが、本書の主眼はモンゴル高原の歴史を叙述することにあるので、それについては割愛する。

さて、班固は『封燕然山銘』のなかでこう説いた。

一《ひと》たび労して久《ひさ》しく逸《やす》んじ、暫《しばら》く費やして永らく寧《やす》らかなり。

一度苦労すれば、その後長くその恩恵を被り、安らかな暮らしをおくることができるという意味で、ここから「一労永逸」という熟語がうまれた。竇憲の遠征は漢にとって一労永逸となった。だが、北モンゴリアにとっては、長い混沌とした時代の幕開けとなった。

遊牧世界の支配者として

北モンゴリアから匈奴政権が消えると、鮮卑という遊牧集団が東から勢力を伸張させてきた。鮮卑は、匈奴時代に大興安嶺山脈周辺にいた東胡の後裔とされている。このころ鮮卑は急速に大きくなったが、『後漢書』鮮卑伝の、それまで匈奴と称していた者たちが「皆みずから鮮卑と号す」と伝えるように、その実態はいくつかの遊牧部族が目先の利益によって寄り集まった烏合の衆だった。鮮卑という名称は、自称か他称かは定かでなく、意味も諸説あって詳らかでないが、こうした部族連合を総称していた。

ようやく鮮卑が政治的にまとまりをみせたのは、檀石槐《だんせきかい》（〜一八〇年ごろ）が支配した時期だった。勇猛で知略に富んだ檀石槐は、鮮卑の部衆から首長にあたる大人《たいじん》に推戴された。陰山山脈の東麓に本拠を構え、南は後漢の北境を掠め、東は扶余《ふよ》、西は烏孫《うそん》を攻め、そして北は丁令《ていれい》（丁零）を討った。

ところが檀石槐が死ぬと、後継争いで鮮卑の内部はふたたび乱れた。おおむね遼河《りょうが》流域、陰山山脈東麓、オルドス地域西北部の三地域に分かれて、それぞれが独自性をもって展開した。そうしたなかで陰山山脈東麓にいた鮮卑は、力微《りきび》（神元帝《しんげんてい》）のもとに結集し、拓跋部《たくばつぶ》という政治勢力を形成した。三世紀中葉のことだった。

三一五年、拓跋部の猗盧《いろ》（穆帝《ぼくてい》）は、魏のあとに成立した晋《しん》（西晋《せいしん》とも。二六五〜三一六年）から代《だい》王に封ぜられた。ここに代国という拓跋鮮卑の王朝が成立した。代国は、現在のフフホト市あたりを中心に陰山山脈東麓一帯を勢力圏とした。

三八六年、道武帝《どうぶてい》（位三八六〜四〇九年）が即位すると、国号を代から北魏（〜五三四年）へと改めた。北魏は、三九八年には平城（山西省大同市）を都として、五胡時代の華北で台頭した。

道武帝の孫は、その諡《おくりな》を太武帝（位四二三〜四五二年）といい、四三九年に華北を平定した。彼は中華王朝の皇帝であると同時に、遊牧世界の支配者であるとも自認していた。祖宗興隆の地に使者を遣わし、先祖を祀って石室に祝文を刻ませたと、北魏の正史『魏書』は伝える。北魏の元号で太平《たいへい》真君《しんくん》四年、西暦で四四三年のことだった。こうした行為は、拓跋部が鮮卑の正統で、遊牧王朝の支配者としてふさわしいことを誇示するためだった。

鮮卑南遷

祝文が刻まれた場所は、大鮮卑《だいせんぴ》山《さん》といった。そこで鮮卑が勃興したとされる。大鮮卑山の所在地は『魏書』におぼろげな記述が残る。そこは、華北からみてかなり北方にあった。大鮮卑山に発した鮮卑は、そこからそう離れていない「大沢《だいたく》（大きな湖水）」を経て南に遷徙し、陰山山脈東麓に至ったという。これを歴史家は「鮮卑南遷」といった。ただ、あくまでも伝説のなかの話と考えられていた。

その鮮卑南遷を実証しようという学者があらわれた。解放後の中国考古学を主導した宿白《しゅくはく》は、鮮卑南遷の経路を遺跡と遺物から推定した。一九七七年に『文物』という雑誌に発表した論文で、大鮮卑山を大興安嶺山脈北部に、大沢を中国内モンゴル自治区北部にあるフルン湖とボイル湖に比定した。そのときまでに、フルンボイル地域（フルン湖とボイル湖周辺の草原地帯）からは、鮮卑時代のものと思しき墓が数多くみつかっていた。宿白は、それらを考古資料の類似点で結ぶことによって、陰山山脈東麓に至る鮮卑南遷の道筋を提示した。大鮮卑山の所在地に学者の関心の目が集まり始めた。

宿白の論文を読んで心躍らせた人物がいた。フルンボイル在住の歴史学者米文平《べいぶんぺい》だった。彼は、祝文を刻んだ「石室」とは、洞窟のことにちがいないと考えた。大興安嶺山脈北部の山中に深く入り込み、洞窟という洞窟をしらみつぶしに調べた。

米は、嘎仙洞《かっせんどう》というこの地域で比較的大規模（間口三〇メートル、奥行き九〇メートル。南に開口）の洞窟に目をつけた。三度にわたって踏査したが、祝文らしきものはみつからなかった。だが、洞窟内には太古の生活痕が残されていた。彼は何やら確信めいたものを抱いた。

四度目の踏査は一九八〇年七月末のことだった。夕方の斜陽が洞窟内を照らしたわずかなあいだに、入口から一五メートル入った西面に『魏書』の伝えるとおりの文字が浮かびあがったのを、米は見逃さなかった。伝説が史実になった瞬間だった。

宿白が描いた鮮卑南遷の経路は、祝文の発見により揺るぎない定説の地位を獲得した。嘎仙洞の発見以降、新出の考古資料は、南遷の道筋に巧く組み込まれるように解釈されるようになった。近年さかんにおこなわれているヒトゲノム解析でも、鮮卑墓の被葬者と大興安嶺山脈北部の集団とのつながりがことさらに強調され、鮮卑南遷を支持する論調が多数を占める。

ただ、この大鮮卑山というのは、かなり眉唾物といえる。嘎仙洞周辺は山間の森林地帯にある。とても何らかの遊牧エスニック集団が勃興できる場所とは思えない。太武帝が正統性と威厳を誇示するため、遠い神秘的な場所に祝文を刻して、聖なる大鮮卑山を捏造したというのが真相だろう。

そうであっても鮮卑南遷は、中国の研究者にとって教条的な存在となっている。これには少なからず違和感を覚える。筆者のようにこの問題に深入りしていない者の視点で、フルンボイル地域の初期鮮卑とされる考古資料と、南モンゴリア東南部の〝南遷した〟鮮卑の遺物を見比べると、同じエスニック集団によって残されたとは、正直なところ思えない。

むしろ、陰山山脈周辺の鮮卑の陶器には、北モンゴリア中央部に栄えた匈奴の遺風が色濃くみられる。既存の南遷と異なる鮮卑興隆の道筋を示す新資料があらわれることを、筆者はひそやかに鶴首していた。

もう一つの南遷

ようやく宿白の提唱した鮮卑南遷に一石を投じる資料がみつかった。その舞台は、モンゴル国北部のオルホン県にあるアイラギーン・ゴズゴルという墓地遺跡だった。二〇一四年からモンゴル国立博物館などのチームによって発掘が始まり、一八年からは中国隊も参加している。中国隊はこの遺跡をアイラギーン・オウォー遺跡とよんでいる。

アイラギーン・ゴズゴル遺跡では、丘陵東南斜面の四〇〇×三〇〇メートルの範囲に、一〇〇基あまりの墓が点在している。これまでにおよそ三〇基が発掘されている。この墓地が営まれたのは、炭素14年代法によって、おおむね後一～二世紀だったとわかっている。北モンゴリアから匈奴の勢力が消えた直後の墓地とみてよい。

墓の地上構造には円形と方形がみられた。円形墓は地表に径五メートルほど、高さ一メートル未満の低墳丘を築き、墳丘の外周には石が配されていた。外観では匈奴の環状墓に似ている。一方の方形墓は、正方形の墳丘に長方形の張出部が付くという「凸」字状プランで、これも匈奴の羽子板形の方形墓に似ていた。

埋葬施設も、円形墓では竪穴式の墓坑を、方形墓ではスロープ状の墓道を採用している点で、匈奴墓と共通していた。しかし、竪穴式は、坑底の側壁に側洞を穿ち、その洞内に遺体や副葬品を安置するという特殊な形態だった。これは偏洞室墓《へんどうしつぼ》とよばれる。

また、スロープ状墓道を有する墓でも、墓道の奥の岩盤に横坑を穿ち、それを墓室としていた。竪坑を掘って底に木槨を設ける匈奴の方形墓とは明らかに異なっていた。墓室内には棺を置くための棺座という土台が造られていたことも匈奴時代にはみられなかった。

副葬された壺や甕といった陶器の器形や文様、さらに製作技術などには、匈奴の残影が色濃くうかがえた。しかし、漆器、骨角製の箸、銅鏡、絹織物のほか、明器《めいき》（生前に使用していた器物を模したもの）としての陶製かまど、木製の家屋、人形、牛車などのミニチュアには、オルドス地域北部から陰山山脈周辺の後漢墓との共通点がみられた。

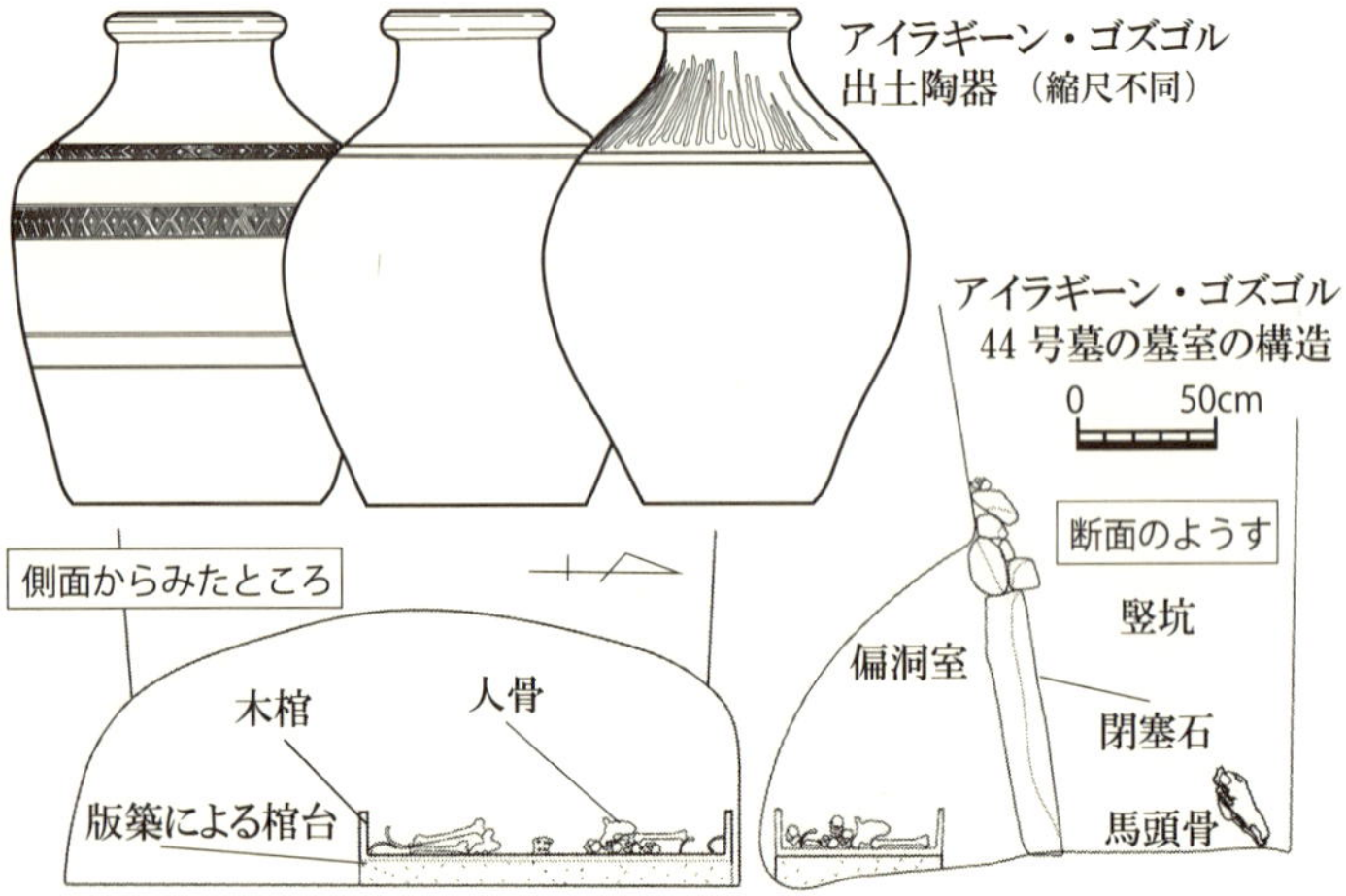

図2-15　アイラギーン・ゴズゴル遺跡の遺構と遺物（白石2022を改変）

想像をたくましくすると、北モンゴリアにおいて匈奴の勢力が衰退したのに乗じて、南から漢式の文化をもった集団がやってきたのではないか。それを物語るのが、ヘンティー県ゴルワン・ドウ遺跡一号マウンド四号墓からみつかった二世紀ごろの少女だ。中国北部出身とみられるゲノム的特徴をもち、キビを常食していたとわかっている。

ところが、アイラギーン・ゴズゴルの資料には、匈奴にも漢にも見出すことのできない特徴もあった。たとえば、被葬者を納めた木棺だ。頭側は幅広で甲高に造られていたが、足側は幅狭で低くなっていた。また、白樺樹皮製の容器、骨角製の合わせ弓の部材が標準的に副葬されるようになった。いずれもフルンボイル地域の初期の鮮卑文化と共通したものだった。

南モンゴリアの考古学を長年牽引する魏堅《ぎけん》は、アイラギーン・ゴズゴルの墓地を、匈奴滅亡後に北モンゴリアに留まっていた匈奴の遺民が鮮卑の西進を受けて、「皆みずから鮮卑と号す」とされた時期に造営されたものだと位置づけた。

匈奴文化をベースにして、漢、さらには鮮卑の文化的特徴が融合したこの墓地の被葬者は、鮮卑に鞍替えした匈奴人だったようだ。ここでは「匈奴系鮮卑」と仮称しよう。こうした匈奴系鮮卑は、オルホン川下流域にまとまって暮らしていたらしい。

ところが三世紀ごろになると、北モンゴリアから匈奴系鮮卑の痕跡は消える。代わりに南モンゴリアの陰山山脈北麓にみられるようになった。中国ウランチャブ市にあるチーランシャン（七郎山）遺跡では偏洞室墓が特徴的に営まれた。この調査を担当したのも魏堅だった。彼は、その被葬者をアイラギーン・ゴズゴル遺跡の被葬者の後裔だったと推論している。

この見方が正しければ、フルンボイル地域から西進した鮮卑の影響を受けて北モンゴリア北部で匈奴系鮮卑が形成され、彼らは、三世紀ごろに南進して陰山山脈周辺に至ったという道筋が描けるのではないか。従前の宿白説とは異なる鮮卑南遷が浮かびあがる。同じころ陰山山脈東麓で拓跋鮮卑が頭角をあらわした。何やら示唆的である。

北からの侵入者

匈奴系鮮卑の南遷と連動するかのように、北モンゴリアにはシベリア方面から新たな集団が南下してきた。

筆者らが調査したヘルレン川上流域にある前出のゴルワン・ドウ遺跡は、この点で重要な知見を提供している。それは三つのマウンドのうちで最大の一号マウンドに営まれた五号墓から明らかになっ

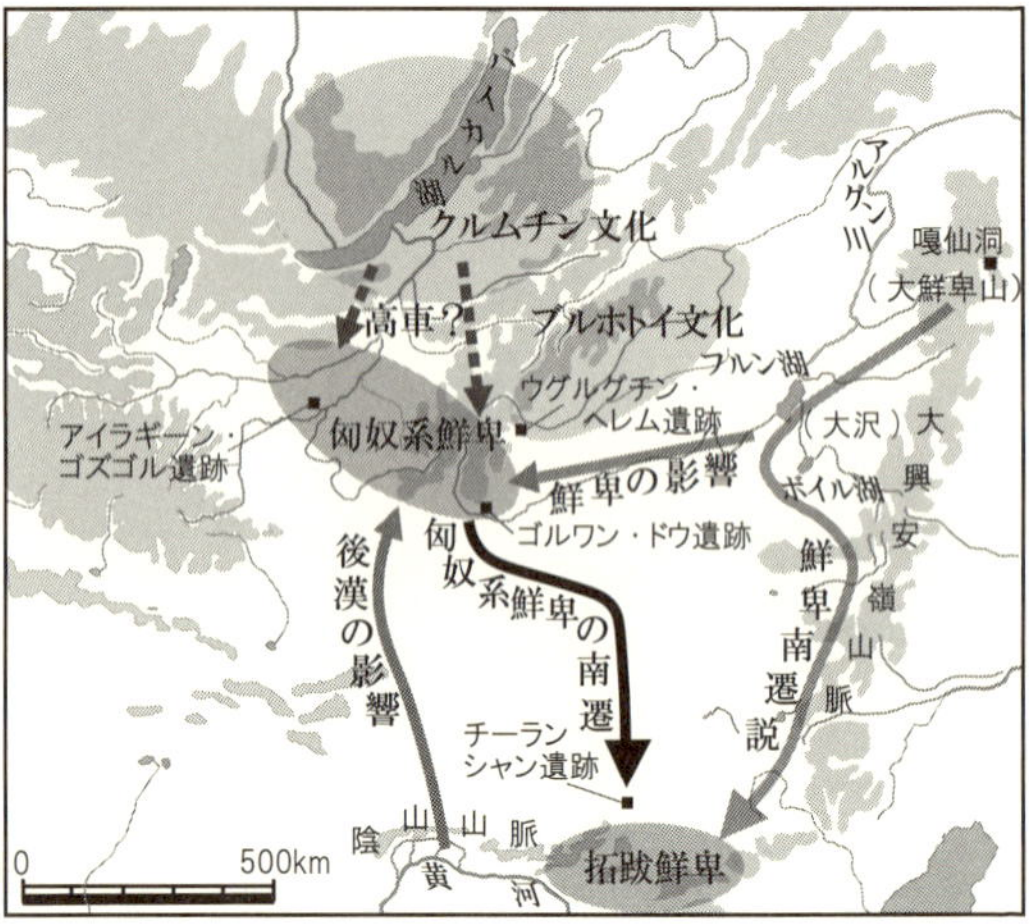

図2-16　鮮卑南遷の再考

た。

その年代は、炭素14年代から三世紀ごろとみられる。地上には目印となる配石のような遺構はともなわず、楕円形プランをした竪穴土坑墓だった。副葬品は鉄鏃、鉄刀子、鉄環、鉄滓、砥石と比較的多く、とくに鉄関連遺物が目立った。日用品や装飾品、とくに明器を副葬することの多かった鮮卑墓とは、明らかに一線を画していた。

坑底には東頭位で身体の右側を下にし、両足を折り曲げた右側身屈肢という姿勢で、成人男性が安置されていた。骨の遺存状態がきわめて悪く、ゲノム解析はできなかったが、こうした埋葬姿勢は、鮮卑には存在しない。類似例は、バイカル湖周辺にみられたクルムチン文化に求められる。おそらく被葬者の出自はそこにたどれる。

目を東北のオノン川流域に転ずる。ロシアとの国境に近いウグルグチン・ヘレム遺跡でも、炭素14年代で三～四世紀とみられる墓地がみつかっている。

こちらの墓には、地上に径四メートルほどの円形石積みがみられた。その真下に土坑が掘られ、一

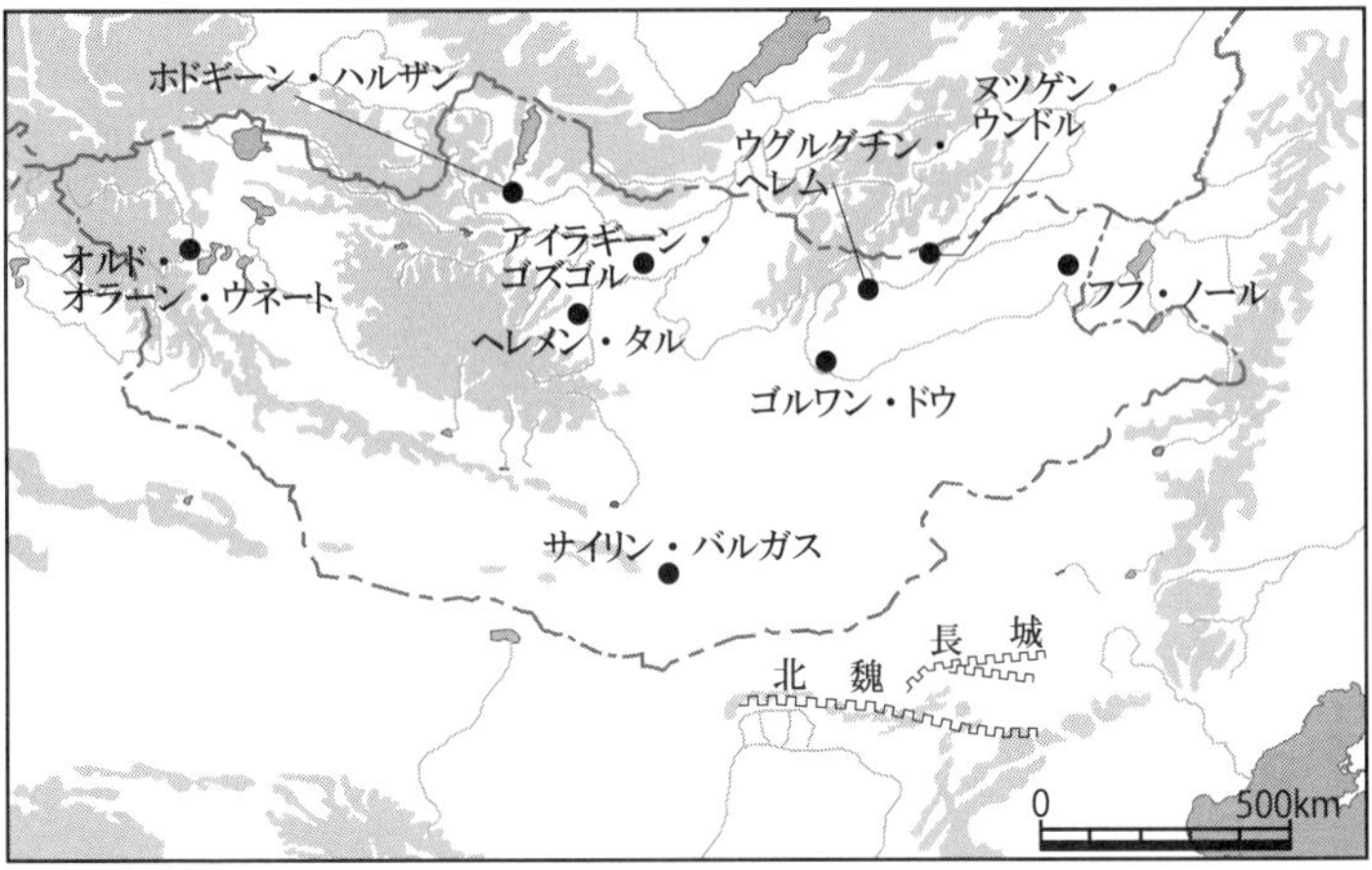

図2-17　鮮卑・柔然期の主要遺跡

メートルぐらいの深さの坑底には板石を並べた石棺が設けられていた。遺体は石棺内に西頭位の仰臥伸展の姿勢で納められた。ゴルワン・ドウ遺跡の墓とは、かなり様相を異にしていた。

そのなかで四号墓とよばれる墓の被葬者は、金製の胸飾りを身に着けていた。柄部を短くした刺股《さすまた》形をしたもので、この時期に中国北縁やシベリア南部地域の墓から出土するが、けっして数は多くない。青銅製がほとんどだが、金製となると被葬者のグレードは一段高くなる。ほかにも被葬者の右胸上には鉄甲の小札《こざね》が置かれ、鉄鏃、鋲留《びょうどめ》のある鉄製品も納められていた。豊富な鉄とともに葬られたこの人物は、高いランクの軍事エリートだったようだ。

こうした葬制と伴出した土器の模様から、この墓は後バイカル地域にひろがっていたブルホトイ文化のものだとわかる。その文化圏内のオノン川上流域から、笹田朋孝率いる調査隊によって当時の製鉄炉がみつかった。それは匈奴のものとは異なる、石組み炉という熱効率のよい先進的な構造だった。そうしたことが豊富な鉄製武器につながったと考えられる。

クルムチン文化とブルホトイ文化の担い手は、かなり軍事力をもっていたと想定できる。このような強力な二つの集団のシベリア方面からの侵入が、北モンゴリアにいた匈奴系鮮卑を陰山山脈方面に南遷させた原因の一つだったのかもしれない。

クルムチン文化とブルホトイ文化が、史書にあらわれるどのような部族と対応するかは定かでない。ただ、中国の史書には、三〜四世紀の北モンゴリアで、高車丁零《こうしゃ》という遊牧民が活動していたようすが記されている。

5　カガンの登場

柔然の統一

シベリア南部では、匈奴の時代から丁零という集団が活動していた。丁零は、漢文史料では狄歴《てきれき》や敕勒《ちょくろく》ともつくる。これは「テュルク」という語の漢字音写だとされ、トルコ民族の祖と考えられている。

四世紀ごろには、漢文史料に高車丁零という名で登場し、のちに略されて高車のみ記されるようになった。大きな車輪をもつ、車高の高い馬車を操っていたことから、この名が生まれたと文献史学者は考証している。こうした車の存在は、モンゴル国西南端のホブド県ヤマーン・オス岩壁に陰刻された当時の画から確かめられている。

高車は華北に度々進出し、拓跋鮮卑が建てた代国（北魏の前身）の北辺を掠めた。そこで道武帝は、たびたび北モンゴリアへ親征し、一説にはトーラ川のほとりにまで深入りして高車の動きを封じようとしたが、あまり功を奏さなかったようだ。

そうしたなか、その高車とは異なる集団が、北方の草原地帯で活動を始めた。

四世紀初めごろ、ゴビ砂漠の南辺の地に、柔然と自称する集団があらわれた。漢文史料に蠕蠕《ぜんぜん》、茹茹《じょじょ》、芮芮《ぜいぜい》などとも記される。『魏書』に東胡の子孫とあるので、それを容れれば、東ユーラシア人系でモンゴル語の祖語を使っていた可能性が考えられる。だが、おそらく、匈奴や鮮卑と同様に、特定の部族や民族ではなく、さまざまなエスニック集団が結びついた烏合の衆というのが実像だろう。

柔然は、ゴビ砂漠の北側と南側を行き来し、馬などの家畜やテンなどの皮衣を貢物として代国と交流を始めた。しかし、三八〇年ごろになると、代国に対して反抗的になった。そのころ柔然の内部では、郁久閭《いくきゅうろ》氏の社崙《しゃろん》が勢力をもち、政敵をつぎつぎと滅ぼして柔然の首長の座を奪取した。社崙は活動領域をゴビ砂漠以北に遷すと、先住の高車を支配下に収めた。

四〇二年、社崙は丘豆伐《きゅうとうばつ》カガンと号した。「カガン（可汗）」という称号は、鮮卑内の部族長のあいだで、すでに用いられていたともいわれるが、その正否は定かでない。いまのところ丘豆伐カガンが確実な初例といえる。

この丘豆伐カガン以降、カガンはモンゴリアに君臨した遊牧王朝の君主で、中華王朝の皇帝に匹敵する称号として用いられるようになる。ちなみに后は「カトン（可敦）」といった。

柔然政権の実態は不明だが、『魏書』蠕蠕伝にはつぎのようにある。軍法を定め、一〇〇〇人をもって「軍」と為し、軍ごとに一人の「将」を置き、一〇〇人を「幢《どう》」と為し、幢ごとに一人の「帥《すい》」を置いた。先陣をした者には戦利品を賜い、退却した者は頭を石で打ち殺すか、棒で打ちすえた。文字はなく、将帥は、黒い豆粒のような羊の糞を並べて、兵数を調べたが、のちには木に刻んで記録する術を知ったという。

柔然はゴビを越えて、天山北路やタリム盆地周辺のオアシス国家、さらに青海《せいかい》地方の吐《と》谷渾《よくこん》にも勢力を伸ばした。また、代から替わって中華王朝としてその名を留める北魏が成立すると、その縁辺に侵入を繰り返した。それに対して北魏もしばしば北征をおこない、柔然の懐深く侵入した。

そうしたなか高車は、柔然に隷属していたが、四八六年ごろ、西走して東トルキスタンのジュンガル盆地に遷り、そこで自立した。

しゃれた老君

柔然期の考古資料は、長いこと皆無だった。鮮卑期と同様に、モンゴル考古学のいわば空白期だった。さいわい近年、この時期に該当する遺跡や遺物の発見があいつぎ、すこしずつではあるが、当時の実態が明らかになりつつある。

アルハンガイ県のタミル川北岸にヘレメン・タルという遺跡がある。先述のように、匈奴期に築かれた土城とよばれる囲壁構造物が東西に三基並んでいることから、この遺跡はタリン・ゴルワン・ヘレム（草原の三つの城）ともよばれている。

その城のうち、もっとも西にある一号土城の中央に残る基壇（一辺三〇メートルの方丘状建物の土台）から、中国の調査隊によって一基の墓がみつかった。匈奴が築いた基壇の片隅を拝借して、後世の人間が墓を営んだものだ。

墓の地表に石積みや配石はなかった。素掘り竪坑の底に木棺が安置してあり、なかから人骨が西北西を頭位として仰臥伸展の状態で検出された。棺の蓋には赤色の塗料の痕跡が認められたという。

副葬品には、角製の弓の部材、鉄製の短刀、刀子、鏃といった武器もあったが、目立ったのは装飾品だった。中国からきた絹製の被り物の額部に付いていた金箔飾、三日月形（刺股形）をした青銅製首飾、青銅腕輪と指輪が出土した。

興味深いのは、化粧道具とみられる青銅製品がまとまって検出されたことだ。舌磨きと思しき魚子《ななこ》状に加工されたヘラ状製品、凸刃と直刃の刃部をもつカミソリ、毛抜きとして用いたとみられるピンセットがあった。

こうした品々は、中国山西省の大同市南郊北魏墓地から出土した化粧道具一式と類似し、北魏文化との強い関連が指摘できる。その墓の年代は五世紀中葉なので、ヘレメン・タル一号土城一号墓も同じころに営まれたと考えてよい。

中国製のたおやかな絹製品を身にまとい、きらびやかな装飾品を着け、身だしなみに気を配っていたおしゃれな被葬者は、意外にも六〇代の男性だった。吉林《きつりん》大学のチームによるゲノム解析の結果、父母ともに東ユーラシア人の系統で、東胡や鮮卑といった集団との近縁性が指摘されている。比較的厚葬だったことから、この墓の主は、柔然政権内のエリート層の人物だったとみられる。

柔然・高車と異なる集団

さて、もう一つの墓地遺跡を紹介しよう。この墓地は、ヘレメン・タルの墓と比べると、かなり趣きを異にする。

二〇一六年のこと、ロシアとの国境近くのヘンティー県ヌッゲン・ウンドル山の頂上近くの尾根沿いに、径二メートルほどの小型の集石遺構が九〇基余りあるという報告をモンゴルの研究仲間から受けた。その情報によると、いままで類例のない遺跡のようだ。興味をもった筆者は、さっそくモンゴル政府に発掘許可を申請した。

翌年五月、雪解けを待ってヌッゲン・ウンドル遺跡に向かい、八基を選んで発掘した。当初は竪坑の埋葬施設をもつ墓だと思っていた。しかし、集石を除去してみると、すぐに旧地表面が露わになった。そこはわずかに赤黒く焼け、炭と灰に覆われていた。

堆積状況を詳しく確認すると、まず、地表に礫で円形の囲いを設け、そのなかに他所から持ち込んだ灰と炭などの燃え滓を置いた。つぎに、その上で小規模な焚火をおこなった。さいごに、その火がまだ燻っている間に石を積み上げたということがわかった。

燃え滓には大量の木炭と焼骨片が混じっていた。持参していた篩《ふるい》で燃え滓を丹念に調べると、人間の歯牙と指骨がみつかった。焼骨は人間のものだった。ただ、量が少ないことから、遺体の全身分があるとは思えなかった。

おそらく、他所で火葬をおこない、その遺灰の一部をここに持ち込んだのであろう。何らかの弔いをした場所だと考えられる。こうした遺構を墓とよぶべきか、はたまた祭祀場とするべきか迷うところだが、いちおう墓と考えている。

ともに出土した木炭を用いて炭素14年代を測定したところ、おおむね五世紀～六世紀前半という値が得られた。柔然と並行する時代に営まれた墓地だということになる。ただし、柔然の構成員が築いたと判断するのは早計だ。

同じような例がないかと公開されている報告を渉猟したところ、ロシアの後バイカル地域から中国のアルグン川東岸にかけて、まったく同様の遺構が分布していることがわかった。ヌツゲン・ウンドルにて火葬墓を営んだ集団は、こうした北の集団と密接な関係をもっていたようだ。

モンゴル高原東北部を舞台にして、柔然や高車とは異なる集団が活動していたようすが、おぼろげながらみえてきた。ただ、これと該当するような集団の名を史料に見出すことはできなかった。

涸れ川の古城

四八〇年代に高車が離反すると、柔然の勢いは一時的に衰えた。しかし、五一〇年ごろに、醜奴《しゅうど》という戦いに優れた人物が立ち、豆羅《とうら》伏跋豆伐《ふくばつとうばつ》カガンと号すると流れが変わった。五一六年、醜奴は西遷した高車を征討してこれを大いに破り、その首領を捕らえて殺害した。柔然はこれまでに離反していた集団をすべて再併合し、ふたたび強盛となった。

ちょうどそのころ、「柔然が初めて城郭を築き、木末《ぼくまつ》城と命名した」と南朝の梁の正史『梁書《りょうしょ》』芮芮伝にある。この木末城が、君主の宮城のような城郭なのか、あるいは軍事要塞なのかは定かでない。しかし、それが特定できれば、史料の記述が乏しく実態が詳らかでない柔然を知るための、有益な情報を与えてくれるはずだ。その所在の解明には大いに興味が湧く。

じつは、この木末城か否かは別として、柔然期に機能していた城郭遺跡の存在を筆者は知っている。モンゴル国最南のウムヌゴビ県にあるサイリン・バルガスという遺跡だ。これまでに二度、現地調査をおこなっている。

ここの正式な地名はサイリン・オスという。砂礫地の水場という意だが、近くに水場はなく、井戸などを利用していたと考えられる。かわりに涸れ川がある。この地域に特有の夏季の突発的な降雨で急激な出水があった痕跡だ。その水勢は、遺跡の北側部分をところどころ破壊していた。

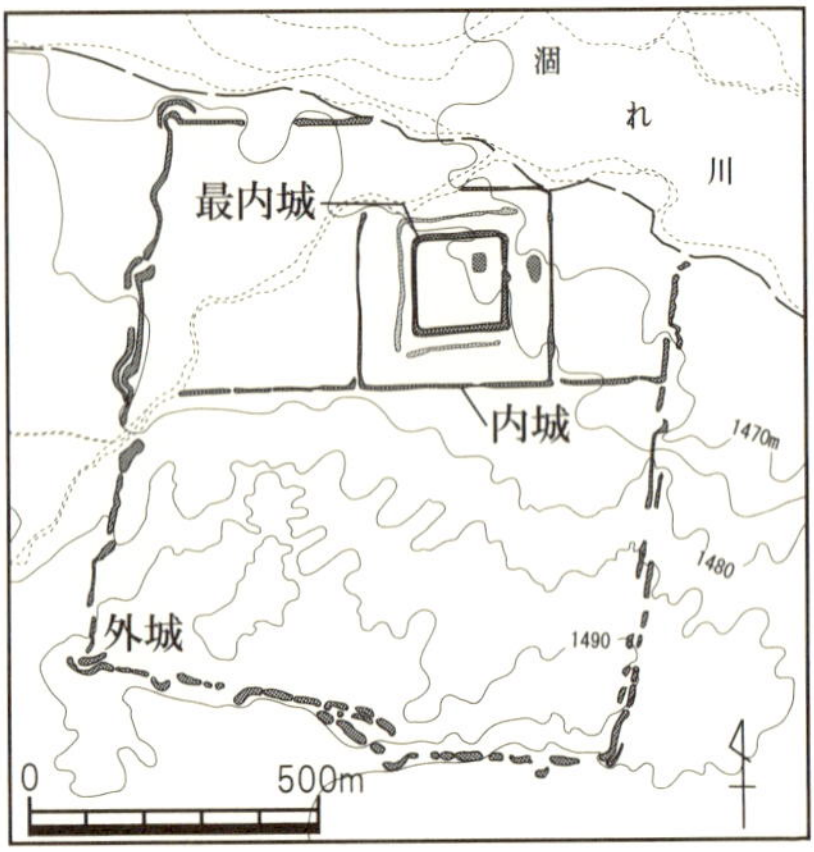

図2-18　サイリン・バルガス遺跡

遺跡は土造りの城壁で方形に囲まれていた。城壁は三重という厳重な守りになっていた。筆者は便宜的に、内側から最内城、内城、外城とよんでいる。外城は一辺九〇〇メートルもあり、モンゴル国内の城郭遺跡で屈指の規模をもつ。

ただし、これら三つの城壁は、すべて同時期に造られたわけではない。内城は柔然より二〇〇年以上後のウイグル・カガン朝時代に築かれたと考えている。なぜなら設計にウイグルモジュール（第三章で詳述）という規格を使っていたからだ。もちろん当時の陶器類が出土している。また、外城は、壁面の外側に馬面《ばめん》という突出型の防御施設が付くことから、これもウイグル期以降の構築とみてまちがいないだろう。測量値をみるとウイグルモジュールを使って築いた可能性のほか、清《しん》朝支配期（一七世紀中葉〜一九一一年）の尺度（一尺＝三二センチメートル）を使っていた可能性も否定できない。じつは、この城は、清の軍道の駅站として使われていた。そのときに手を加えたかもしれない。

こうしてみると、内城、外城は、いずれも柔然より後の時代に築かれたことになる。そこで注目したいのが最内城だ。

最内城は、一辺一四四メートルのほぼ正方形のプランを呈する。構築時期は、一部にウイグル期の増築部分が認められるが、匈奴時代だと考えてよい。なぜなら、漢の受降城との想定もある前掲のバヤン・ボラグ遺跡や、漢の長城に併設された堡と、規模が近似しているからだ。辺長一四四メートルというのは、漢尺の一〇〇歩にあたる切りのよい数字でもある。しかも漢の製法で焼かれた陶器が出土している。こうしてみると、匈奴側の城郭というより、漢側の拠点だった可能性が強い。

ほかにも陶器が出土した。灰色陶器の広口深鉢で、胴部には刻みの施された数条の隆帯が横方向に巡っていた。同様の陶器は、前出の大同市南郊北魏墓地から出土していて、五世紀中葉〜末という年代が与えられている。筆者たちは最内城を精査し、こうした陶器が出土した層から動物骨を採取して、日本で炭素14年代を測ってみた。すると、五世紀後半という年代が得られた。柔然時代にも最内城が機能していたことは明らかだ。

以前の著作（『モンゴル考古学概説』）で筆者は、そのころ頻繁に北モンゴリア遠征を繰り返していた北魏軍がサイリン・バルガスに駐屯していたと指摘した。だが、断言してよいか迷っている。

四二三年、北魏の明元帝《めいげんてい》は、柔然の侵入を防ぐため、陰山山脈南麓に東西全長六〇〇キロメートルあまりの土塁列を築いて北の国境とした。いわゆる北魏長城だ。そこからサイリン・バルガス遺跡は、西北約二五〇キロメートルに位置する。当時の軍隊なら約半月の旅程を要する距離だ。補給線を考えると、まるで陸の孤島のようで、軍略的にふさわしいとはいえない。

そうだとすると、サイリン・バルガスは柔然側の城ということになる。和戦両面で柔然は北魏と関係をもっていた。そのさいの柔然の出先機関的な役割が、この城にあったのかもしれない。

鞭鐙を合わす

数え三歳から馬の背に親しむモンゴル遊牧民は、鐙《あぶみ》がなくても馬を乗りこなすことができる。両太ももに力を入れて、馬の胴部をはさみ込むことで安定を得る。もちろん、馬上で馬追い棒を振り回したり、弓矢で獲物を射ようとしたりする場合、鐙があれば、はるかに上体は安定する。

第一章で詳述したように、北モンゴリアでは前一二世紀ごろに、馬に金属製または革製と思しき銜を嚙ませて制御していた可能性が指摘されている。そののち前九世紀になると青銅製の棒状銜留具があらわれた。また、鞍もパジリク文化期にはフェルト製の軟式鞍が用いられ、匈奴時代にはノヨン・オール墓の例にみるように木製鞍が使われたとわかっている。しかしながら、鐙の出現については定かでない。

初現の鐙は、皮革や植物繊維で作られたという説がある。その可能性はじゅうぶんにある。しかし、そういった材質は、足首にまとわりつく。下馬や落馬のとき足がうまく抜けないと、騎乗者を引きずることになり、大きな事故につながる。筆者もモンゴルの野外調査中に何度も怖い目に遭ったことがある。安全のためには、木や金属といった硬質の素材のほうが好ましい。

こうした硬質の鐙が出現するのは、中国の西晋のことだった。湖南省の長沙金盆嶺《ちょうさきんぼんれい》二一号墓の騎馬俑に片鐙が作り出されている。ただ、その素材が木か鉄かはわからない。実物としては、四世紀中葉とみられる河南省の安陽孝民屯《あんようこうみんとん》一五四号墓の木心に金属板を張った例が最古として知られる。

北モンゴリアにおける鐙の最古の出土例は、ホブド県ダラータイ・ショウゴル岩陰墓《いわかげぼ》からみつかったものだ。岩陰墓とは岩陰、洞窟内、巨石の根元に死者を葬ったもので、モンゴル高原の山岳地帯では、古代から近代に至るまでこういった風習がおこなわれた。その岩陰墓に副葬されていた鐙は木製だった。人骨を使った炭素14年代は五～六世紀だという。おおむね柔然期のものと考えてよい。

鉄製でいまのところ最古と思われる例は、フブスグル県ホドギーン・ハルザン遺跡での採集品だ。鍛鉄製で、足先を入れる輪部の上に短い短冊形の柄部（吊手《つりて》）が付くタイプだった。一目みてユーラシアにおける古相の鐙だとわかる。輪部は平らな踏込部のある幅広の砲弾形をしていた。踏込部は足底と接する部分だけがやや幅広に作り出されていた。柄部の中央やや上寄りには、鐙革を挿入する方形の懸垂孔が開けられていた。

残念ながら遺跡は湮滅し、墓の状態、ほかの副葬品、理化学的年代のわかる有機物など、この鐙を歴史的に位置づける資料に欠けていた。ユーラシアの馬具研究の第一人者の諫早直人《いさはやなおと》らが型式学的に詳しく調べ、五～六世紀と位置づけた。ただ、考古学的にみれば、この鐙の形態は、けっして初現的でなく、もう一段階古いタイプの鉄鐙の存在を期待されるものだった。

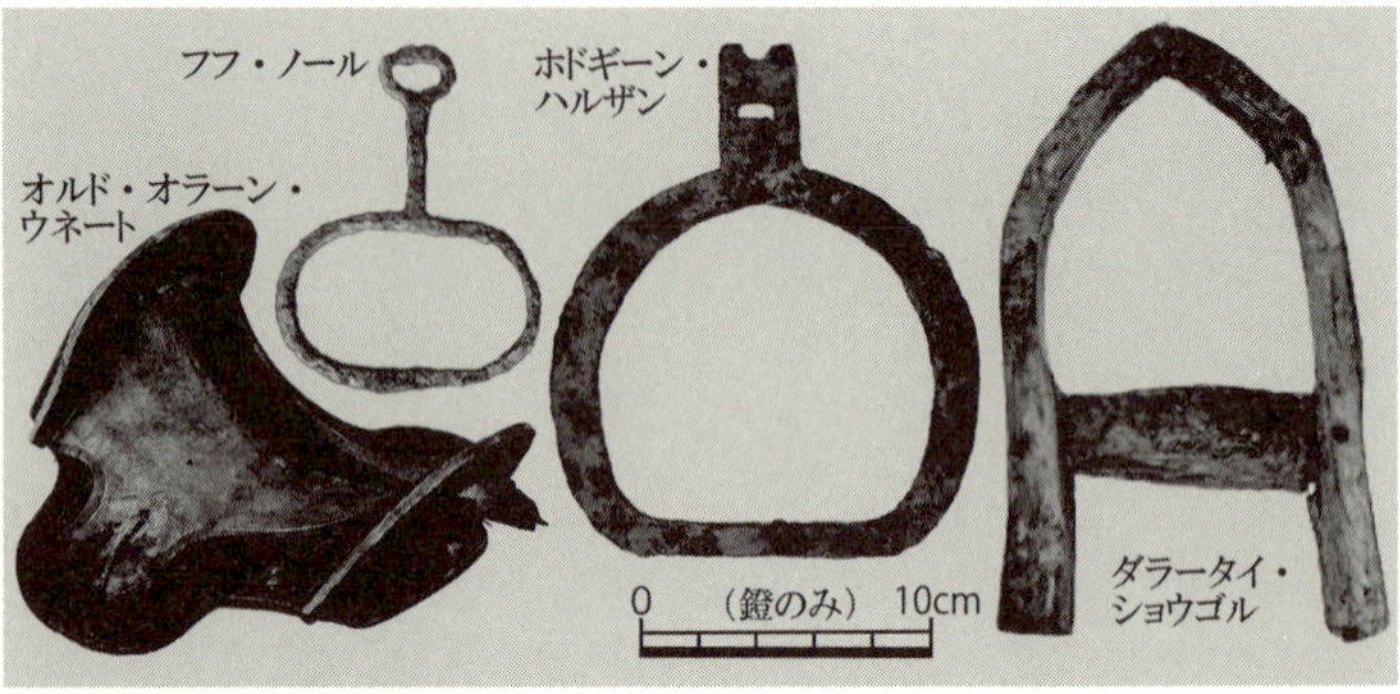

図2-19　古相の鞍と鐙（Eregzen et al. 2022より作成）

そうしたなかで、すわ、最古の鐙か――と話題になった資料がある。正確にいえば、鐙自体は存在しておらず、ただ、その装着の痕跡と思われるものが残っていた。

二〇一五年、アルタイ山脈の中央部にあるホブド県オルド・オラーン・ウネート山の洞窟内の岩陰墓から、木棺に納められた一部白骨化したミイラがみつかった。被葬者は四〇～五〇代の男性で、西北頭位の屈肢の姿勢で安置されていた。傍らには五歳と推定される馬が陪葬されていた。盗掘されていたが、副葬品には、角製の棒状銜留具を装着した鉄製轡、白樺製鞍といった馬具があった。

木鞍は、長さ（前輪《まえわ》と後輪《しずわ》のあいだ）四二センチメートルだった。赤と黒の漆で塗彩されていた。人の尻が乗る居木《いぎ》という部分の両側に革紐を通した孔がみられた。調査者はこれを、鐙を吊り下げた鐙革《あぶみがわ》の装着孔（鐙革通し）と想定した。ただ、鐙自体はみつかっていない。調査者は盗掘で失われたからだと理解している。

発掘調査が終わったあと、すべての資料は、研究のためウランバートルのモンゴル国立博物館に運ばれた。ちょうどそのとき、筆者はそこで資料収集をしていた。担当者と旧知だったので、最新資料を手に取って観察できた。その時点では、年代は確定していなかった。担当者から炭素14年代の測定を頼まれた。

被葬者の骨の一部を日本の研究機関で測定したところ、三世紀中葉〜五世紀初めという結果が出た。中央値は四世紀前半だった。これは鮮卑期にさかのぼる年代だ。鐙の使用が中国の例よりも古くなる可能性が出てきた。

しかし、その年代が公表されると、馬具にくわしい一部の研究者から、古過ぎるのではないかと疑問の声があがった。そこで担当者は、鞍の一部をアメリカの研究機関に送って、再度の年代測定をおこなった。すると、こんどは三世紀後半〜六世紀前半で、中央値が五世紀前半という年代が出た。異論を唱えた研究者もこれには納得したようだ。

鐙は、やはり中国のほうが古いのだろうか。科学的検討を経た結果なので測定結果を尊重しよう。だが、なんだか穏当な結末で予定調和を嫌う筆者としては面白くない。もちろん、年代測定に瑕疵はなく、オルド・オラーン・ウネートの資料が古くなる可能性は消えていない。

ほかにも、ドルノド県フフ・ノール遺跡の墓からも古相の特徴をもった鍛鉄製の鐙が出土している。被葬者の骨から三世紀後半にさかのぼる炭素14年代が得られている。ただ、ほかの副葬品の特徴からみて、そこまで古くなるか疑問が残る。

それでも新資料がつぎつぎと報告され、鐙の起源についての研究は、こんにち急速な展開をみせている。モンゴルで鐙が発明されたことが判明——というニュースを耳にする日が来ることを、筆者は密かに期待している。

それはさておき、鐙の出現は、騎馬遊牧民の成長を大きく推進した。日常の遊牧生活だけでなく、長距離交易や機動力を活かした軍事作戦などで、鐙は大きな威力を発揮した。モンゴル高原の騎馬遊牧民は、鞭《むち》鐙を合わすことで、新たな歴史のステージを駆け抜けることになる。

第三章

開化する遊牧文明

突厥、ウイグル

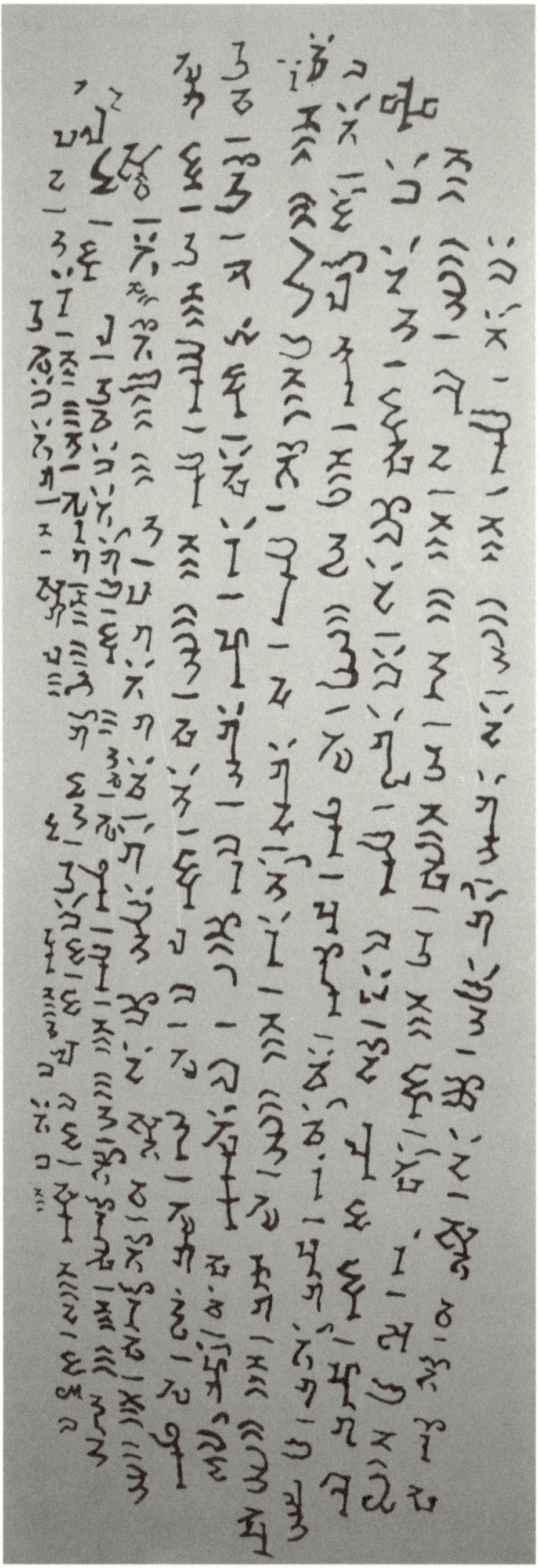

モンゴル語の起源を知るうえで、最近注目されているフイス・トルゴイ碑文。ブラーフミーという文字で書かれている。右行から左行へ、上から下へと読む（国立チンギス・ハーン博物館展示資料より）

1　トルコ民族の勃興

金山の製鉄

なかには四〇〇〇メートル級の峻嶺もそびえるアルタイ山脈は、草原の民に多くの恵みを与えてきた。その氷河に発した清冽な流れは、人と家畜に欠かすことができない。川岸の段丘上には、さまざまな時代に築かれた積石墓が無数に点在している。寒冷で狭隘な地にもかかわらず、往時には、人々の旺盛な営みがあったことを伝えている。

彼らをこの地に引き寄せたものとは、何だったのか。それは豊富な鉱物資源だった。アルタイとは金という意味で、アルタイ山脈は漢文史料に金山とあらわれる。その名のとおり、金の鉱脈が随所にみられる土地だ。それもまたこの山脈の恵みといってよい。

積石塚が築かれた河岸段丘の縁を、地面に目を凝らしながら歩くと、指先大から拳大のものまで、さまざまなサイズの黒光りした物体が散在しているのに気がつく。それらはスラグとよばれる製鉄のときに流れ出た不純物が冷えて固まったものだった。スラグが落ちているということは、近くで製錬や鍛錬といった鉄生産がおこなわれていた証拠となる。

荒涼としたアルタイの高原に、かつて鉄の一大産地が存在したことを明らかにしたのは、ユーラシアを東西に貫くアイアンロードなるものを提唱する製鉄考古学者の村上恭通が率いる調査グループだった。モンゴルとロシアの国境地帯に多くの遺跡の存在が確認されているが、代表的なのはモンゴル側のオブス県グング遺跡だろう。約二〇〇〇平方メートルの範囲内に、数十基の製鉄炉が時期を違えて操業していたとされる。

アルタイ地域の製鉄は、およそ二〇〇〇年前の匈奴時代に始まった。そのころの炉は地下式といい、鉄は地表下に掘られた坑で生成された。この製鉄用の坑は、送風などをおこなうための作業土坑とトンネルで結ばれていた。第二章で解説したように、これはヘルレン川上流のホスティン・ボラグ遺跡をはじめとして、匈奴時代の北モンゴリアでは一般的だった。当時の中国では、地上に円筒状の構造物を高く築く高炉が用いられていた。それとは明らかに異なった技術の系譜だった。地下式炉は、中央アジアや南シベリアから波及したと考えられている。

つづく鮮卑と並行した時代にもトンネルをもった地下式炉が用いられた。しかし、匈奴時代の製鉄炉の平面形状が方形か隅丸方形だったのに対し、鮮卑並行期の炉は円形だった。しかも、やや大型化した。こうした変化は、熱効率を良くするなど、生産性の向上と関係があったとされる。アルタイ山脈周辺で地下式円形炉は六世紀前半あたりまで使われたらしい。

その一方で、五世紀後半ごろになると、石組製鉄炉という新たな形態の炉が登場した。坑の四壁に板石を配置した直方体の炉体で、一辺は一メートルほどだった。炉体が石造りになったことで耐久性が増し、一つの炉を何回も繰り返して使えるようになった。この時期、鉄の生産効率は飛躍的に向上した。

同形の製鉄炉は、エニセイ川上・中流域からアルタイ山脈北半（ボログチョード遺跡など）に比較的濃密に分布している。この地方の鉄生産技術のレベルの高さを示すものと考えてよい。こうした炉の

図3-1　石組製鉄炉（ボログチョード遺跡、Ishtseren 2024）

使用は八世紀まで続いた。

このようにモンゴル高原屈指の製鉄コンビナートとなったアルタイ山脈だったが、この付近には大規模な鉄資源の存在は知られていない。小規模の露頭から産出した鉄鉱石を効率よく利用していたらしい。しかし、その程度の鉄山ならば、モンゴル高原には少なからず存在している。もっと権力の中枢に近いハンガイ山地にも存在する。なぜアルタイ山脈という辺鄙で寒冷な土地に鉄工たちが固執したのか、理由は見当もつかない。

ただ、わかっているのは、ここが製鉄に適した自然環境にあったことだ。製鉄の燃料には木炭が使われた。現在の同地に森林はほとんどみられないが、近くの湖の湖底堆積物から得られた過去の花粉データをみると、豊かな針葉樹林が広範に広がっていたようだ。鮮卑並行期から突厥期までは、いまよりも高温多湿だったらしい。いくぶんか木材も調達しやすかったとみられる。

ここでの鉄生産は、鉄鉱石から鉄（鋼や錬鉄か）を得る製錬工程に限られていた。鉄の品質を調整する精錬や、製品を仕上げる鍛錬（鍛冶）といった工程は、いまのところ確認されてない。ここで産した鉄は、どこでどのように製品化されたのか。なぜ、ここで製品化しなかったのか。アルタイの製鉄には多くの謎がある。

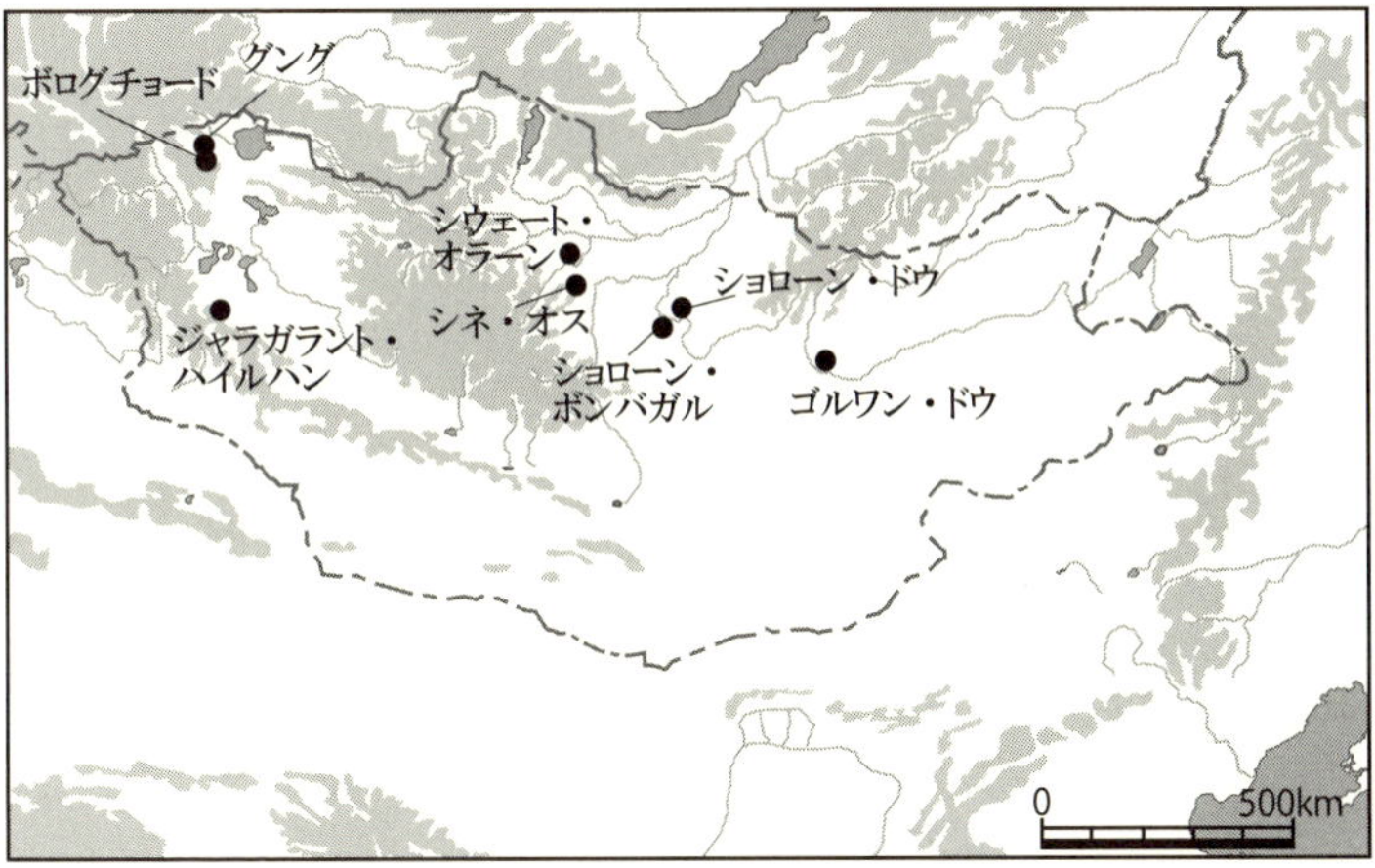

図3-2　本章関連遺跡分布図

柔然の鍛奴・アシナ氏

こうしたアルタイ山脈の南麓にアシナ（阿史那）という氏族集団がいた。天山山脈や祁連山脈の麓を走るシルクロード沿いの交易で栄えたオアシス都市とつながり、勢力を蓄えていた。

南北朝期の北周《ほくしゅう》（五五六～五八一年）の歴史を伝える『周書《しゅうしょ》』に収められた突厥伝では、彼らのことを「柔然の鍛奴」と記す。おそらく、アルタイ山脈で製錬された鉄素材から、鍛造によって武器、武具、工具類を作り、柔然政権に納めることをなりわいとしていたのであろう。アルタイ山脈をくまなく調査すれば、未見の鍛冶の跡がみつかるかもしれない。

ところでアシナ氏は、トルコ（テュルクとも）民族の一部族に属していた。これを漢文史料は突厥と記す。突厥とは、諸説あるが、テュルク Türk を音写したと考えられている。そのほかに鉄勒《てつろく》という似た名の集団もいた。これは北周、隋《ずい》（五八一～六一八年）や唐《とう》（六一八～九〇七年）の漢人が、北方の草原地帯に暮らすトルコ民族のことを総じてよんだもののようだ。これもテュルクに近い音からの漢訳とされる。鉄勒はいくつかの氏・部族に分かれ、機をみて利に走り、離合集散を繰り返していた。漢人史官は、同じトルコ民族であっても、強大な政権を築いた突厥と、そのほかの烏合の衆とを区別して表記した。

ところでトルコ民族とは、どのような人々を指すのか。方言のような差異はあるものの、かなり近いトルコ語系の言葉を話していた集団とされるが、じつのところはわからない。すでに登場した丁零や高車もその仲間とされる。元来モンゴル高原に居し、人種的には東ユーラシア人であったが、九世紀後半に始まった西方進出の過程で西ユーラシア人と混血したことで、黒髪黒瞳から紫髯緑眼まで多様でエキゾチックな風貌をもつに至った。その後裔は、さまざまな変質を遂げながらも命脈を保ち、彼らの住地は、トルコの名を冠する小アジアの一国だけでなく、中央アジアから中国西部まで広範に及ぶ。

突厥カガン朝の成立

五四六年のこと、アシナ氏の族長になった土門《どもん》は、鉄勒の一派が柔然を攻めようとしていたので、配下を引き連れてこれを迎撃し、五万戸余りを降伏させて、柔然の窮地を救った。その強盛を自負した土門は、柔然君主の阿那瓌《あなかい》（前章で紹介した醜奴の弟）に姻族関係を結びたいと使者を送った。

それに対して阿那瓌は、「鍛奴の分際で、よくもそのような大言を吐けたものだ」と土門からの使者を激しく罵倒し、求婚を拒絶した。阿那瓌は、若きころ北魏に亡命していた経験があり、その後裔政権の東魏《とうぎ》（五三四～五五〇年）とも通じ、草原君主としての尚武よりも、中華王朝の文物に彩られた豪奢に憧れをもっていた。そうした阿那瓌にとって、突厥との同盟など眼中になかった。

一世一代の申し入れを一顧だにされなかった土門は、返答をもたらした阿那瓌からの使者を殺し、柔然に対して反旗を翻した。土門は、東魏と争っていた西魏《せいぎ》（五三五～五五六年）と結び、五五二年、阿那瓌を攻めて自害に追い込み、柔然王朝に終止符を打った。土門は自立し、イルリク（伊利《いり》、ブミンとも）・カガン（位五五二～五五三年）と号した。カガン（可汗）という君主号は、柔然のものを継承した。

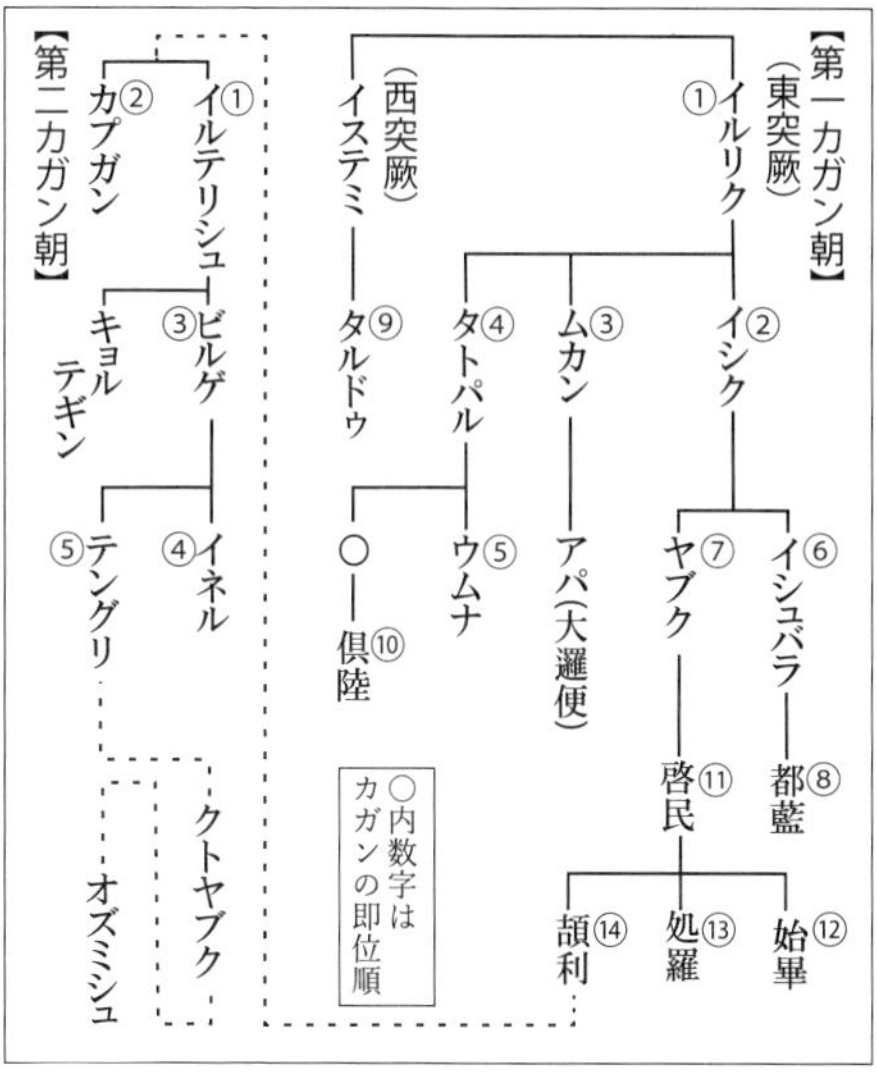

図3-3　突厥カガンの系図(鈴木2005、森安2007より)

ここに突厥カガン朝が誕生した。突厥カガン朝は、途中に唐の支配期をはさんで前後に分かれる。前者を第一カガン朝（五五二～六三〇年）、後者を第二カガン朝（六八二～七四四年）として区別する。

イルリク・カガンの死後、嫡子のイシク（乙息記《いつしょくき》）・カガン（位五五三年）が第二代君主となるが、わずか一年ほどの在位でこの世を去った。

つぎのイシクの弟で第三代君主となったムカン（木杆《ぼくかん》）・カガン（位五五三～五七二年）

の治世に、突厥は発展期を迎える。西方では中央アジアのエフタルを討ち、ソグディアナ地方にも勢力を伸ばした。東方では大興安嶺山脈に暮らす契丹を、北方ではエニセイ川にキルギスを攻め、南方ではシルクロードの天山北路に繁栄していた高昌国《こうしょう》（東トルキスタンのトルファンあたりが中心）に対しても影響力を及ぼした。

そうした隆盛は、ムカンの弟で第四代君主となったタトパル（他鉢《たはつ》・佗鉢）・カガン（位五七二～五八一年）の治世にも続いた。西魏と北周の正史『周書』によれば、タトパルの勢いは中華王朝を凌ぐほどだったという。当時、華北にあった北周と北斉《ほくせい》（五五〇～五七七年）は、突厥の物欲を満たすことで入寇を抑えようとしたが、そのことが皮肉にも突厥の強大化を後押しした。タトパルは二つの中華王朝を子どもに譬《たと》えて、「われわれの南に二人の孝行息子がいれば、物が無くなる心配をしなくてよい」と豪語したと伝わる。

タトパルの死後は、イシクの子で東部方面を管轄していた摂図《せっと》（ニワル［爾伏］・カガン）が、イシュバラ（沙《さ》鉢略《はちりゃく》）・カガン（位五八一～五八七年）として即位した。しかし、その経緯は円満でなかった。ムカンの子の大邏便《だいらべん》（アパ・カガンとも）はイシュバラと対立し、西走した。五八三年、突厥は東西に分裂することになる。

文献史学者は、その西側を西突厥、東側を東突厥という。その境界はアルタイ山脈あたりと考えられている。本書でこののち突厥と記すのは、とくに断わりがなければ東突厥のことを指す。

文字リテラシー

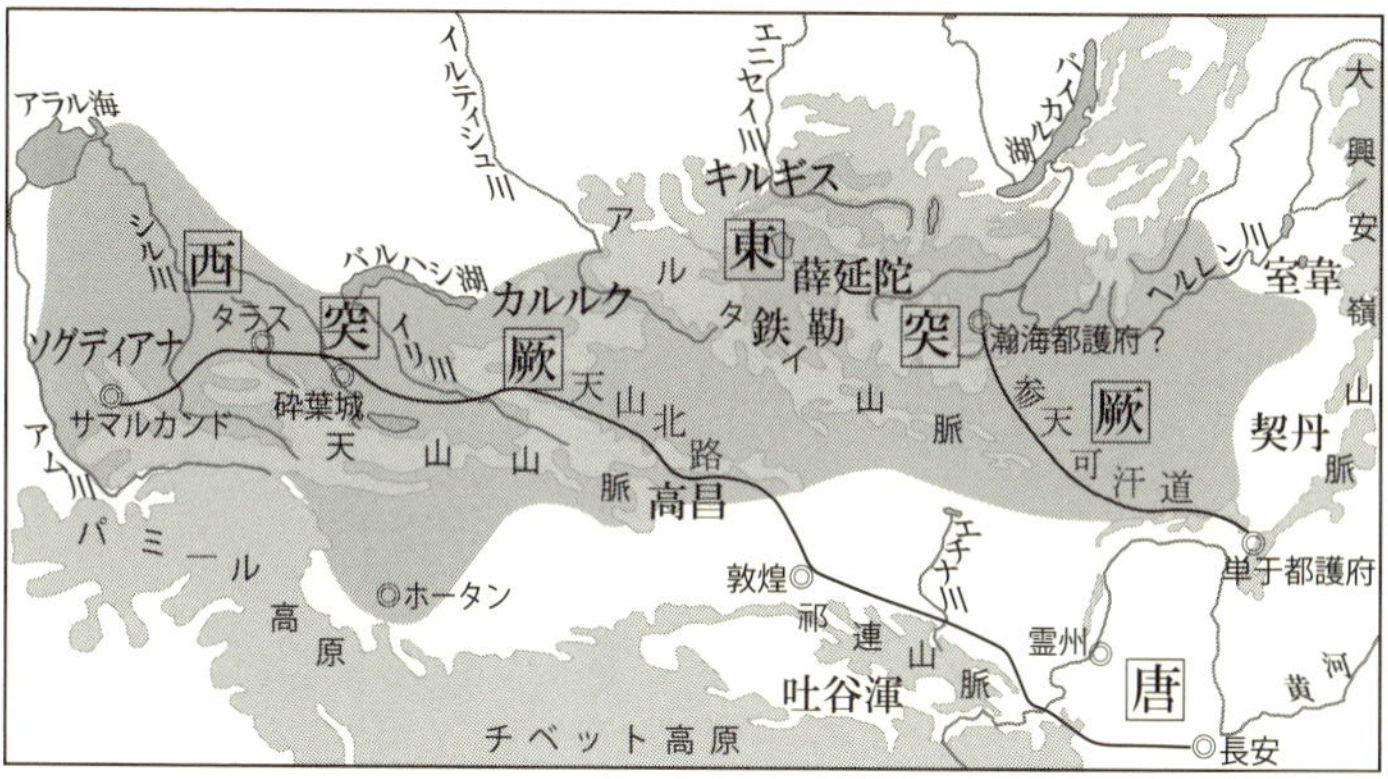

図3-4　突厥の版図（7世紀初めの状況に必要に応じてその後の情報も加味した）

ハンガイ山地の北麓という意味のアルハンガイ県。その県庁所在地のツェツェルレグは、山あいの小さな街だ。まわりの峰々はカラマツ林に深く覆われている。筆者が初めてこの地を訪れたのは晩秋だった。色づいたカラマツで街中が黄金色に柔らかく包まれていたことを印象深く思い出す。

街の北の高台に県立博物館があった。その建物は清朝支配期のチベット仏教寺院をそのまま利用していた。門をくぐると、風格ある四合院《しごういん》風建築の伽藍《がらん》の中庭に一基の碑石が立っていた。

この碑石は、ボガト碑文とよばれる。ツェツェルレグ市から北北西約四〇キロメートルにあるボガト遺跡で出土したものを、博物館に移設したものだった。なお、ブグト碑文とよぶ文献史学者もいるが、それはモンゴル語的にいって正しくない。ちなみにボガトとは〝鹿のいる〟という意味だ。ボガト遺跡については後述することにして、まず碑石について述べよう。

碑石は、文字の刻まれた碑身と、その上の碑首とよばれる浮彫を施した装飾部が、一つの石で造られていたが、それを支える台座（碑座）は別造りとなっていた。石材はともに黄白色をしたカコウ岩だった。総高は二五〇センチメートルだった。

碑座は亀を模っていた。これを亀趺《きふ》という。亀趺を用いるのは中華世界の伝統といえる。碑首に豪奢な浮彫の装飾をもつのも漢地風の様式だった。ただ、漢地の碑首は龍を模っているが、ここでは狼の姿をしているようだ。突厥の始祖伝説では、アシナ氏は狼の血を引くとされる。碑文とアシナ氏との深い結びつきが看取できる。

碑身は、高さ一七〇×幅七〇×厚さ二〇センチメートルで、四面のうち正面（碑陽）と両側面（碑側）の三面には、ソグド文字でソグド語の文章が縦書きで陰刻されていた。

ソグド語とはソグディアナ地方で用いられていた中世イラン語グループに属する言語で、シルクロ

図3-5　ボガト碑文

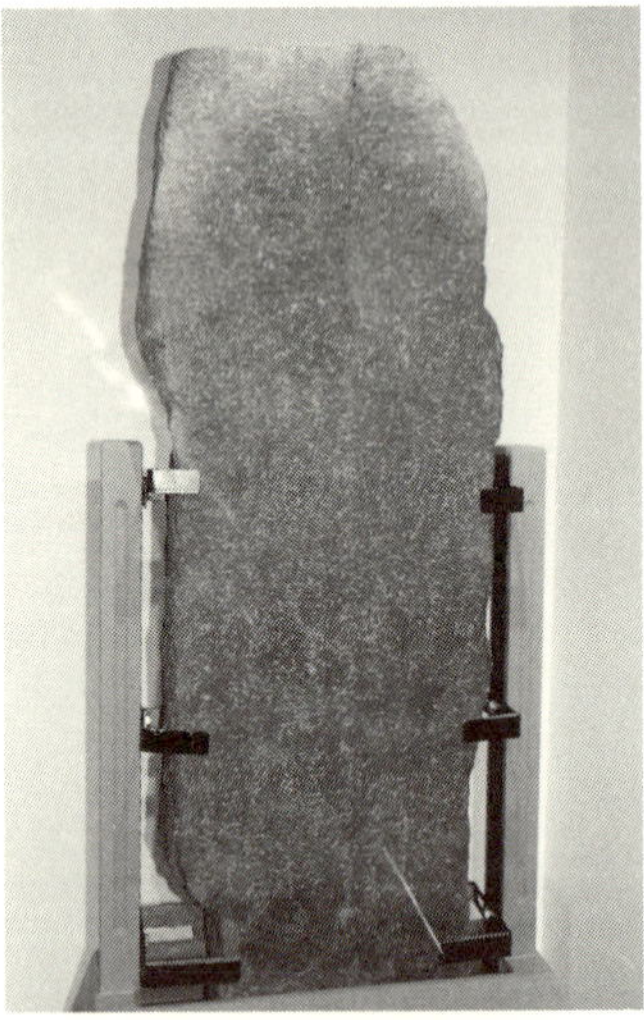

図3-6　フイス・トルゴイ碑文（国立チンギス・ハーン博物館蔵）

ードを行き交う商人のあいだで公用語となり、その沿道各地に広まった。現在は死語となっている。ソグド文字とは、ソグド語を表記するための文字で、西アジア地中海沿岸で広く用いられたアラム文字から生まれた。余談だが、わが国の法隆寺に伝わった香木にもソグド文字が刻まれている。これもまたシルクロードを旅してきた証といえる。

世界的に著名なソグド文献の研究者の吉田豊《よしだゆたか》などによる解読の結果、ボガト碑文は、亡くなったタトパル・カガンの追悼記念として、甥のイシュバラ・カガンによって立石されたとわかっている。この碑文はイシュバラが即位した直後に記されたと考えられている。イシュバラの即位は五八一年のことだった。

裏面（碑陰）には、ブラーフミー文字が縦書きで記されていた。ブラーフミー文字とは、インド西北部に生まれたとされ、歴史教科書でもなじみ深い紀元前三世紀ごろの作とされるアショーカ王碑文の多くもこの文字で書かれていた。ブラーフミー文字は、やがて中央アジアへ広まり、この地域の古代トルコ系言語を表記するためにも使われたとされる。

ボガト碑文のブラーフミー文を調査したアレクサンダー・ヴォヴィンらのチームによると、綴られた言語には、モンゴル語との文法的類似点を見出すことができたという。おそらくはモンゴル語の祖語やそれと類縁性のある、〝柔然語〟ともいえるような突厥の勢力が伸張する前に在地集団が使っていた言語だったと想定している。

ヴォヴィンらのチームは、ブラーフミー文字で書かれた別の碑文も調査し、〝柔然語〟仮説を強調している。別の碑文とは、フイス・トルゴイ碑文として知られている。ウランバートルから西へ約二八〇キロメートルのボルガン県のフイス・トルゴイという小山の頂部近くに立っていたとされる。一九六〇年代にその存在が学界に知られるようになり、そののち考古学者によってウランバートルに移された。二つの碑石があり、そのうちの一つは、高さ一五四センチメートル、幅四一センチメートル、厚さ一五センチメートルと計測されている。亀趺のような碑座はみつかっていない。実物は、ウランバートル市の国立チンギス・ハーン博物館でみることができる。

石材は緑泥片岩と思われる暗い緑灰色を呈した板状の自然石を用いていた。在地の石材とは異なるので、他所から搬入して立石したらしい。文字が記されているのは正面(碑陽)のみで、粗雑な研磨加工が施されたのちに刻まれていた。風化が激しく、陰刻された文字はきわめて不鮮明で、通常の写真撮影や拓本では判然とせず、どんな内容が書かれているか長らく不明だった。

二〇一四年、研究は大きく進展した。ヴォヴィンらのチームが3D撮影によって、かなりの数の文字を判読することに成功した。

縦方向の一一行からなり、右行から左行へ、上から下へと読むこの文章も、どうやらモンゴル語の祖語といえるような言語で綴られていたようだ(本章扉)。ただ、書かれた内容については、同じ研究チームのなかでも意見がまとまっていない。チーム外の研究者からも、さまざまな翻訳案が出ていて、こんにちまで鉄案は得られていない。

ただ、碑文中に「ニリ・カガン」という単語があらわれる。これは西突厥のニリ(泥利)・カガンのことだとされる。ニリは、六〇一年に鉄勒と戦って敗れ、六〇三年ごろ死んだ。この碑は、ニリの死から間もない時期に立てられたと、百家争鳴の解読者たちも、その点だけは一致している。ではなぜ、西突厥のニリの名が東突厥の領域内に記されたのか。まだまだ課題は山積している。

モンゴル高原に興亡した王権のなかで、突厥が文字という情報伝達手段を初めて積極的に採用した。碑文は読まれなければ立てる意味がない。おそらく突厥およびその隷属集団の構成者の少なからずの数がソグド語をソグド文字で、また、柔然語と仮称されるような在地言語をブラーフミー文字で読み書きする術を建国当初から身につけていたようだ。

しかしながら、いずれの文字も、古代トルコ語ともいわれる突厥自身の言葉を表すものではなかった。ほかの言語に触発され、みずからの文字を持とうと考えたとしても不思議ではない。やがて彼らも独自の文字を創出した。突厥自身の文字については、後段で改めて検討することにしたい。

火葬された君主

前述のように、アルハンガイ県立博物館の碑文は、ボガト遺跡から移設されたものだった。もともと碑石のあった場所を訪ねてみることにしよう。

ボガト遺跡は、周囲を低い丘陵に囲まれ、そのなかをタミル川の支流の小川が流れる平坦地にある。二〇キロメートルという至近距離に、匈奴の王侯墓地として名高いゴル・モド2遺跡が存在する。周囲にはのどかな草原が広がり、いまでは遊牧民の姿もまばらだが、往時は遊牧王朝の興亡の舞台だったようだ。

その遺跡に立ってみて驚いた。目を覆いたくなるほど破壊されていた。盗掘ではなく、考古学者の仕業だった。発掘したのち、その調査坑を埋め戻さなかったため、剝き出しになっていた遺構が長年の風雪で崩れてしまったのだ。二〇世紀末まで、モンゴル考古学では、埋め戻さないのが当たり前だった。もちろん、こんにちではモンゴル国の法令で、調査後の埋め戻しが厳しく義務づけられている。

破壊された部分には、板石を組み合わせて造った方形（一辺七メートル）の石囲いがあったらしい。こうした石囲いを欧米研究者はサルコファガス（石棺）とよぶ。わが国でもそう記す研究者はいる。筆者は形状にもとづいて方形石囲い遺構とよんでいる。

同様の遺構は、北モンゴリアだけでなく、南モンゴリアの陰山山脈周辺、トゥバ、東トルキスタン北部の草原地帯、カザフ平原にも広くみられる。いずれの遺跡からもごく一部の例外を除いて、人工的な遺物は検出されない。多くの場合、羊などの小型家畜の焼骨が炭や灰といっしょに出土するだけだ。

図3-7　方形石囲い遺構（ゴビ・アルタイ県）

『周書』突厥伝には「死者があると、日を選んで死者の乗馬や日用品を遺体とともに焼き、残った灰は時を待って葬る。春夏に死ぬと、草木が黄ばむのを待ち、秋冬に死ねば、花が咲き、葉が茂るのを待って、はじめて穴を掘って埋める」とある。方形石囲い遺構は、こうした突厥人の葬制の痕跡と考えられている。

いまだ人骨が出土していないことは気になるが、前述のように、筆者がヌッゲン・ウンドル遺跡で実践した灰や炭を含んだ土の篩掛けや水洗といった地道な作業を繰り返せば、検出できると信じている。

さいわい、遺構の残りの比較的よい部分もあった。往時は方形石囲い遺構のまわりを土壁が方形に囲んでいたようだ。その規模は五〇×三五メートルで、長軸を西北―東南方向とし、東南辺の中央には入口と思われる切れ間があった。

『周書』には「葬式が終わると、墓所に石を立てて墓標とする。その石の数は生前殺した敵の数に応じて立てる」という記述がある。

図3-8　ゼル・チョロー（ボガト遺跡）

この石の墓標とは、ゼル・チョロー（馬つなぎ石の意。バルバルとも）とよばれる石柱のことを指すとみてよい。ボガト遺跡では、入口部から東南方向へ高さ五〇センチメートル前後の自然石の石柱が約三〇〇メートルにわたり点々と立っている。石柱の総数は約二六〇本ともいわれる。ほかの遺跡では、数百本の石柱列が数キロメートルにも及ぶ例もある。被葬者の生前の勇ましい武功を伝えている。

ボガト遺跡の方形石囲い遺構の東南脇には、建物の柱の基礎に据えられた礎石が露出した部分があり、そのまわりには屋根瓦が散乱していた。おそらく、そこには木造瓦葺きの漢地風の建物があった。それは碑亭で、アルハンガイ県立博物館の中庭の石碑が立てられていたとみてよい。

では、ボガト遺跡の被葬者は誰だったのか。碑文はタトパル・カガンの追悼のために立石されていたことからみて、とうぜんタトパルが最有力候補となる。タトパルは、仏教に深く帰依していたことが知られている。『隋書《ずいしょ》』突厥伝には、北斉からやってきた恵琳《えりん》という仏僧を重んじ、その言に従って、伽藍を建て、経典を求め、みずから斎戒し、仏塔を巡って修道したと伝わる。ただ、彼の仏教への帰依と火葬とは、無関係だったとみてよい。

考古学的にみて火葬の痕跡は、前述のように、柔然並行期にはオノン川上流から後バイカル地域、さらには大興安嶺西北麓にひろがっていた。また、南シベリアにも散見できる。モンゴル高原北縁の森林地帯には、古くから火葬の伝統があったようだ。突厥の火葬は、そうした先行文化とのかかわりのなかに、その源流をたどることができる。

馬と水鳥——さまざまな集団が共生

突厥時代のモンゴル高原には、政権の中枢を担ったアシナ氏などの突厥集団と、その他のトルコ系の集団の鉄勒だけでなく、〝柔然語〟を話したおそらくモンゴル系の在来集団、さらには、ソグド語を母語とするソグド人など外来者も少なからず混在していたとみてよい。

そうした多様なエスニック集団からなる王朝の実態を物語るかのように、北モンゴリアにはさまざまな墓制の存在が知られている。方形石囲いの墓とは別に、当時広く営まれたのが馬を殉葬した土葬墓だった。

このタイプの墓は、モンゴル高原からカザフ平原まで広く分布していることが知られ、モンゴル国内では、いままでのところ三〇基あまりが発掘されている。地上に円形プランの積石塚を築く場合が多い。その直径は三〜八メートル、高さは一〜二メートルと、おおむね規模は小さい。積石塚の真下には浅い竪坑が掘られ、坑底には遺体が安置された。遺体は仰臥伸展の姿勢が多く、その傍らには、馬具を装着した一〜二頭の馬が葬られた。

図3-9　馬の殉葬墓（ゴルワン・ドウ遺跡）

筆者がヘルレン川上流のゴルワン・ドウ遺跡で発掘した二号マウンド四号墓の事例を紹介しよう。地表に石積みといった構造物は認められなかった。二×二メートルの隅丸方形プランの素掘り土坑墓で、地表下一メートルから西方向を頭位として、北側に被葬者が、南側に馬が並んで安置されていた。馬骨を用いた炭素14年代は、突厥第一カガン朝にあたる六世紀後半から七世紀前半という値だった。

被葬者は、二〇〜三〇歳とみられる男性で、仰臥でやや膝を曲げた姿勢で検出された。ゲノム解析の結果、東ユーラシア人で、中国西北部に現在暮らしている集団とのつながりが指摘されている。

身体の上には弓が、左側には白樺製の矢筒があり、なかから三本の鉄鏃がみつかった。そのほかには目立った副葬品はなく、質実剛健の草原の若者だったようだ。

一方で馬は、四肢が折り曲げられ、しゃがむような姿勢で検出された。おそらく脚を縛った状態で生き埋めにされたのではないか。口には鉄銜、胸の右脇には鉄鐙、背骨部分からは鞍の一部とみられる木片が出土している。被葬者があの世で乗りこなせるような姿で殉葬された。

ところでゴルワン・ドウ遺跡からは、突厥第一カガン朝の別のタイプの墓もみつかっている。一号マウンド一号墓とよばれるその墓も、二号マウンド四号墓と同様に素掘りの土坑墓だった。坑の長軸は二メートル、短軸は一メートル、深さは現地表から一・五メートルだった。坑の中間層から炭や灰がかたまって検出された。埋葬時に火による祭祀がおこなわれたとわかる。

坑底には、東北に頭を向けた仰臥伸展の姿勢で成人女性が安置されていた。足元から無文土器片、淡水二枚貝の貝殻、鴨の仲間の水鳥のくちばしが出土した。二枚貝も珍しいが、水鳥のくちばしが副葬されたのは、すべての時代を通じてモンゴル国で初例だろう。被葬者の社会的背景を知る手掛かりとなりそうだ。

被葬者は二〇代前半の女性で、ゲノム解析をしたところ、東ユーラシア人で、東胡や鮮卑などの系譜を引く在地色の強い集団の一員だったという結果が得られた。

ゴルワン・ドウ遺跡でみつかった突厥第一カガン朝の二つの墓は、ほぼ同一時期に近接する場所に築かれたにもかかわらず、構造や副葬品に大きな差異がみられることは興味深い。葬制がエスニック集団の来世観や生活文化の反映だとしたら、ゴルワン・ドウ遺跡での事例は、さまざまな集団がこの地で共生していたようすを鮮明に伝えている。

アルタイの竪琴に突厥文字

さらに、別のタイプの墓も、当時のモンゴル高原に営まれた。それは岩陰墓とよばれる。岩陰墓については、すでに前章で触れている。岩場の洞窟や大きな岩の陰に、木棺や衣類で巻かれた遺体を安置した葬制で、アルタイ山脈やヘンティー山地などの山岳地帯によくみられる。いまのところ最古の例は三世紀、最新の例は一五世紀ごろと、営まれた期間はかなり長い。ある特定のエスニック集団の葬制ではなく、山間の地域に遊牧領域を有するなど、被葬者と造墓者の生活環境が反映されていると考えてよい。

アルタイ山脈の中部にジャルガラント・ハイルハンという標高約三八〇〇メートルの高峰がある。その南側山腹から二〇〇八年に地元民によって一基の岩陰墓がみつかった。知らせを受けた考古学者が調査したところ、白骨化した遺体とさまざまな副葬品が出土した。骨や木の有機物は、寒冷で乾燥した条件下で良好に保たれていた。

被葬者は二〇代前半の男性だった。遺体の傍らには、獣角と木材を合わせ、それを白樺樹皮と革で巻いた一張の弓と、獣皮で巻かれた白樺材製の矢筒があった。矢筒のなかにはイヌワシの矢羽根と鉄製鏃を付けた二三本の矢が収められていた。そのほか馬具や鉄製工具類なども副葬されていたが、ここで特筆したいのは白樺材で作った竪琴だ。

この竪琴は、長さ七二センチメートル、幅一〇センチメートルで、楕円形の胴部に細長い頸部が付

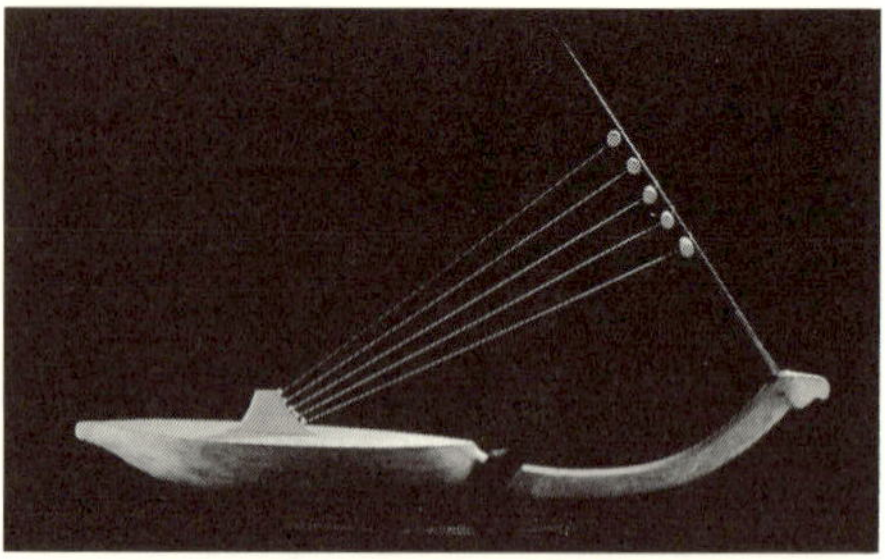

図3-10　竪琴の復元（Turbat et al. 2014）

くバイオリン様の形状をしていた。頸部先端のバイオリンの渦巻（スクロール）に相当する部分は、馬頭形になっていた。その馬頭の頂部には小さく細い穴が開いていた。そこに棒状の支柱がはめ込まれ、その支柱と胴部中央の突起とのあいだに五本の弦が張られていたらしい。

竪琴の出土は、モンゴル国内では初例だが、アルタイ山脈のロシア側の麓では、紀元前三世紀ごろのパジリク文化期にさかのぼる資料がある。東トルキスタンのトルファンなどの乾燥地域からも、類例が報告されている。中央アジアの壁画にも似たような竪琴が描かれている。演奏者は、竪琴を片手で小脇に抱え、もう一方の手の指で爪弾いていたようだ。

この竪琴をよく観察すると、胴部背板に矢をつがえた弓を引く人物、猟犬、鹿の姿が彫られていた。それだけではなく、頸部から胴部にかけて文字も陰刻されていた。

それは突厥文字だった。突厥文字は、古代トルコ語をあらわすのに用いられ、西北ヨーロッパの古代ゲルマン人やバイキングが使ったルーン文字に似ているのでトルコ・ルーン文字ともよばれる。表音文字で、記号様なものも含めて三九文字で成り立つ。ソグド文字からの影響が指摘されているが、それとは多分に異なる、いわば突厥オリジナルの文字だった。

この竪琴には、六〇文字が六つの短文に分かれて記されていた。突厥文字では、母音が省略されることもあり、解読には古代トルコ語の知識と、当時の文化や社会的な背景を熟知している必要がある。モンゴル国における著名な突厥文字研究者のツェンド・バトトルガの解読によれば、この竪琴の製作者とみられる「チュレ」という名と、持ち主と思われる「ヤアヤ・オグィル」という吟遊詩人の名などがみえるという。

突厥文字が使われるようになった時期は、定説では突厥第二カガン朝に入ってからだとされる。ところが、ジャルガラント・ハイルハン岩陰墓の炭素14年代は、五九〇〜六七〇年だった。これは、突厥第一カガン朝から唐支配期にあたる。それが正しいとすれば、突厥文字の初現をさかのぼらせる資料となる。もちろん、炭素14年代には、ある程度の誤差がつきものなので、遺物の分析などに基づいた裏づけ作業が必要なのは、いうまでもない。

突厥文字の起源

『周書』には、突厥の文字は「胡（ソグド人）のそれと似ている」とある。すでに述べてきたように、彼らがソグド文字やブラーフミー文字を使っていたことから、この記述は正しいといえる。ところがその一方で、『隋書』突厥伝に「(突厥は)文字をもたない」という記述も残る。おそらく、これは、突厥人が自分たちの話す言語を、独自の文字であらわすことができないという意味だろう。

隋代といえば突厥第一カガン朝に並行する。定説どおりならば、突厥文字の出現は第二カガン朝なので、その記述には整合性がある。だが、前述のように、突厥文字がすでに第一カガン朝に使われて

図3-11　突厥文字（バヤン・ツォグト碑文）

いた可能性が出てきた。文献史料の真偽を含め、突厥文字の成立時期の解明は、こんにち重要な研究課題となっている。

モンゴル国最西部のバヤン・ウルギー県にハル・ハトゥーという遺跡がある。この遺跡には、方形石囲い遺構と積石塚が数基存在し、それらのあいだに高さ一メートル強の一本の石柱が立っている。一九九四年のこと、モンゴルの考古学者たちがその石柱に文字が記されていることを確認した。片岩の自然石の表面に、引っ搔いたような細い線で、一五文字の突厥文字が刻まれていた。

トルコ人で古代トルコ語を研究しているジェンギス・サルタオールの解読では、「公主、その名はキキン。ああ、復讐よ」と読めるという。公主とは皇帝の娘のことで、漢文史料によると、中華王朝から突厥カガンのもとに何名かの公主が降嫁している。サルタオールは、「キキン」を『隋書』にみえる千金《せんきん》公主に比定した。

千金公主は、北周の王族だった宇文招《うぶんしょう》の娘で、五八〇年にタトパル・カガンに嫁した。タトパルが崩ずると、その甥のイシュバラ・カガンの后となった。五八一年、北周が隋に滅ぼされると、隋の文帝（楊堅《ようけん》）は、千金公主に楊姓を与えて帝室の一門に加え、改めて大義《たいぎ》公主に封じた。しかし、公主は、母国を滅ぼした隋に対して、複雑な心情を抱いていた。

そうしたところを文帝は見逃さなかった。公主が密かに西突厥のニリ・カガンと連絡を取り合っていたことから、謀反を企てているのではないかと警戒した。折しも公主が文帝配下のソグド人と私通していたことを知ると、公主の身分を廃した。やがて公主は、讒言によってイシュバラの子の都藍《とらん》カガン（位五八八〜五九九年）によって誅された。その出来事は、五九三年ごろと考えられている。

この経緯を知る者が碑文に千金公主の名や、「ああ、復讐よ」と記した可能性はある。そうならば、この碑文も五九三年ごろ、すなわち第一カガン朝に立てられたことになり、突厥文字の起源をさかのぼらせる重要な根拠となる。

ただ、突厥文字の碑文の解読は、多分に研究者に左右される。突厥文にしばしばみられる省略された母音を補うのは、研究者の学識に負うところが大きい。じっさい、本碑文の解釈には、いくつかの異なる解読結果も存在している。この説だけでは判断できない。

そこで別の事例も紹介しよう。モンゴル国中西部のザブハン県にあるツェツーフという遺跡からも、第一カガン朝に記されたと思しき突厥文字がみつかっている。

ツェツーフ遺跡の構造は、タトパル・カガンの墓廟として紹介したボガト遺跡に類似している。ボガト遺跡からは西北に二〇〇キロメートル離れているが、ハンガイ山地北麓という同じ地理的環境に立地している。

両遺跡の類似点は、土壁によって塋域《えいいき》（墓域）が方形に区画されていることだ。また、ボガト遺跡と同様に、東へと延びるゼル・チョロー（バルバル）とよばれる石柱列も存在し、その長さはボガトとほぼ同じ三〇〇メートルに達していた。さらに、塋域の中心には、瓦葺きの建物が築かれ、その傍らにはカコウ岩製の亀趺が設置されていた。ボガト遺跡と同様の碑文が存在していた可能性を強く示す。しかも、この亀趺の形状は、ボガト遺跡の亀趺ときわめてよく類似している。

こうしたいくつかの類似点は、両者の造営時期の近さを物語っている。先行研究では、ツェツーフ遺跡を第一カガン朝に位置づけ、ボガト遺跡と同様に、カガン級の人物に関連する慰霊施設とする。

土壁に囲まれた塋域は東西六〇×南北三〇メートルと、ボガト遺跡（五〇×三五メートル）より大きい。このことは、ツェツーフの被葬者がタトパル・カガンを凌ぐ権力者だったことをほのめかしているのではないか。

一九九九年、ここを訪れた林俊雄ら草原考古学会のメンバーが、散乱する屋根瓦片のなかから四文字の突厥文字の刻まれた平瓦の小破片を発見した。刻まれたのは焼成後だったが、当時の書き付けにまちがいないという。

林は、それらの文字をillkと判読し、省略された母音を補うことでイルリクillikと復元した。イルリクとは国家性のような抽象的な意味をもち、突厥時代の文章中には、あまりみられない単語だという。そこで林は、カガンの名前の一部ではないかと想定した。候補として、イルリク（伊利《いり》）とイシュバラ（沙鉢略）の二人を挙げる。後者は、隋帝に送った手紙にある自称「伊利倶盧《いりぐろ》設《せつ》始《し》波羅《はら》莫何《ばくか》可《か》汗《がん》」の冒頭部分の「伊利」をイルリクとみる。いずれも第一カガン朝の君主だった。

ツェツーフ遺跡の中心部は未発掘なので、年代観は推定の域にとどまる。第二カガン朝期の改修の可能性もある。突厥文字が第一カガン朝時代から使われていたと主張するには根拠が乏しい。ただ、碑文の探索が進められていて、今後の展開には大いに期待させるものがある。

2 大国の鼻綱

都督府と刺史州による唐の支配

都藍カガンの時代、突厥と隋の関係は一時的に悪化するが、啓民《けいみん》カガン（位?～六〇九年）の治世になると、隋への臣従が強まり、突厥支配層の漢化が顕著になってきた。国の重心も中国本土に近い陰山山脈周辺に移り、北モンゴリアへの関与が手薄になっていた。

六一八年、隋が滅亡し、唐の成立をみるという漢地の政治的混乱に乗じて、突厥は、新興の唐に対して高圧的な態度に出た。唐の高祖李淵《りえん》は突厥に服従し、始畢《しひつ》カガン（位六〇九～六一九年）に対して「臣」と称する辛酸をなめた。

しかし、しだいに唐の軍事力が成長してくると、突厥は劣勢にまわった。政権内に対立勢力があらわれ、折悪しく寒雪害によって多くの家畜も失い、突厥は急速に弱体化した。北モンゴリアでは、突厥の陰に隠れていた鉄勒の諸部族が活性化した。

六三〇年、頡利《けつり》カガン（位六二〇～六三〇年）が唐に捕らえられたことで、突厥第一カガン朝は滅亡した。突厥の遺民の一部は唐に降り、陰山山脈周辺に居を遷した。

唐は、鉄勒の一派でアルタイ山脈方面にいた薛延陀《せつえんだ》の首長夷男《いなん》をカガンに冊立して北モンゴリアを任せた。しだいに薛延陀が強大化して唐に反抗的になると、夷男の死による混乱に乗じて、六四六年に薛延陀を滅ぼした。

これを機に唐は、北モンゴリアの統治に積極的に関与するようになった。北モンゴリアに六つの都督《ととくふ》府と七つの刺史州《ししじゅう》を置き、帰順してきた鉄勒諸部族の首長を、それらの都督や刺史といった役職に任命することで支配を強めた。

さらに、唐は、府州を統括する機関として都護府《とごふ》を置いた。都護府には唐の中央から官吏と軍隊が派遣された。当初、陰山山脈南麓の燕然《えんぜん》都護府が帰順した突厥遺民とともに鉄勒諸部族を統括した。そののち六六三年からは、北モンゴリアの中央部に置かれたとされる瀚海《かんかい》都護府が鉄勒諸部族を管轄した。こうした唐の支配は、六八二年の第二カガン朝の成立まで続いた。

このころの北モンゴリアの状況は、漢籍に頼る以外、知る術がなかった。しかし、近年の考古学とフィールドワークを得意とする文献史学者との共同作業によって、現地に残る碑文から当時の実相の一端を垣間見ることができるようになった。

そうした成果の一つに、モンゴル国北部のセレンゲ県ズーンハラー市のハラー・ゴル遺跡がある。オルホン川の一大支流のハラー川沿いにひろがる平原のなかにあり、あたり一面は、モンゴル国有数の穀倉地帯となっている。

遺跡は、東西七〇×南北四〇メートルの範囲を低い土壁で四角く囲まれていた。これが塋域と考えられる。そのほぼ中軸線上に、亀趺をともなう石碑、瓦葺きの建物、方形石囲い遺構が東から西へと並び、土壁外の東方にはゼル・チョローが点々と立てられていた。すでに述べたボガト遺跡と、ほとんど同じ構造だったとわかる。

残念ながら、そうした遺構は耕作で湮滅してしまったが、さいわい石碑だけは保存されていた。碑石は高さ一七〇センチメートル、幅六〇センチメートルで、カコウ岩製だった。碑頭は動物を模った浮き彫りになっていた。龍だという見解が有力だが、狼のようにもみえる。また、漢文碑であれば碑の題名が刻まれるはずの碑額という部分に、人面が浮き彫りにされていた。被葬者が非漢人だったことを暗示している。

碑身部の碑陽には、一六行にわたる漢文が記されていた。風化の摩滅で碑文全体は判読できないが、おそらく四六〇字程度が書きつけられていた。それを気鋭の突厥研究者の鈴木宏節《すずきこうせつ》が詳細に読み解いた。

鈴木はそれを丹念に採拓し、「盧山都督《ろざんととく》」の文字をみつけた。『旧唐書《くとうじょ》』鉄勒伝には、貞観《じょうがん》二一（六四七）年に「思結《しけつ》部を以て盧山都督府と為し……」とある。また、「父烏□」と書かれていることにも注目した。北宋の司馬光《しばこう》が編んだ『資治通鑑《しじつがん》』貞観二〇（六四六）年一二月の条にみられる「思結の酋長の烏碎《うさい》」から、読めない三文字目を「碎」と復元した。そのうえで鈴木はこの碑文を、鉄勒諸部族の一つの思結部族の首長で、唐から盧山都督に任ぜられていた烏碎の息子を追悼して、唐から贈られたものと結論づけた。つまり、ハラー・ゴル遺跡は、烏碎の息子の墓所ということになる。

こうしてみると、思結部族は、突厥第一カガン朝の伝統に従って墓所を造営したとわかる。基本的な構造は、ボガト遺跡の様式を引き継いでいた。ただ、ソグド文字やブラーフミー文字を使って書かれていた追悼碑は、唐式の漢文へと替わった。統治体制の変化は、新しい文化の波を、この地に確実にもたらしていた。

墓誌と陶俑

二〇〇九年、モンゴル国の著名な歴史学者のアヨーダイ・オチルを訪ねた。筆者がモンゴル科学アカデミー歴史研究所に留学していたとき、彼は所長として公私両面から叱咤激励してくれた恩人だった。「面白いものをみせてあげよう」といって彼は、とある建物の一室に筆者を案内した。室内に入ると、土の付着したままの品々が足の踏み場もなく並べてあった。すぐに遺跡からの出土品だとわかった。

それらのなかに二点の黒い平たい石が重厚な趣で置かれていた。それは被葬者の事績を刻んだ墓誌だった。中国の墓からは、こうした墓誌がしばしば出土するが、モンゴルからみつかるとは夢にも思わなかった。

墓誌は、本文の刻まれた誌石と、それを覆う誌蓋とに分かれていた。両者とも黒色頁岩《けつがん》製の約七五センチメートル四方の大きさで、誌蓋には漢字の篆書体で「大唐金微都督僕固府君墓誌」と、もう一方の誌石には、こちらは楷書体で二八行七四四字の漢字が記されていた。その内容は、鉄勒諸部族の一つの僕固《ぼくこ》（僕骨《ぼくこつ》とも）部族の乙突《いっとつ》という首長が、唐から金微州《きんびしゅう》を統監する都督に任ぜられていたが、儀鳳《ぎほう》三（六七八）年に死去したというものだった。

この墓誌は、トゥブ県のトーラ川北岸の丘陵にあるショローン・ドウ遺跡から出土した。その名は〝土盛りの小高い丘〟という意味だ。小高い丘は直径約三五メートル、高さ四メートルの円墳状を呈していた。付近で砂金が採れることから、破壊を危惧したオチルがロシア人考古学者とともに発掘した。

墳丘の西南に入口があり、墳丘直下の地下八メートルに設けられた墓室へと、スロープ状に下る墓道と過洞《かどう》が二五メートルほど続いていた。過洞の途中には天井《てんせい》とよばれる竪坑が二本みられた。天井には、造墓時の採光のほかに、土の搬出口としての役割があった。

奥側の天井部の両壁には、壁龕《へきがん》という小さな洞が穿たれていた。龕の入口は焼成レンガ（塼《せん》）で厳封され、なかには陶俑《とうよう》（風帽《ふうぼう》、男侍《だんじ》、騎馬など）が納められていた。

過洞の奥には甬道《ようどう》があり墓室へと至った。例の墓誌は墓室の入口の床面に埋め込まれていた。

墓室は、幅三・五メートルだが、西壁が三・六メートル、東壁が二・五メートルという不整の方形を呈し、上部はドーム状になっていた。墓室の東側には陶俑（文官、侍女、男侍、ラクダ、馬、四神、迦楼羅《かるら》、迦陵頻伽《かりょうびんが》、魚など）が配置され、絹織物の断片も散乱していた。

一方、西側には盗掘者によって無残な姿になった、木板製の長さ二・八メートル、幅二メートルの箱の残骸があった。調査者はこれを木棺と称しているが、遺体は納められていなかった。

そのかわり、木箱の残骸の上には、人骨とみられる焼骨が散らばっていた。乙突のものにちがいない。遺体は火葬に付されていたらしい。たぶん蔵骨容器からこぼれ落ちたのだろう。蔵骨容器は木箱のなかにあり、盗掘者によって持ち去られてしまったと、オチルらは想定している。もちろん盗掘者の目的は遺骨ではない。おそらく貴金属で作られていた蔵骨容器のほうだった。

草原の地下画廊

その翌年、オチルはカザフスタン隊とショローン・ボンバガルという遺跡を発掘した。ショローン・ボンバガル遺跡は、ショローン・ドウ遺跡から西南に一四キロメートル離れたトーラ川の南の丘陵にある。ショローン・ボンバガルとは〝土盛りの円い塚〟という意で、ショローン・ドウとほぼ同義だ。同じような径三〇メートル、高さ四メートルの円墳がここにも存在していた。

墳丘の南側に墓道の入口があった。そこからスロープ状の墓道が二〇メートル延び、その先には過洞が一九メートル続き、さらに三メートルの甬道を抜け、ようやく墳丘直下の墓室に至る。

過洞では天井《てんせい》が四本設けられていた。墓が大型化して過洞が長くなれば天井の数も増える。つまり、天井の数は、被葬者の身分の高さに正比例して増えた。被葬者のランクは、二本だったショローン・ドウよりも、ショローン・ボンバガルのほうが上だった。

一番奥の第四天井部分の両側には壁龕が穿たれていた。壁龕には木扉が設けられ、その手前を石積みで閉塞するという手の込んだ造りになっていた。内部には陶俑などのおびただしい数の副葬品が納められていた。

墓室は、平石を積み重ねて入口を入念に閉塞していた。それを除去すると木製扉が設えられ、手前には高さ六〇センチメートルほどの唐三彩《とうさんさい》の鮮やかな色合いをした天王像《てんのう》と鎮墓獣《ちんぼじゅう》が、それぞれ左右に一体ずつ置かれていた。これらは被葬者を守護するとされる。

墓室は東西三・四×南北三・一メートルで、奥壁側がやや狭まる台形を呈していた。上部はドーム状になっていた。墓室の床は、墳頂から一〇メートル、旧地表から六メートルの深さにあった。墓室

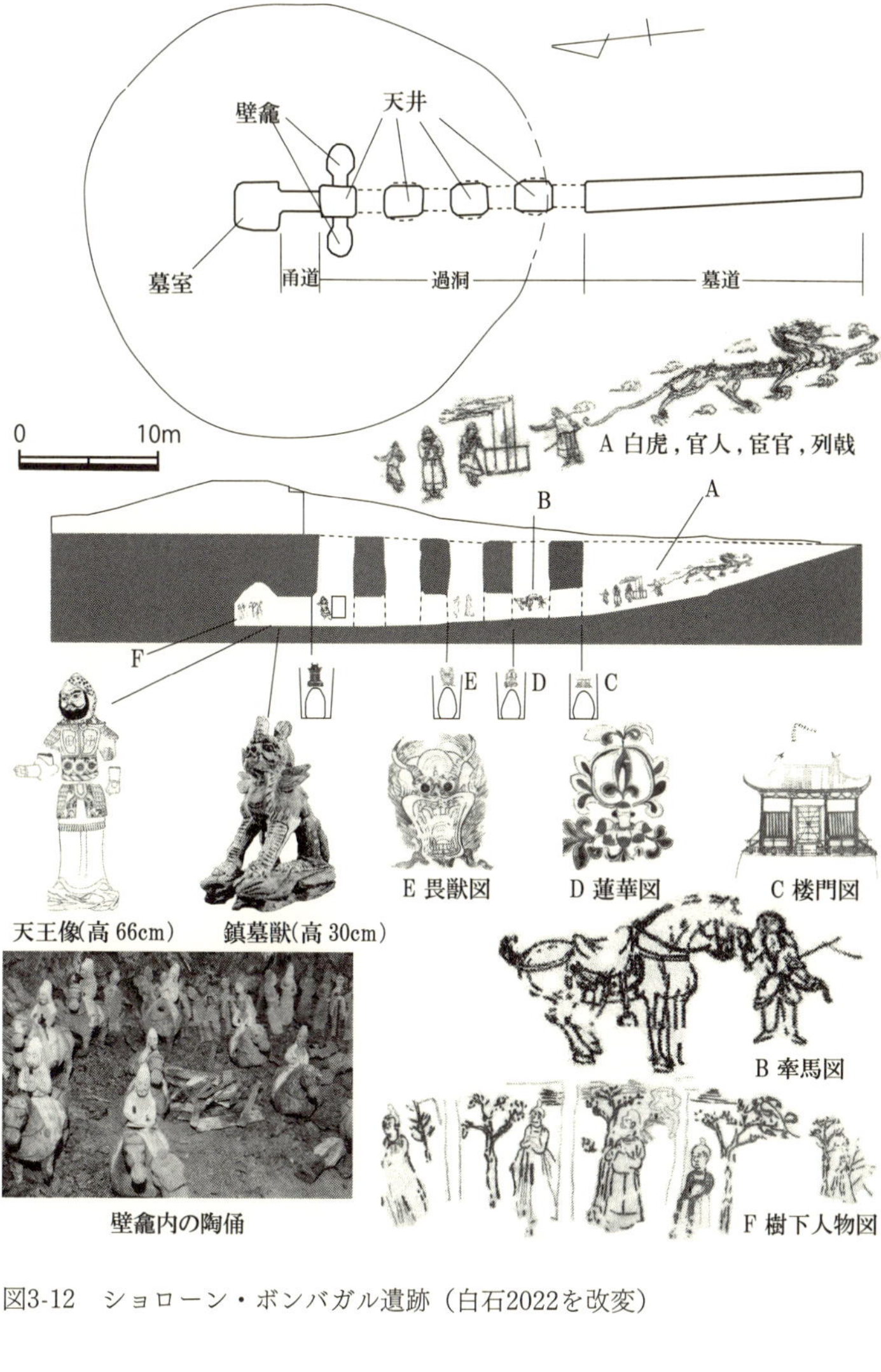

図3-12　ショローン・ボンバガル遺跡（白石2022を改変）

の西壁に沿って、長さ二・三メートル、幅〇・九メートルの木棺が置かれ、そのなかに〇・八×〇・四メートルの木箱があった。この木箱は蔵骨容器で、なかから金銀貨とともに絹布に包まれた焼骨が検出された。この焼骨は被葬者のものとみてよかろう。この墓でも被葬者は火葬に付されていた。

ショローン・ボンバガル墓で特筆すべきは、極彩色の壁画が残っていたことだ。墓道から墓室までの壁面は、石灰モルタルで白く塗られ、その上に赤、青、茶、白などの色材で人物や空想上の動物などが描かれていた。

墓道には東壁に青龍、西壁に白虎が、出口に頭を向けて描かれていた。墓道を進むと両壁に官人、宦官《かんがん》、列戟《れつげき》、正面に楼門があらわれ、第一天井部には両壁に牽馬、正面北壁には蓮華、第二天井部の両壁に人物、北壁に畏獣、第三天井の両壁には狩猟、第四天井の両壁に宦官、北壁には楼門が描かれていた。さらに墓室内には樹下人物図がみられた。

この墓にも盗掘者が侵入していた。片手に鉄製工具を携え、天井から墓内に降りようとしたが、連れていた犬もろとも転落してしまったようだ。墓道のなかほどでみつかったこの人物の遺骨をゲノム解析したところ、西ユーラシア人系の出自で、年代は六世紀後半から八世紀後半と出た。墓が造営されて間もないころ、犯行に及んだとわかる。

調査者は、ショローン・ドウ墓を暴いたのも、この人物だったとみている。盗掘の失敗のおかげで貴重な遺物は守られた。東西文化が混交した優れた品々を、私たちは目の当たりにすることができた。

唐代エリートの墓と同じ構造

ショローン・ボンバガル墓の遺物のなかで、もっとも衆目を引くのが木俑（侍女、男侍、馬、四神、迦陵頻伽など）と陶俑（文官、風帽、侍女、騎馬、騎馬伎楽、甲騎具装馬、ラクダ、木製馬車、鳩杖など）だろう。総数は一五〇点にものぼる。人物俑は唐の内地で作られたとみられ、顔立ちや衣装は、当時の唐人の姿を色濃く伝えている。ただ、武骨で剛健な突厥人を思わせる風貌の人物俑もあり、それらはこの地域で製作された可能性も否定できない。

ほかに、かなりの点数の漢地製の絹製品、また、金銅製三梁冠帽《さんりょうかんぼう》、金銅製ミニチュア馬具、金製指輪や帯金具と、一五〇点にもおよぶ金銀貨とブラクテアート（薄い金円盤の装飾品）も検出された。

これだけの金銀貨が一つの墓からまとまって出土したのは、モンゴル高原では初例といえる。金貨には、ビザンツ朝の真正品のほか、多数の模造貨も含まれていた。ブラクテアートには、ササン朝貨幣を基にしたもの、ソグディアナあるいはバクトリアの貨幣に基づくもの、架空の英雄の肖像とラテン文字をあしらったものなどがある。

残念ながら、墓誌など紀年銘のある遺物はみつかっていない。ただ、構築年代が明らかな唐墓と比較すると、六六〇～六七〇年ごろの造営とみられている。また、被葬者もわかっていないが、『旧唐書』輿服志に照らすと、金銅製三梁冠帽の存在から、三品《さんぴん》以上の位に相当する貴人だったようだ。それには都督や都護も含まれていたが、前述の乙突が都督だったので、より高位の可能性もある。

ショローン・ボンバガル墓と、先にみたショローン・ドウ墓は、ともにスロープ状の墓道から墓室に入るタイプで、墓道部には天井という竪坑を複数設えてあることを特徴とする。これは、中国西安市近郊にある永泰《えいたい》公主（七〇一年没）に代表される唐代エリート墓の構造とまったく同じだった。しかも、その永泰公主墓や章懐太子墓《しょうかい》（六八四年没）には極彩色の壁画が描かれ、ショローン・ボンバガル墓との共通点が少なからず見出せた。そうした唐の壁画墓の系譜は、はるか日本の高松塚古墳の美人画へも続く。

二つの墓の造営には、唐の最先端の技術や文化がふんだんに導入されていた。ショローン・ドウの墓誌には、「（皇帝が臣下に命じて）織物三百段、錦の朝服、金装帯、弓箭、胡禄、鞍と鞍敷きなど各一式を送らせた。また、その葬儀の費用は官費で給し、碑を立てさせた」とある。鉄勒諸部族の首長クラスの葬祭に唐帝が深く関与していたことがわかる。政治や経済だけでなく文化面からも、鼻綱で家畜の動きを制御するように、北モンゴリアにおける唐の支配は着実に浸透していた。

3　突厥の再興

捲土重来

突厥第一カガン朝が瓦解したのち、突厥の中核は南モンゴリアに遷り、多くはオルドス地域に居住して唐の支配下に入った。しかし、たびたび騒乱を起こすことから、唐は彼らを陰山山脈方面に移住させて、燕然都護府の監督下に入れた。

六六三年、鉄勒諸部族の統括のため燕然都護府を瀚海都護府に改称して北モンゴリアへ移すと、陰山方面には新たに雲中《うんちゅう》都護府が建てられた。翌年、雲中都護府は単于都護府に、さらに六六九年、瀚海都護府は安北《あんぽく》都護府に、それぞれ改称された。

突厥遺民は、単于都護府によって統べられることになった。そうしているあいだに突厥遺民は、北モンゴリアの鉄勒諸部族以上に唐の影響を受けた。多くが漢地の習俗に同化したが、遊牧民の尚武を忘れない者もいて、唐の支配に不満を募らせていた。

六七九年、突厥の有力氏族の阿史徳《あしとく》氏が首謀する反乱が起こった。これはほどなくして唐軍に鎮圧された。しかし、突厥側は諦めず、反乱の火の手は南モンゴリア各地であがり続けた。

六八二年、突厥カガンの正統の血筋にいたアシナ（阿史那）氏のクトゥルク（骨咄禄）が立った。突厥の遺民を糾合し、知謀あふれるトニュクク（暾欲谷《とんよくこく》。漢名で阿史徳元珍《あしとくげんちん》とも）とともに唐軍と戦った。単于都護府を陥れ、河北、山西、オルドスといった華北一帯を蹂躙し、唐からの自立を果たしてカガンの位に就いた。突厥アシナ氏による、いわゆる突厥第二カガン朝が成立した。

クトゥルクは、ゴビを渡って北モンゴリアの鉄勒諸部族を攻略し、捲土重来を果たした。そして〝国の民を集めた〟という意とされるイルテリシュ・カガンと号した。彼にふさわしい名前だった。

イルテリシュは、六九一年に病死した。突厥中興の祖となったイルテリシュの墓所は、いまだ明らかになっていない。ただ、候補地とされる遺跡はある。それはシウェート・オラーンという地にある。セレンゲ川水系のハヌイ川とフヌイ川の合流点の北側の、ひときわ目立つ丘の上に残る。炭素14年代で、イルテリシュの死んだ時期と矛盾しない、七世紀後半から八世紀前葉に営まれたとわかっている。

遺跡の全体は、土と石で築かれた壁で囲まれ東西に長い矩形を呈していた。東西長は一〇八メートル、南北長は東壁が三九メートル、西壁はやや長く四五メートルだった。囲壁内は、東区と西区に大きく分けられる。

入口は東壁の中央に設えられていた。門楼のような建物があったとみられる。そこから東区を貫いて西区へと延びる中央通路があった。通路の両脇には、獅子や羊を模った石像が配置されていた。

一段高く整地された西区に入ると、中央に一辺二三・五メートル、高さ一・五メートルの正方形の土台（基壇）があり、その上に辺長八メートル、対角線の長さは二二メートルの正八角形プランの建物跡が残っていた。

この建物は、土砂と木材で全体の形状を造り、その周囲に石を積み、その外側に粘土を貼って成形したのち、さらにその上から石灰モルタルを塗って整形していた。石灰モルタル面には赤と黒の顔料を塗布した痕跡が認められた。建物の基底部からは、小型家畜の焼骨などの焼残物が検出されている。調査者はこの八角形建物を、推定高一五メートルほどの尖塔だったと考えている。

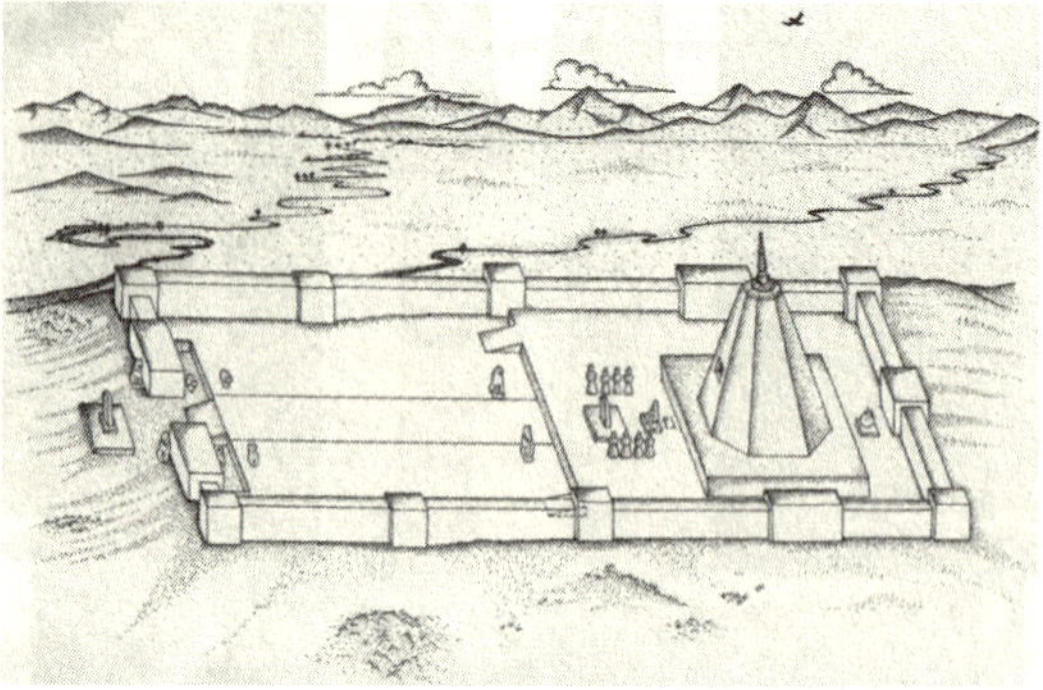

図3-13　シウェート・オラーン遺跡の想定復元（Enkhtur et al. 2018）

八角塔は、宋や遼のものは知られているが、管見で唐代のものは把握できなかった。しかしながら、奈良の西大寺に八角七重塔の建設計画がみられたように、この時代の東ユーラシアに八角塔という発想があったことは疑いない。ただ、調査者が描く尖塔のイメージに、筆者は懐疑的だ。

この八角塔の前庭にも碑亭があった。だが、碑石は現存していない。その碑亭の南北両側に四体ずつ人物石像が配置されていた。さらに八角塔の方形基壇の四隅にも石獅子が置かれていた。この八角塔がメインの構築物であったことはまちがいない。

人物石像には、文官像と武人像があった。そのうち文官像は、身体の正面に儀仗を捧げ持つ、あるいは手を袖の中に入れて拱手《きょうしゅ》しているなど、全体的なフォルムは唐の皇帝陵に配置された文官像と共通している。また、丘陵の稜線上に立地し、長い参道をもつという点でも、昭陵《しょうりょう》（太宗墓、六四九年没）、乾陵《けんりょう》（高宗墓、六八三年没）を髣髴とさせ、少なからず唐の皇帝陵との共通点が見出せる。

そうならば、シウェート・オラーン遺跡も墓所で、その被葬者はかなりの有力者だったということになる。ただし、それがイルテリシュだったという決め手はないし、もちろん墓だと断言できる根拠も、いまのところない。

突厥第二カガン朝の墓廟

突厥第二カガン朝のカガン、およびそれに準ずる人物の墓廟のなかには、紀功文を突厥文字や漢字で記した石碑がともなうことから、被葬者が明確に特定されているものもある。ウランバートルの中心街から東南約四五キロメートルにあるバヤン・ツォグト遺跡もその一つだ。

そこはトニュクク（七二五年ごろ没）の墓廟とわかっている。トニュククは、前述のようにイルテリシュの右腕として第二カガン朝成立に貢献し、イルテリシュの息子のビルゲ（毗伽）・カガン（位七一六〜七三四年）の政権ブレーンの役割を担った。

あるときビルゲは、都市を築き、仏寺や道観を建てようとした。するとトニュククは、「いけません。突厥は人口が少なく、唐の百分の一にも及びません。それなのに唐に対抗できるのは、水や草を追って移動生活をし、狩猟をなりわいとして、人々はいつも武芸を習っているからです。力の強いときには兵を進めて襲い、弱いときには山林に潜伏してしまえば、唐の兵がいくら多勢といっても、なす術がありません。都市を築いてそこに住まい、伝統を変えてしまえば、長所を失い、唐に併合されてしまうでしょう。また、仏教や道教は、人に情けや弱さを教えるもので、もとより力を用い強さを競う道ではありません。寺観など建てるべきではありません」と諫言したと『旧唐書』にみえる。

その言を体現するかのように、トニュククの墓所は、突厥伝統に則った構造をしていた。土壁で囲まれた塋域の規模は東西約四〇×南北約二五メートルで、東方向に短くみても六〇〇メートルに達するゼル・チョロー列をもつ。唐風の衣装を身に着けた官人の石像も立てられていたが、基本的な構成要素は、ボガト遺跡をモデルとする伝統的な墓制を踏襲していた。

また、高さが三メートルにもなるカコウ岩製の石柱に、突厥の中核を成していた人々の母語だった古代トルコ語を突厥文字で陰刻し紀功碑としていた。このころには、突厥文字の使用が根づいていたようだ。

紀功碑は二基あり、内容は一基目から二基目へと全六二行にわたって連続していた。突厥の復興を高らかに謳い、それを果たしたトニュククを賛美する撰文をしたのは、ほかならぬ彼自身だった。

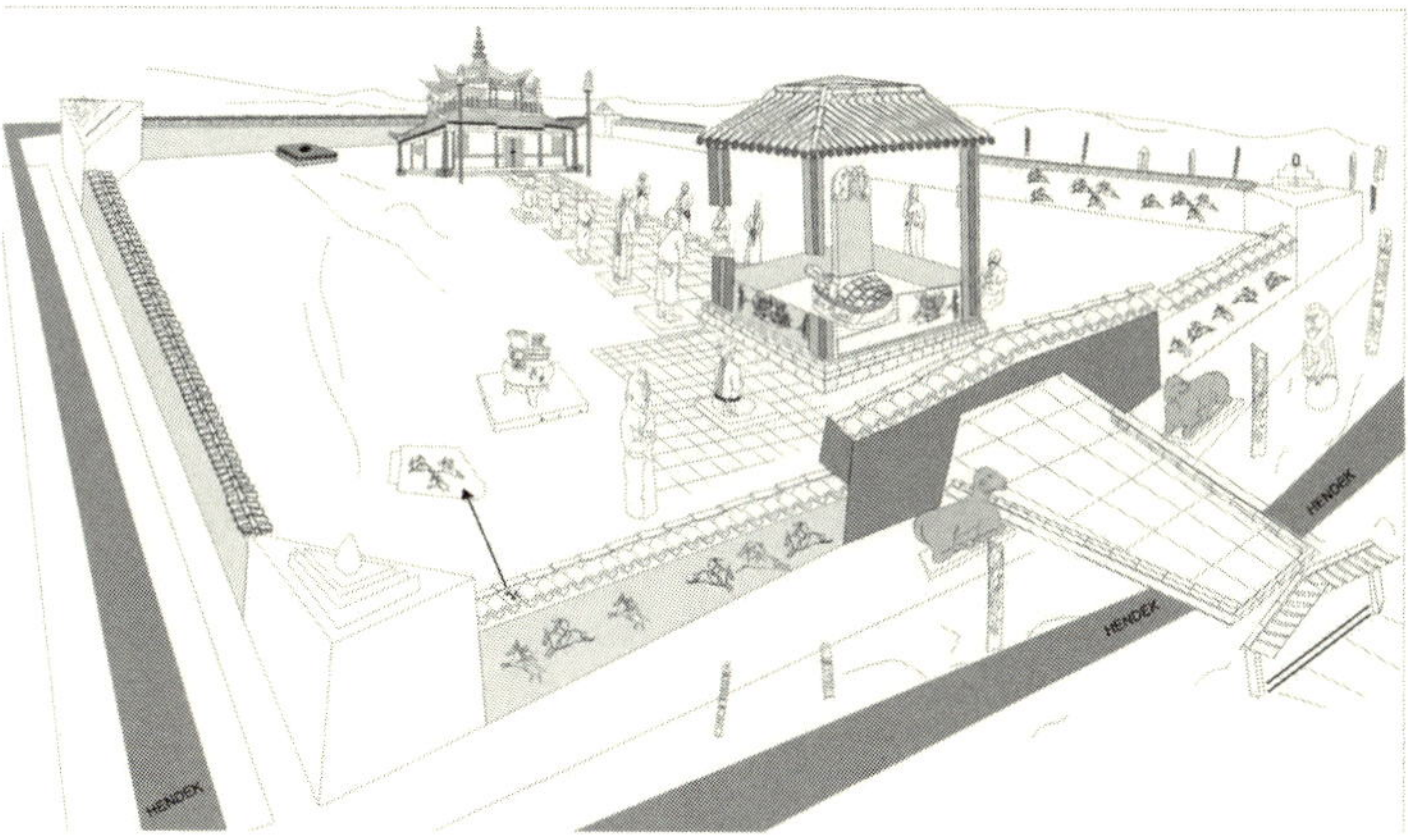

図3-14　ビルゲ・カガン廟の想定復元（Bahar 2014）

第二カガン朝でもソグド文字は使われた。アルハンガイ県ノムゴン遺跡で二〇二二年にみつかった碑文には、突厥文字・古代トルコ語と、ソグド文字・ソグド語が併用されていた。にもかかわらずトニュククは、バヤン・ツォグト碑文において、突厥文字・古代トルコ語だけを使った。そこには彼の突厥人としての強いアイデンティティの表出が感じられる。

ビルゲ・カガン廟の金銀財宝

トニュククから尚武のこころを学んだビルゲ・カガンの墓廟もまた、ボガト様式ともいえる突厥の伝統に回帰したレイアウトを採用していた。

アルハンガイ県フシュー・ツァイダムに残るビルゲ・カガンの墓廟は、東西七二×南北三六メートルの方形プランの塋域を屋根瓦で葺いた築地塀で囲まれていた。壁面には石灰モルタルが塗られ、赤や黒の顔料で壁画が描かれていた。また、出土した丸瓦には、騎馬兵が疾駆するさまが黒い顔料で描かれていた。

囲壁の東辺に門があり、そこから東方に向けて三キロメートルにも及ぶ長大なゼル・チョローの列が延びていた。

東門から囲壁内に入ると、まず碑亭があった。そこには大理石製の亀趺が置かれ、その上に同じく大理石製の碑石が立てられていた。碑石の表面には古代トルコ語・突厥文字と漢文を陰刻してカガンの功績が記されていた。

碑亭から西にのびる塼敷の参道の両脇には、唐様式の官人や武人を模した石像が配されていた。さらに参道を進むと、辺長一五メートル四方のプランで高さ一メートルの建物基壇に突き当たる。

基壇上の建物の壁は、焼成レンガ積みで、屋根は瓦葺きだった。祠堂のようなものだったと考えられている。発掘調査で、扉や内装の金銀製品、鍍銀された鉄製建築部材、青銅製釘などが二〇〇〇点あまりみつかっている。壮麗な建物だったことがうかがえる。

図3-15　ビルゲ・カガン廟出土の金冠（国立チンギス・ハーン博物館蔵）

この建物から一四メートルほど西に、一辺二メートルの方形石囲い遺構があった。囲いに使われていた板石の外表面には、華麗な牡丹文様が優れた技巧で彫り出されていた。

特筆したいのは、二〇〇一年におこなわれたモンゴル・トルコ合同調査で、この石囲い遺構に隣接した地下一メートルのところから、金銀財宝の埋納坑がみつかったことだ。金製と銀製の壺、金製カップ、金製水差し、金製皿などの容器類、金冠、帯金具、耳飾り、指輪などの装飾品、鹿を模った銀製品など豪華な工芸品がおよそ二〇〇〇点も出土した。

なかでも金冠は、ティアラのような半冠タイプだった。おそらく絹か革製の被り物の正面を飾っていた。額側中央には羽を広げた猛禽類の勇壮な姿が打ち出され、くちばしに金製の針金で結びつけられた鮮血色のザクロ石が、カガンの権力と生命力の強さを印象づける。

最後の光芒

ビルゲの治世、突厥と唐との関係はきわめて良好だった。彼は突厥の尚武の伝統を重んじながらも、唐の文物に関心を示した。そうした友好関係に尽力したのが、弟で宰相的な立場にあったキョルテギン（闕特勤）だった。

七三一年、キョルテギンが死ぬと、唐の玄宗はそれを悼み、みずからが筆をとった「故闕特勤之碑」を贈った。この漢文と突厥文の合璧の石碑は、いまもキョルテギン墓廟が営まれたフシュー・ツァイダムの地に残る。玄宗の格調高雅な文章が印象深い。

七三四年、愛弟を追うかのようにビルゲが崩じた。死因は大臣による毒殺だった。イルテリシュ、トニュクク、そしてビルゲとで築き上げられた突厥第二カガン朝は、坂道を転げ落ちるように急速に衰亡へと向かう。

ビルゲの跡は、子のイネル（伊然《いねん》）が継いだ。だが、いくらもたたずにイネルは病死した。そこでイネルの弟が即位してテングリ（登利《とうり》）・カガン（位七三四〜七四一年）となった。そのころの突厥のようすは、『資治通鑑』の記述から断片的に知ることができる。

まだ若かったテングリは、二人の叔父をシャドという最高位の武官に任じ、一人には右翼（西方）を、もう一人には左翼（東方）の軍隊の統帥を任せた。二人の軍事力は、カガンのそれを凌ぐほど強大だった。そのことで疑心暗鬼にかられたテングリは、母（トニュクの娘）と共謀して、右翼シャドを殺害してしまった。それを知り、身の危険を感じた左翼シャドは、先手をうってテングリを攻撃して滅ぼした。

左翼シャドの名前は、ハンキョルテギン（判闕特勤）といった。彼はビルゲの子をカガンにしたが、そのカガンは、副王のクトヤブク（骨咄葉護）に殺されてしまった。ハンキョルテギンは、改めてビルゲの別の子をカガンに立てたが、それもふたたびクトヤブクの手にかかった。ついには、クトヤブク自身がカガンの位に就くという事態となり、突厥政権の内部は大いに乱れた。

そうした混乱に乗じて、長らく突厥に隷属していた北モンゴリア西北部のウイグル（回紇《かいこつ》）部族、中央アジア北部草原のカルルク（葛邏禄）部族、東トルキスタンのジュンガル盆地にいたバスミル（抜悉蜜）部族が共に兵を挙げた。これによってクトヤブク・カガンは滅ぼされた。

七四二年、突厥では、ハンキョルテギンの子が立ち、オズミシュ（烏蘇米施）・カガン（位七四二〜七四四年）となったが、それもバスミル部族らによって殺害された。政情不安のなか、突厥の中核をなしていた人物はつぎつぎと唐にくだり、突厥の命脈は風前の灯だった。

そうした突厥政権の末期に営まれたとされる遺跡が、モンゴル国東南部のスフバータル県のドンゴイン・シレーという所にある。シレーとはモンゴル語で机の意をもつ。まるで机上のように平らで高い見晴らしのよい台地上に、この遺跡は位置していた。

　著名な古代トルコ学者の大澤孝《おおさわたかし》が率いるチームに加えてもらい、筆者もそこでの発掘調査を経験した。後世の破壊が激しかったが、それでもおぼろげながら遺構の全体像はつかめた。浅い溝で区切られた一辺一三メートルの正方形をした区画部の中央に、牡丹模様の線刻がある板石を使った方形石囲い遺構が設けられていた。有力者の墓廟だったとみてよい。そのなかから家畜骨のほか、陶器片と鉄製品が出土したが、火葬されたはずの被葬者の遺骨は確認できなかった。

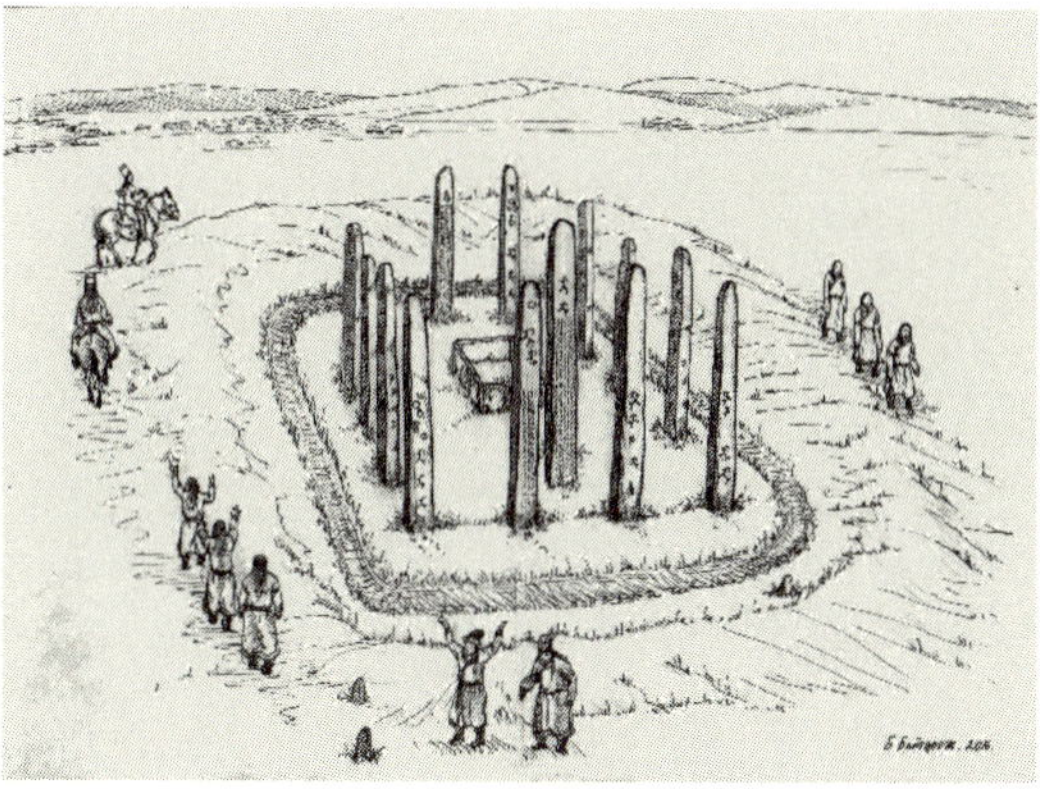
図3-16　ドンゴイン・シレー遺跡の想定復元（Tsogtbaatar et al. 2017）

　この手の構造物にともなうゼル・チョローは存在せず、かわりに、方形石囲い遺構の傍らに一本、さらに方形石囲い遺構を取り巻くように一三本もの石柱が立っていた。こうした遺構は初例で、突厥の伝統的な墓廟の構造から逸脱している。ただ、ロシア連邦トゥバ地域でも一三本の木柱を環状に配した遺構がみつかっているので、古代トルコ民族のあいだに、墓廟に多柱を立てる習俗があったとみてよい。
　石柱はカコウ岩製で、最短のものでも三・三メートル、最長では六・四メートルもあった。表面にはタムガという部族や氏族を表象するマークも陰刻されていた。突厥の中核にいたアシナ氏を表す雄山羊型のタムガを主にして、あわせて一七種七九点も認められた。被葬者がアシナ氏に所縁のある人物で、ほかの多くの集団からも支持を得ていたとわかる。

ほかに、突厥文字で古代トルコ語の短文が陰刻されていた。大澤の解読によると、被葬者は、突厥の副王にあたるヤブクの地位にあり、東方（左翼）の兵団の総帥だったことを示すテリス・シャドの称号を帯びていたと明らかになった。そうした人物は限られる。大澤は、被葬者を前出のハンキョルテギンと特定した。

彼の事績はほとんどわかっていないが、史料から推察できるところでは、衰亡する王朝に殉じるような最期だったようだ。巨大な石柱が林立する壮観な墓廟は、突厥の最後の光芒のようにもみえる。

北モンゴリアを貫く参天可汗道

話題はかなり後世に飛ぶ。一四一〇年のこと、明《みん》の永楽帝《えいらくてい》（位一四〇二〜二四年）は、北モンゴリアに燻る元朝政権の残存勢力を一掃するため、大軍を率いてゴビ砂漠を越えた。

その遠征記『前北征録《ぜんほくせいろく》』によると、どうやら明軍はドンゴイン・シレーの近くを通過したらしい。記述に基づいて明軍の足取りを精査してみると、古梵場《こぼんじょう》と記された地点がドンゴイン・シレーに当たるということがわかった。古梵場とは、いにしえの祭祀場という意味だ。ドンゴイン・シレーの高台に、当時まだ林立していた石碑群を、永楽帝らは目にしたにちがいない。

明軍がたどった道は、元代にテレゲン道とよばれ、いまの北京と北モンゴリアを結ぶ主要幹線路だった。その沿線には石器時代から連綿と続く人間の営みの痕跡が数多く残っている。元・明時代に限らず、それ以前から人々が行き交っていたとわかる。もちろん突厥時代もそうだった。

つまり、ドンゴイン・シレー遺跡は、衆目を集める場に存在していた。それは至極当然のことだった。読み手がいなければ、自分や故人の功績を文字で残しても意味がないからだ。

モンゴル国内には少なくとも七〇ヵ所の突厥時代の碑文遺跡が知られている。それらが衆目を集めやすい場所、たとえば幹線沿いに立てられていたと仮定すれば、地形などに目配りしながら遺跡どうしを結ぶことで、当時の道路網が復元できるのではないか。

荒燥としたモンゴルならば、どこであろうが道となり、車馬が自在に行き交ったイメージがある。しかし、じっさいには岩場や泥濘も多く、思いどおりには進めない。南部の礫漠地帯では、川や淡水湖が少ないので、人はもちろん、家畜の飲用水の確保という問題がルート選びに大きくかかわる。

唐の支配期に、薛延陀部族の首長夷男が朝貢の途上で砂漠地帯を越えているあいだ、水や草がなく、貢物とする予定だった羊馬が斃死し、到着期日に遅れてしまったという記述が『旧唐書』鉄勒伝にみえる。こうした鉄勒諸部族の朝貢を安全に、また、北モンゴリアでの有事に速やかに対応できるよう駅伝道が開設された。

『資治通鑑』には、六四七年、現在の内モンゴル自治区のフフホト市あたりにあった燕然都護府（のちの単于都護府）と、鉄勒諸部族の中心があった北モンゴリア中央部とを結ぶ駅伝道が開かれ、参天《さんてん》可汗道《かがんどう》と名づけられたとある。道の途中には、六八ヵ所ともいわれる駅站が設けられ、鉄勒諸部族の首長たちには、各駅に換え馬、酒肉を用意し、行き交う使者に提供するようにとの命令が発せられたとも記されている。

参天可汗道のルートは、唐代並行期の城郭跡、岩に刻まれた漢字銘文、それに突厥文字碑文などの遺跡をつなぐことで浮かびあがる。それは、陰山山脈を越えて北上し、オルホン谷に至るというものだった。

復元できた参天可汗道の総延長は、一二〇〇キロメートルにもなった。駅站数から計算すると、およそ一七キロメートルごとに駅站が設けられていたようだ。古代中国には「舎《しゃ》」という単位があった。これは軍隊の一日の行軍距離をいう。一舎は三〇里で、唐代の里制（一里＝五三三メートル）に拠ると、およそ一六キロメートルになる。これは算出した駅站間の値とほぼ等しい。駅站は、行軍を意識して、システマティックに設営されていたとわかる。

銘文が教える交通網と絹馬交易

一九九七年四月から二年間、筆者はモンゴル科学アカデミー歴史研究所に留学した。暖かい時期は野外調査に明け暮れたが、寒く閉ざされた季節は研究所で資料収集に没頭した。同世代の研究員がそれを手助けしてくれた。彼らとの交流には、のちの糧となる大きな学びがあった。そうした研究仲間の一人に古代トルコ語を学んでいたツェンド・バトトルガがいた。

あるとき彼が漢字銘文の拓本をみせてくれた。漢字が苦手な彼は、その解読を筆者に求めてきた。ドンドゴビ県にあるデル・オールという山の麓で、彼自身が採拓した新発見の銘文だという。

その拓本には、「霊州輔資府校尉程憲」「劉文□　麟徳二年　六月廿八日」という文字がみえた。麟《りん》

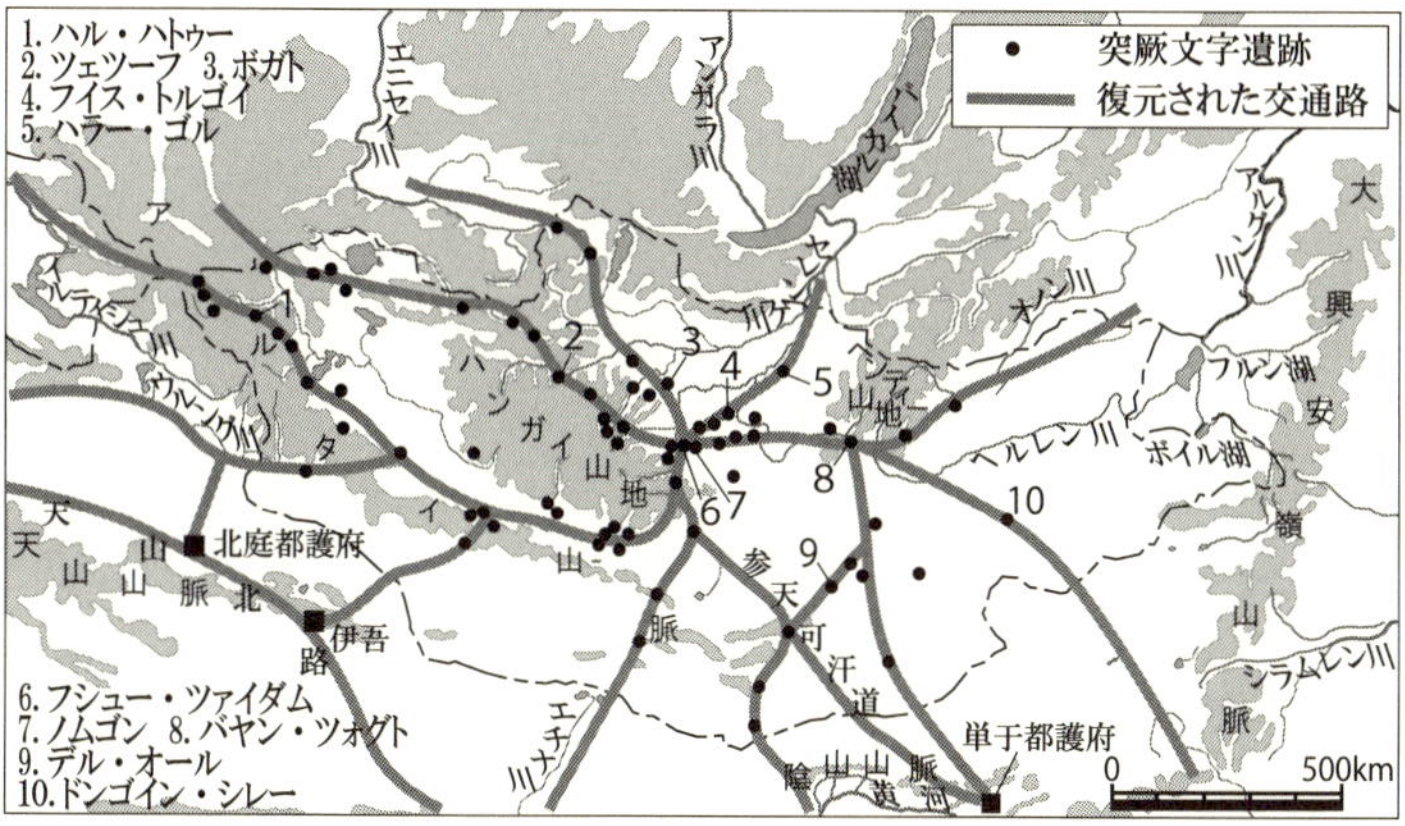

図3-17　銘文遺跡と交通路

徳《とく》二年は西暦六六五年にあたる。唐代に霊州《れいしゅう》（現在の寧夏回族自治区銀川市近郊）に置かれた輔資府《ほしふ》という折衝《せっしょう》府《ふ》（府兵制下の軍事施設）から、北モンゴリアに派遣された将校が書きつけた銘文だとわかる。なお、のちに突厥史に詳しい鈴木宏節の再検討によって、「輔資府」は「輔翼府」、「劉文□」は「劉文智」とする釈読も提示されている。

いずれにしても、この銘文は、北モンゴリアにやってきた唐の武人が、戯れに道端の岩に彫り込んだもののようだ。そうしたいわば落書きが、なぜそこに残されていたのか。それは、銘文の残る地の近くに霊州と結ばれていた道が通っていたことを物語る。霊州は長安と直結する幹線で結ばれていたので、この道もまた、参天可汗道と同様に、唐の中枢と北モンゴリアとを結ぶ動脈だった。

こうして銘文をたどることで、当時の交通網を浮かびあがらせることができる。現在知られている七〇ヵ所あまりの突厥時代の銘文を地図上にプロットしてみると、ハンガイ山地の東麓にあった政権の中枢から四方に延びる道の存在がわかってくる。参天可汗道の沿線もさることながら、ことのほか銘文が濃密に残るのが、ハンガイ山地からアルタイ山脈の麓を西に延びる路線沿いだ。ステップ地帯を東西に貫く幹線だったと考えられる。

その東西幹線から枝分かれした三本の道が南へと延びる。東側の道は、漢代から中華王朝のモンゴル高原経略の最前線となってきたエチナ川（黒河《こくが》）沿いを南下し、河西回廊の大都市の酒泉に至る。中央の道は、アルタイ山脈を越えて、天山北路のオアシス都市だった伊吾《いご》（ハミ）へと至る。西側の道は、唐の西域経営の重要拠点だった天山山脈北麓の北庭《ほくてい》都護府（ビシュバリク）へと至る。これら三本の道は、いずれもシルクロードの要衝と直結していた。

銘文遺跡をつなぐことで、中国と中央アジアを結ぶユーラシアの大動脈に、北モンゴリアも組み込んだ壮大な交通ネットワークを可視化できるようになる。往時、これらの道を伝って、人と物がさかんに行き来した。

史料によると、貂《てん》皮や膠《にかわ》、それに羊や馬といった家畜が突厥（ときに鉄勒諸部族）から唐へと贈られた。とくに馬は、北モンゴリアを代表する物産品だった。それに対して唐からは、絹製品が下賜された。ショローン・ドウ墓とショローン・ボンバガル墓に副葬された絹製品も、そうしてもたらされたにちがいない。ほかの繊維にない優雅な光沢と肌触りをもつ絹は、遊牧民たちの心を奪った。先に述べたように、トニュククが遊牧民の尚武のこころと伝統への回帰を唱道したのは、それだけ民心が唐の文物に触れることで豪奢にはしり、軟弱に堕していたからだと思われる。

こうした馬と絹とに代表される唐と突厥（のちにウイグルも）との朝貢による交易を、文献史学者は絹馬《けんば》交易とよぶ。唐から下賜された絹製品などの豪奢品のうち、北モンゴリアで消費されなかった余剰は、さらに西方へ交易品として送られた。そうして得た利益は、突厥の王侯貴族に多くの富をもたらした。

それを仲介したのがソグド人だった。その当時、突厥の政権中枢でソグド人が影響力をもっていたことは、史料からうかがい知れる。そうしたソグド商人たちの商業活動を支えたインフラが、ここでみてきた交通ネットワークだった。シルクロードやユーラシア草原地帯を貫くステップルートを伝って、突厥は西方世界とつながっていた。

4　ウイグルの興亡

草原の物流拠点

七四四年、突厥のオズミシュ・カガンは、ウイグル、カルルク、バスミルの三部族からなる反乱軍の手によって殺害された。反乱軍はバスミルの首長を盟主とした。ところが、その混乱のなか、こんどはバスミルが、ウイグルとカルルクによって滅ぼされた。そして立ったのが、ウイグル部族ヤグラカル（薬羅葛）氏族のクトルグボイラ（骨力裴羅）だった。彼は、キョルビルゲ（闕毗伽）・カガンと号し、唐からは懐仁《かいじん》カガン（位七四四〜七四七年）として冊立された。

こうして出現した新政権は、ウイグル・カガン朝（東ウイグル帝国とも）とよばれる。漢文では廻《かい》紇《こつ》・回紇（のちに廻鶻《かいこつ》・回鶻）とつくる。

この国では、ウイグルをはじめとする九つの鉄勒諸部族（九姓《トクズ》オグズ）が連合して支配層を形成した。君主のカガン位に就く人物は、当初はウイグル部族のヤグラカル氏族から、七九五年からは鉄勒諸部族のエディズ氏族から選ばれた。

クトルグボイラが死ぬと、子のモユンチュル（磨延啜《まえんてつ》）が立ち、葛勒《かつろく》カガン（位七四七〜七五九年）と号した。葛勒カガンは、勇敢で用兵に長けていた。アルタイ方面にいた八姓《セキズ》オグズ、セレンゲ川以北にいた九姓タタル、エニセイ川上流にいたキルギス、さらにはイルティシュ川方面にカルルクを討伐して、それぞれを従えた。また東方では、契丹や奚《けい》を支配下に置いた。名実ともに葛勒カガンは、北モンゴリアとその周辺の支配者となった。

七五五年から唐朝を揺るがせた安史の乱で、葛勒カガンは唐の要請に応えて援軍をおくり、七五七年、長安と洛陽を反乱軍から奪還することに成功した。つぎの牟羽《ぼうう》カガン（位七五九〜七七九年）も、七六三年にみずから大軍を率いて漢地に入り、史朝義《しちょうぎ》の首級を挙げて反乱に終止符を打った。こうした武功によってウイグルは、唐に対して優位に立つことになった。

それに先だつ七五一年、中央アジアのタラス川のほとりで唐と新興のアッバース朝が会戦し、唐が大敗北を喫した。これを契機にイスラム勢力が東方へ伸長し、ソグディアナ地方はイスラム化が急速に進む。帰る場所を失ったソグド人のなかに、新たな拠点としてウイグル・カガン朝を選んだ者たちがいた。安史の乱で社会に不安感が漂う唐よりも、ウイグルは政情が比較的安定していたのだろう。

しかも、唐からもたらされた参戦の礼品や略奪品が、山のようにウイグルに集まっていた。それに

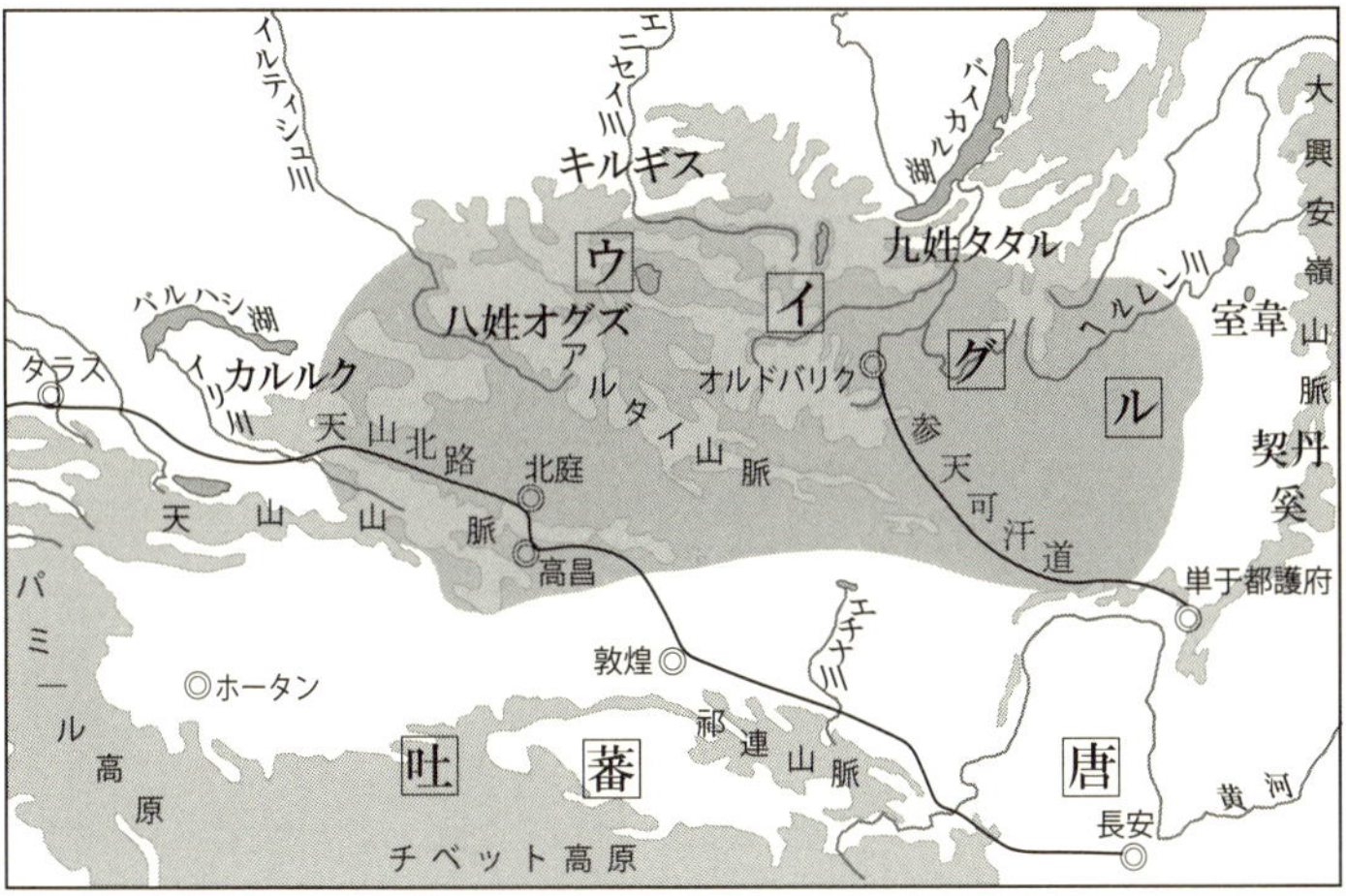

図3-18　ウイグル・カガン朝最盛期の版図

輪をかけるように絹馬交易も活発におこなわれた。ウイグルの一頭の馬に対して、唐の絹類は四〇疋《ひき》というのが相場だった。一回の朝貢において、数万頭の馬が押し寄せ、唐の朝廷では、その対処に困り果てたと史料に残る。他方でそれだけの膨大な絹製品がウイグルに流入していた。ユーラシア大陸の東西にまたがる物流のロジスティクス拠点として、ソグド商人にとってウイグルが治める北モンゴリアは、魅力的な場所だったにちがいない。

富貴の城郭

ソグド人たちは、ウイグル国内に拠点となる都市を築いた。それには漢地からやってきた工人や農民も加わった。アルハンガイ県にあるシネ・オス遺跡は、そうした経緯をいまに伝えている。

シネ・オス遺跡は、葛勒カガンの墓所と考えられている。後世の盗掘により遺跡は大きく破壊されてしまったが、本来は直径二〇メートルほどの円形の積石塚だったとみられる。方形石囲い遺構を特徴とする突厥の君主の墓廟とは、同じトルコ民族であっても、明らかに異なっていた。

内陸アジア史研究で著名なシネ・オス（シネウスとも）碑文とよばれる葛勒カガンの紀功碑は、ここでみつかった。シネ・オス碑文には、この国の支配者層が使った古ウイグル語が突厥文字であらわされている。古くからさまざまな研究者によって解読が進められ、ウイグル・カガン朝の成立過程について、漢文史料にはみられない重要な知見を提供してきた。

その一つに、「われは、ソグド人と中国人に、セレンゲ川のほとりに〝バイバリク〟を建てさせた」という箇所がある。文章の流れから判断して、この出来事は「酉年（七五七年）」のことだと考えられている。バイとは富貴、バリクは城市をあらわす古代トルコ語で、葛勒カガンがソグド人と中国人に命じて都市の造営をおこなったことを伝えている。

バイバリクの所在は、ボルガン県にあるビー・ボラグ遺跡だというのが定説となっている。セレンゲ川北岸の荒涼とした平坦地に、版築もどきの工法で築かれた城郭が、異様な存在感を示している。城郭の囲壁は方形プランで、一辺は二三八メートル、高さは最高部分で一〇メートルもあった。

ここで〝版築もどき〟と書いた理由を説明しよう。通常の版築工法は、壁や基壇などを、粒子の細かい粘土とやや砂質の粘土を交互に叩き締めながら積み重ねる建築法だ。一つの層は、数センチメートルと薄く、断面をみると洋菓子のミルフィーユのように層状に整う。しかし、ビー・ボラグでの工法は、小石が含まれた粗い砂質粘土の塊を水平に並べ、それを版築の要領で叩き締めていた。一つの層は二〇センチメートル近くの厚さになる。こうした粗雑な工法を筆者は〝版築もどき工法〟とよんでいる。版築もどき工法は、ウイグル期の囲壁建築に広く用いられた。管見では、シルクロードの天山北路沿いの城郭にも同例が確認されている。

ビー・ボラグの城郭の内部には後世に建てられたチベット仏教の寺院があり、その造営時にウイグル期の遺構は破壊されてしまったようだ。筆者が初めて訪れた一九九七年には、伽藍の傍らに無造作に置かれた石造の獅子像だけが、往時をしのばせていた。

さて、バイバリクは、一つの城郭だけを指すと考えられてきた。筆者も当初はそう思っていた。だが、この地域の空中写真をみる機会が偶然あり、目を凝らしたところ、近くに別の二つの方形の囲壁跡が写っていた。じつはバイバリクは三基の囲壁構造物から成り立っていたのだ。

図3-19　版築もどきの土壁（ビー・ボラグ第１城）

新たにみつかった二つの囲壁とも、プランは正方形で、一つは一六〇メートル四方、もう一つは三二四メートル四方だった。筆者は、前者を第二城、後者を第三城、そして前述の既知の囲壁を第一城と名づけた。

第一城は、囲壁を分厚く、しかも高く造っていたが、防御のための施設（馬面《ばめん》や甕城《おうじょう》）は付設されていなかった。また、第二城と第三城も、囲壁の高さは現存で数十センチメートル程度だった。時の流れのなかで崩落したことを考慮しても、防御を目的としていたとは思えない。

第二城と第三城を入念に踏査すると、褐色をした焼きの悪い陶器片が地面にいくつも顔を出していた。文様の特徴からウイグル期のものにまちがいない。庶民が使った雑器の類だった。遊牧民の集落地だったならば、こうした遺物は、ほとんど残されない。

そこはセレンゲ川に近く、水はけの悪い場所だった。しかし、養分に富む腐植土が発達し、そのうえ水を利用しやすいという利点はある。居住者像として脳裏に浮かんだのは、遊牧民ではなく、農耕や手工業に従事する人々の姿だった。

ウイグルの宮殿の街

シネ・オス碑文には、文章の流れからおそらく七五三年に、オルホン川のほとりに「国の玉座」が造営されたとある。国の玉座とは宮殿のことだと考えられている。宮殿については、『資治通鑑』が、牟羽（登里《テングリ》）カガンが宮殿を建てて居していたと伝えている。牟羽カガンの在位は七五九〜七七九年だったので、その時点までにウイグル・カガン朝に、漢人の目からみて、宮殿と認識するような豪壮な建物があったことは確かなようだ。

この宮殿は、どこにあったのか。さまざまな議論はあるが、おおかたの研究者は、西方世界の記録にあらわれる「オルドバリク」にあったと考えている。「オルド」とは宮殿、「バリク」は城もしくは都市を意味する。つまりオルドバリクとは宮殿の街ということだ。

そのオルドバリクの廃墟とされる遺跡が、アルハンガイ県のオルホン川西岸の広大な平坦地にある。この遺跡で印象的なのは、東北端にある堅牢な城郭だ。かなり遠くから望んでも、大海原を行く巨艦のように黒く浮かびあがる。文献史学者の多くは、この城郭を「カラバルガスン」とよぶが、現在通用しているモンゴル語的には「ハル・バルガス」とよぶのが正しい。〝黒い城〟という意味だ。

ハル・バルガスは、まわりを高さ約一〇メートルの版築もどき工法で築かれた壁で囲まれている。囲壁の平面プランは長方形で、西北─東南方向を長辺とし、その長さは四一四メートル、それに直交する短辺は三二六メートルだった。

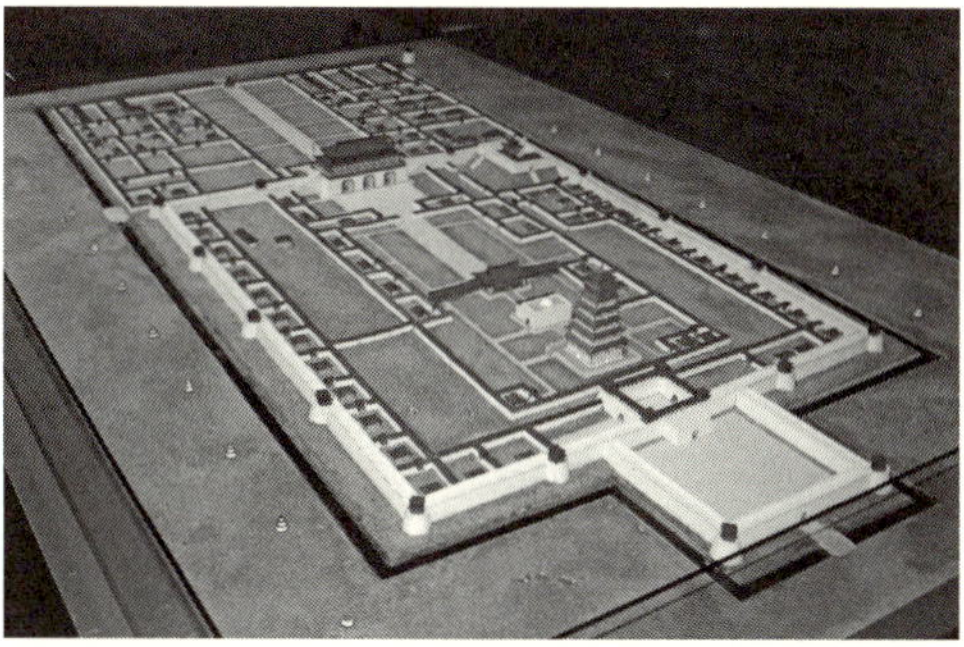

図3-20　ハル・バルガス遺跡の推定復元（国立チンギス・ハーン博物館蔵）。主門側からみたところ

囲壁の外周には壕があり、壁には馬面と角台《かくだい》が付き、西北壁の主門には甕城がみられる。馬面とは、囲壁の外側面に一定間隔で設けられた突出部のことを指し、角台とは、囲壁の四つのコーナーに設けられた張出部のことをいう。いずれも弓矢などの飛道具を携えた兵が陣取って、そこから迫る敵兵を狙い撃った。また、甕城は、城門の外側に付設された鉤手状、もしくは半円形の土塁のことだ。敵がなだれ込むのをくい止める、防御のための施設だった。

この堅牢な城郭を主郭（西郭）とするならば、その東南側に現存高一メートルほどの低い土塁で囲まれた副郭（東郭）とよべるものが付設されている。こうした連郭（複郭）の構造は、ウイグル期の城郭建築の特徴といえる。副郭は西北─東南方向が三〇〇メートル、それと直交する方向が三七〇メートルだった。副郭内部は、一部が小路で碁盤の目のように細分されていた。それぞれの区画には、おそらく官署などの建物群があったと想定できる。

主郭をくわしくみてみよう。主門を入ってすぐに、高さ一四メートルの塔状の構築物があった。近年の調査で、木組みで芯を造り、版築もどき工法で粘土を積み上げて形を整えた、方形プランの建物だったとわかった。物見櫓とか仏塔とか、その機能には諸説ある。

『新唐書《しんとうじょ》』回鶻伝に、唐の太和《たいわ》公主が崇徳《すうとく》カガン（位八二一〜八二四年）に降嫁したさい、婚礼の儀式が「楼」でおこなわれたとある。カトンになった太和公主は、カガンに従って楼にのぼり、東に向かって座して臣下の拝謁を受けたという。筆者は、塔状の構築物を、この記述にある「楼」ではないかと考えている。

その塔状建物の東南、すなわち主郭のほぼ中央には、間口が三〇メートルもある二棟の大型建物が並んで建っていた。基壇の欄干には龍頭を模った石造飾り（螭首《ちしゅ》）があり、床には円形柱座を造出した礎石が並び、壁は焼成レンガを丹念に積み上げ、屋根は蓮華文をあしらった瓦当から成る瓦葺きの豪壮な漢地風建築だった。この建物を仏教寺院とする研究者がいるが、それを支持する遺物は確認されていない。筆者はカガンの宮殿正殿とみる。

井戸に捨てられた玉冊

さらに主郭の東南隅に目を移すと、高い壁で囲まれた五〇メートル四方の特別な空間があった。後宮のようなカガンの私的な場だったらしい。レンガ造りの多層建物に囲まれた中庭には、深さ一二メートルにも達する井戸があった。切り石を六角形に組み合わせた井戸枠は、漢地の様式で、明らかに唐からきた工人の技術によるものだった。

井戸のなかには焼けた瓦礫が詰まっていた。この建物は火災を受けたらしい。ドイツ隊が井戸の底を浚うと、白い玉質の石で作られた短冊状のものが多数出てきた。幅は三センチメートル前後、厚さは〇・五～一・二センチメートルで、本来は長さ三〇センチメートルほどあったものが、途中で折れてしまっていた。表面には威厳のある楷書で漢字が陰刻され、文字部分には金が塡《は》められていた。

それらは古代の書写に用いられた竹簡を模したもので冊《さく》とよばれ、とくにネフライトのような軟玉質の石材が用いられたものは玉冊《ぎょくさく》とよばれる。玉冊には、皇帝の命や国家祭祀の祝文が刻まれることが多い。

図3-21　ハル・バルガス遺跡出土の玉冊（国立チンギス・ハーン博物館蔵）

井戸から出た玉冊を一見して、断片的な文字ではあったが、唐の皇帝によるカガンの冊立文だと直感した。さっそく文献にあたると、崇徳カガンの冊立時に白居易《はくきょい》が撰文した『冊迴鶻可汗加号文《さくかいこつかがんかごうぶん》』の一部だとわかった。先行研究を調べても、そう言及したものは存在しなかった。ドイツ隊も気づいていないらしい。すわ、新発見か――と膝を叩いたが、念のためネット情報を含めて確認すると、イギリスの在野の歴史家が、すでに同様の見解をブログで発表していたとわかり、力抜けした。

それはさておき、こうした大切な玉冊が、なぜ砕かれて井戸に投げ捨てられたのか。おそらく、ウイグル・カガン朝の滅亡と関係がある。八四〇年、北方のキルギスが一〇万騎でオルドバリクと思しき「廻鶻城」に攻め込んで焼き払ったと『旧唐書』『新唐書』ともに書き記す。そのときの混乱のようすを、これら玉冊の破片は伝えているのではないか。

方と円の都市空間

つぎに、目をオルドバリクの市街地に向けよう。遺跡のある地域は、よい土壌が堆積し、すぐ東側をオルホン川が流れ、水を入手することも容易だ。そのため社会主義時代に大規模な農地化がおこなわれ、ほとんどの遺構がトラクターによって湮滅してしまっていた。それでも空中写真や衛星画像に目を凝らすと、往時の建物や道路の痕跡が明瞭に浮かびあがってくる。

確認できた遺構の範囲は、東北から西南にかけて約一一キロメートル、西北から東南にかけて約五キロメートルにも及び、その総面積は四五平方キロメートルだった。参考までに、山手線の内側の面積は約六三平方キロメートル、大阪環状線内は約三〇平方キロメートルだ。この都市の広大さを、およそ理解していただけようか。

市街地の全体をとりまく囲壁は存在せず、また、建造物の配置は無計画で雑然としている。囲壁が存在しない理由を、遊牧文化と絡めて説明する研究者もいるが、そうではなく、時期を違えながら集住することで徐々に形成された結果だと考えている。遺跡周辺から出土した碑文の解読に基づき、唐支配期の七世紀中葉に市街地形成が始まったとする内陸アジア史に詳しい石見《いわみ》清裕《きよひろ》らの見解は、おそらく正しい。

ハル・バルガス城郭から西南方向にメインストリートが約六キロメートルも延びる。幅員はところどころで増減しているが、最大では約六〇メートルもあった。ちなみに、唐の長安城のメインストリートの朱《す》雀《ざく》大街の幅は約一五〇メートル、日本の平城京の朱雀大路は約七五メートルとされる。それらと比べるといくぶんか見劣りするが、それでも王都としてふさわしい大路だった。

ハル・バルガスのメインストリートの両側には無数の小路が入り、そうした小路が交わって大小の街区が形成されていた。それぞれの街区は、土塀によって囲まれていた。大規模の街区は五〇ヘクタール前後もあり、小規模の街区は二ヘクタールほどだった。

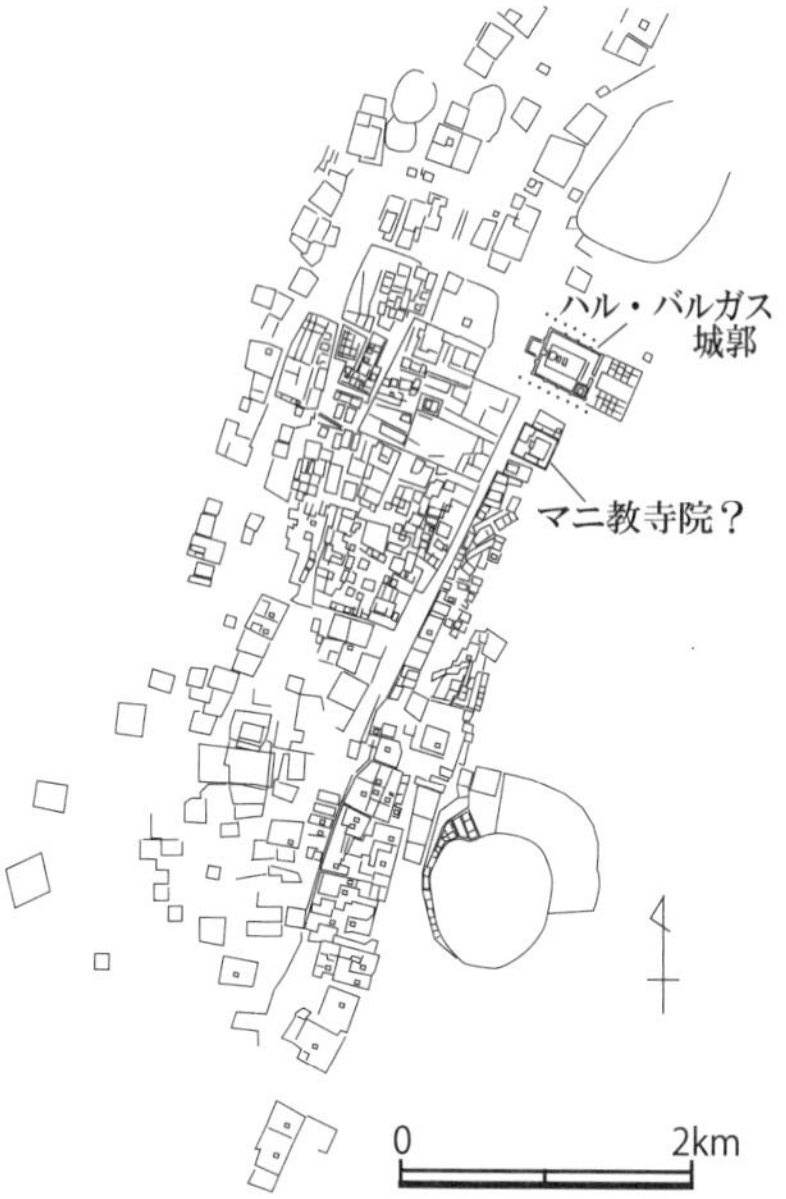

図3-22　オルドバリクの中心街区

ほとんどの街区は、方形に区画されていた。長安など漢地の制に倣ったものと考えられる。一方で、不整の円形に区画された街区もみられた。天山北路からソグディアナ地方にかけて営まれたオアシス都市を髣髴とさせる。

比較的小規模の街区は、商業や手工業の従事者など庶民の生活の場だったようだ。ソグドの商人も珍重したササン朝ペルシアの銀貨が採集されている。また、オルドバリク周辺で農耕を目撃したという当時のアラブ人の記録もあり、川や湿地に近い街区には、農民が住んでいたことも想像に難くない。

一方、大規模な区画には、宗教施設や高位高官の居宅があったと考えられる。宮殿城郭の西南三〇〇メートルのところに、二三〇×二七〇メートルの範囲を土塁で囲んだ方形区画がある。そのなかに間口が四〇メートル、奥行き二一メートルもある、オルドバリク最大級の建物基壇があった。基壇の傍らには、文献史学者がカラバルガスン碑文とよぶカコウ岩製の石碑が、一抱えを超える大きさの破片となって、いくつも散らばっていた（現在では収蔵施設に移動）。

この石碑の推定高は四メートルにもなる。漢字漢文、ソグド文字ソグド語、突厥文字古ウイグル語の三種の文章が陰刻されていた。保義《ほぎ》カガン（位八〇八〜八二一年）の紀功碑として立てられたとされる。内容は、ソグド人が篤く信仰し、ウイグル・カガン朝でも重きを置かれていたマニ教について多くの部分を割いていた。いままでさまざまな研究者が解読に取り組んできたが、ことのほか古代トルコ学の世界的権威の森安孝夫《もりやすたかお》と吉田豊による精緻な研究が、この碑文の理解を大きく進展させた。

マニ教とは、マニという人物が三世紀にイランにおいて始めた宗教で、拝火で知られるゾロアスター教の二元論に、キリスト教や仏教のエッセンスも取り交ぜていた。七世紀には中国まで達した。

碑文の存在を踏まえ、この豪壮な建物をマニ教寺院とみる意見もある。ただ、いまのところ発掘所見は、それを否定も肯定もしていない。

都市による文明化

文献史学者のなかに、突厥とウイグルというトルコ民族の政権が支配した時期、モンゴル高原を中心とする草原世界が文明化したと評する意見が聞かれる。文明化の定義はさまざまだが、辞書的には、技術の発達や社会制度の整備などで、経済や文化が進んで人々の暮らしが向上した状態をいう。そうならば、まさにこの時代は、草原世界が文明開化を迎えたといえよう。

この文明化を裏方として支えたのが、交通ネットワークを使って北モンゴリアにやってきたさまざまな人々だった。彼らは、突厥カガン朝時代に文字による文明化をもたらした。文字によって、情報伝達の質と量、それに正確さが飛躍的に向上した。

それはウイグル・カガン朝においても同じだった。突厥文字、漢字、ソグド文字が用いられた。この国もマルチリンガルだった。突厥文字では、この王朝の中核を成したウイグル部族が使っていた古ウイグル語が書き表された。

だが、それ以上にウイグル・カガン朝における特徴的な出来事は、都市の造営だった。この時代は、都市によって文明化が進行したといってよい。土壁に囲まれた大規模構造物は、匈奴のむかしから存在が知られているが、前述のように、あれらは都市ではない。都市とは、相当な人口が定住し、政治、経済、文化の機能をもった施設が配置された恒常的な建築群を指す。そういった構造物が北モンゴリアで明確になるのは、やはりこの時代を待たねばならない。都市の出現は遊牧社会を大きく変えることになった。

バイバリク（ビー・ボラグ）、オルドバリク以外にも、多数の囲壁構造物が北モンゴリアに築かれた。唐から公主の降嫁が常態化すると、公主と近侍の漢人たちの居城として〝カトン（可敦）城〟なるものも各地に建てられた。城郭内には官署や宗教施設、居住区などが設けられ、しだいに都市へと成長した。

こうした大規模構造物の建造には、高度な土木技術が必要だった。くわえて、円滑な工事と完成した建物の安定のため、定まった汎用的な尺度を用いた設計が不可欠だったのはいうまでもない。

歴史上多くの場合、歩幅や前腕の長さなどの身体尺がものさしとして使われた。それ以外に、北モンゴリアでは、ふるくから漢地の尺制も用いられていた。漢地の尺制は王朝によって異なる。すでにみたように、匈奴の土城には漢尺が用いられていた。また、突厥のカガン墓廟には、唐尺が使われていた。唐との交流が活発だったウイグル期でも、唐尺が用いられていたことは想像に難くない。

唐尺の一尺の長さは、時間経過に従ってしだいに長くなる。初唐には一尺が二九・四センチメートルほどだったのが、晩唐には三一センチメートルを超えるようになった。また、大尺や小尺といった使われる対象によって異なる尺制もあり、じつのところはかなり複雑だ。しかしながら、北モンゴリアに導入された尺度は、一尺が二九・六センチメートル前後とほぼ統一されていた。

建築技術のレベルが低かった当時、厳密に尺制が運用されていたか疑問視する声もあるが、百聞は一見に如かずで、意外なほど正確だったことがあまたの遺跡の測量によって判明している。

唐の尺制では、五尺を一歩とし、三六〇歩で一里とする。一里は一八〇〇尺ということになる。規模が大きな建造物の場合、たとえば方形プランの城郭では、その辺長を一〇〇、五〇〇、一〇〇〇尺といった切りのよい数にした。また、六〇〇尺（三分の一里）、九〇〇尺（半里）といった里制に従った数になる設計もされた。

ところが、ハル・バルガスの設計を復元してみると、堅牢な壁で囲まれた主郭（西郭）は、長辺を唐尺で一四〇〇尺（四一四メートル）、短辺を一一〇〇尺（三二六メートル）としていたと算出できた。これは、漢地の構造物にはみられなかった特異な数といえる。

城郭の基準寸法＝ウイグルモジュール

この一四〇〇と一一〇〇という数値は、なんとも中途半端だが、ウイグル期のいくつかの城郭遺跡で設計を復元したところ、けっして特異でも偶然でもない数だとわかった。

ロシア連邦トゥバ共和国にポル・バジンという城郭遺跡がある。エニセイ川の最上流部にある湖水の小島という変わった立地で知られる。長辺二〇七メートルで七〇〇尺、短辺一六二メートルで五五〇尺の規模をもつ。つまり、辺長はハル・バルガスの二分の一、面積は四分の一の相似関係にあった。そうしてみると、七〇〇と、一一〇〇の半分の五五〇に、何らかの意味があったと想定できる。

それ以外のウイグル期の城郭にも、七〇〇尺（二〇七メートル）と五五〇尺（一六三メートル）が意図的に用いられた痕跡がうかがえた。オルドバリクから西南六〇キロメートルにあるアルハンガイ県ツァガーン・スム遺跡もその一例だ。往時は公主の居城の意のカトン城とよばれ、近くに温泉が湧く風光明媚な場所に築かれている。

そうしたのどかな雰囲気とは裏腹に、外壁、内壁、最内壁の三重の堅牢な囲壁をもち、外壁には馬面を設けるといった厳重な防備を特徴としている。

東西二郭からなる連郭構造で、東西両郭を通した主軸の長さは一四〇〇尺、西郭の短辺長は七〇〇尺と算出できた。この城郭は、七〇〇尺を基準として、長幅比が二対一となるようにプランニングされていた。

一方の、五五〇尺のほうも、多くの囲壁遺跡で確認できた。ビー・ボラグの第二城の四辺、ハル・バルガス西郭内の宮殿を囲む低い方形土壁の短辺、ツァガーン・スム西郭の内壁長辺にも採用されていた。くわえて、ビー・ボラグ第一城の辺長（二三八メートル）は、ほぼ一・五倍の八〇〇尺に、第三城の辺長（三二四メートル）は二倍の一一〇〇尺に相当することもわかった。

これだけの例を挙げれば、七〇〇尺と五五〇尺の長さを意図的に使っていたという筆者の意見に納得していただけよう。筆者は、建築における基準寸法（モジュール）という考え方を使って、これをウイグルモジュールとよんでいる。

尺制自体は唐のものだったとしても、その実践的な運用は、建築に携わる工人たちに委ねられていたはずだ。ウイグルモジュールを用いて施工にあたっていた工人集団が、ウイグル・カガン朝に大造営時代をもたらし、都市による文明化に大きく寄与した立役者だったという見方もできる。

匠の源流はどこに？

それでは彼らは、何処からやってきたのか。いままで知られている考古資料はもちろん、文献史料にも工人の系譜を知り得る情報はなかった。そこで、シルクロードの天山北路や唐の北辺に当たりをつけて、その地域に残る城郭をくまなく調べてみた。すると、東トルキスタンのバリコン湖（新疆ウイグル自治区ハミ市）の近くにある大河《たいが》古城《こじょう》にいきあたった。

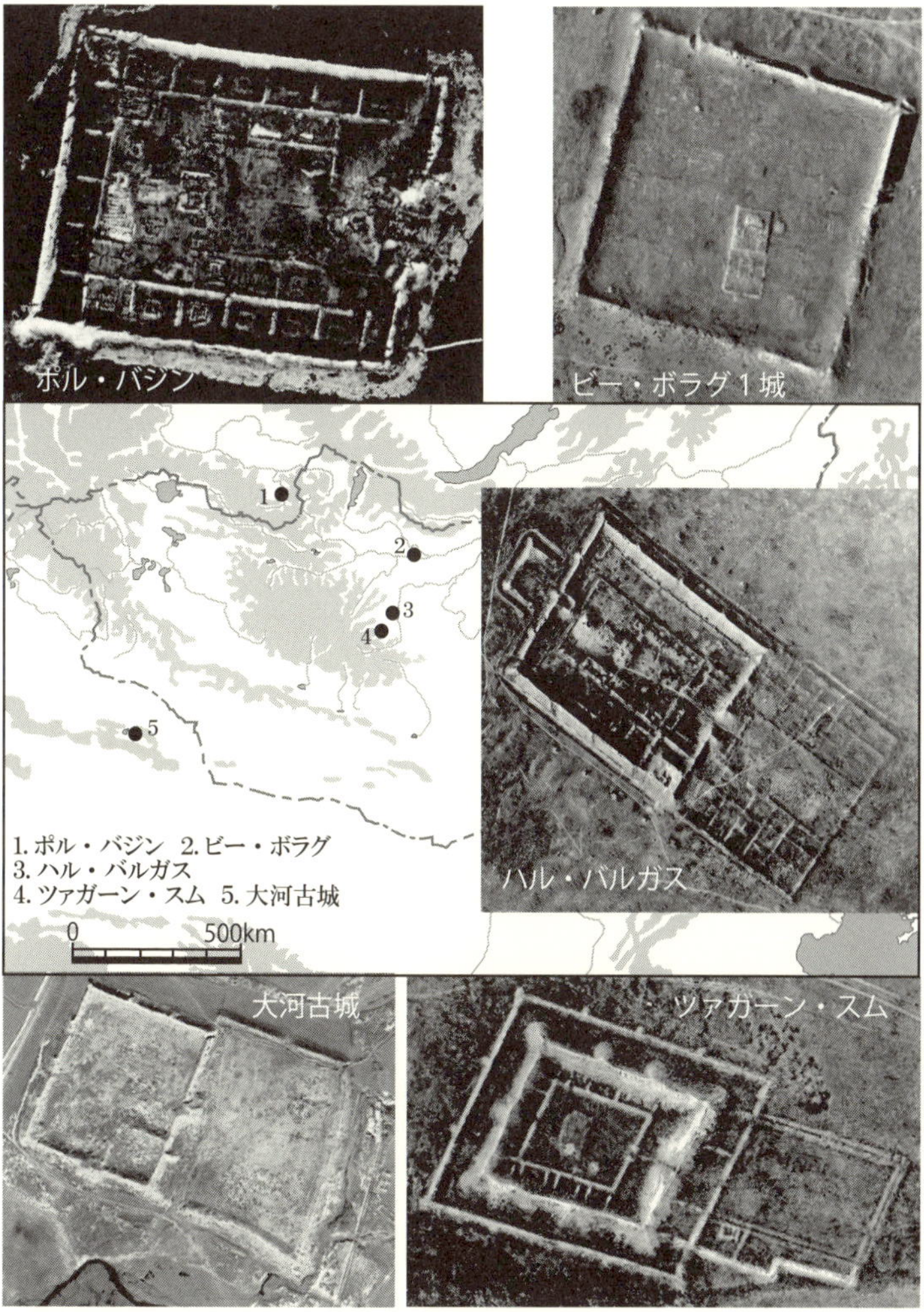

図3-23　ウイグルモジュールで築かれた城郭（Eregzen et al. 2020, ポル・バジンと大河古城はGoogle Earthより）。縮尺不同、上が北

この城は、ウイグル期にも同例がみられた連郭構造で、しかも囲壁には馬面や甕城といった防御施設が付設されていた。規模は、西郭が七〇〇×五五〇尺、東郭の一辺が七〇〇尺と明らかにウイグルモジュールで設計されていた。

史料によると、ここには唐の伊吾《いご》軍という屯田部隊が駐屯していた。築城時期については定かでないが、『新唐書』地理志は、伊吾軍の設置を七一〇（景龍《けいりゅう》四）年と記している。そのころに築城されたとみてまちがいない。ウイグル・カガン朝で都市や宮殿が造られ始めたのは、すでに述べたように、早くても七五〇年代なので、それより四〇年もさかのぼる事例となる。

そうならば、ウイグルモジュールは、唐に由来したことになる。だが、そうは即断できない。バリコン湖のほとりのハミ（哈密）周辺には、突厥時代からソグド人が居住していたことがわかっている。ソグド人が、城の造営に関与した可能性も否定できない。もうすこし天山北路の流砂のなかに、ウイグルモジュールを使った匠の源流を探してみたい。

安息の地

広大な地域に建物群が軒を連ねるオルドバリクには、実数は不明ながら、かなりの人口が暮らしていたと考えられる。そういった人々にも自然の摂理として死が訪れた。彼らは、魂の安息の地として、市街地の西方のなだらかな丘陵を選んだ。

その一つが〝たくさんの塚がある〟という意のオロン・ドウという場所だった。その名のとおり一×〇・六キロメートルの範囲に二〇〇基以上の墓塚がひしめき合っている。造営されたのは炭素14年代で八世紀後葉から九世紀前半とみられる。まさにオルドバリクの最盛期のころだった。

それまでの北モンゴリアの墓は、すべて土中に遺体を埋葬する、いわゆる地下式だった。しかし、オロン・ドウでは、当時の地面の高さに遺体を安置していた。正確に述べると、旧地表面に板石や塼を積んで箱形あるいはドーム形の遺体安置施設を築くタイプだった。在地民とは異なる被葬者像が浮かびあがる。

それをゲノム解析が裏づけた。韓国ソウル大学のジョン・チュンウォンらが男女六体ずつ分析したところ、七体に西ユーラシア人の影響がみられ、うち男性二体は両親の系統ともに西ユーラシア人だったとわかった。オルドバリクの住民には西方系の人々が少なからず含まれていたようだ。

遺体安置施設の大きさは二〇～二五平方メートルとやや広めだった。そのためか単独葬のほか、複数の遺体を納めた例もあった。副葬品として灰色陶器、中国製白磁碗、中国銅銭（開元通宝《かいげんつうほう》）、青銅製帯金具などがわずかばかり出土している。ささやかな庶民の暮らしぶりがうかがえる。

一方、オルドバリクの西南にある丘陵地帯には、現地民がドゥルウルジン（四角の意）とよぶ墓地がみられる。塋域を土壁で方形に囲んでいた。その辺長は二〇～五〇メートルだった。一つの塋域のなかには、一基から複数基の墓が営まれた。地上には積石など目立った標識はない。多くは東方向から斜道をたどって、地下に造られた塼積みのドーム形をした墓室に入る。

その規模と内容からいって、オロン・ドウでみられた庶民の墓地とは、明らかに異なる。ウイグル・カガン朝の中枢を担ったエリート墓で、筆者はカガン級の墓所だと考えている。

こうした塋域がいくつかかたまって陵園といったものを形成していた。陵園は丘陵地帯にこれまで

図3-24　ホンディン・ホーロイ墓室内の壁画（Eregzen et al. 2014）

のところ四ヵ所ほど確認されている。

　そうした陵園の一つにアルハンガイ県ホンディン・ホーロイ遺跡がある。その五号塋域の西北隅から、興味深い墓がみつかった。東から入る墓道は、素掘りのスロープで、長さ六メートル、幅一・五メートルだった。その先の突き当たったところに設けられた墓室はドーム状の塼積みで、直径二・四メートル、高さ二メートルだった。奥壁には、石灰モルタルに黒色で下地を塗り、橙、緑、白の色材で宝相華《ほうそうげ》（花を図案化した唐草文様の一種）が描かれていた。

　被葬者は、形質的にみて西ユーラシア人と東ユーラシア人との混血と考えられている。ただ、遺体の遺存状態はきわめて悪く、詳細は不明だ。副葬品は盗掘により大部分は失われていたが、かろうじて金製品、中国銅銭、弓の角製部材のほか、牛を中心に馬、羊といった家畜骨、鎮墓獣などの陶俑が残っていた。

　地上に目を移すと、塋域のほぼ中央に方形あるいは円形の建物基壇が認められた。これは墓塚ではなく、霊廟のような祭祀施設だったとみられる。塼積みか石積みの塔状建物で、屋根は瓦で葺かれていた。内部には部屋状の空洞があった。その内壁は石灰モルタルで白く塗られ、緑、紅、赭《しゃ》（赤土色）、白、黒の色材を使って植物図柄の壁画が描かれていた。

こうした建物はことごとく破壊されていた。盗掘による墓の破壊はしばしばみられるが、地上構造物の破壊は、被葬者に対する憎悪のあらわれといえる。王朝が替わるとき、前朝の支配者の墓が暴かれ、その霊廟が破却されることは、歴史のなかで珍しくない。目の当たりにする陵園の惨状は、ウイグル・カガン朝の滅亡と関連したと推察している。

気候変動による衰退

この国の滅亡の背景には、気候変動という抗し難い要因があったとされる。そのころは、中世気候異常期という寒暖の入れ替わりが激しい時期として知られている。そのなかでウイグル期は、おおむね高温基調だった。

高緯度の北モンゴリアが温暖化すれば、さぞや過ごしやすいと思われるかもしれないが、それは誤った理解だ。昨今の地球温暖化には、メリットよりもデメリットのほうが多いことを、私たちは体感している。寒暖が頻繁に入れ替わり、極端な乾湿が繰り返し襲う激しい異常気象が、当時の人々をも悩ましていたようだ。

過去の気温や湿度を直接計ることはできない。しかし、それらが間接的に記録された代替試料（プロキシ）を使うことで、かなり正確に復元できる。比較的活用されている代替試料に樹木年輪がある。年輪は暖かく潤っていれば幅広く成長し、反対に寒く乾いていれば幅は狭くなる。その一輪ずつの厚さの変化や、そこに封じ込められた当時の酸素や炭素の同位体の量や比率などから、過去の寒暖と乾湿を復元する。

日本とその周辺の東アジア地域ではこうした研究が進み、きわめて詳しい気候変化と歴史上の出来事との関連が解明されつつある。しかしながら、その成果を北モンゴリアに直接用いることはできない。そこは日本とは異なり、夏季アジアモンスーンの限界線の外側にあり、太平洋の湿った空気の影響を受けにくい。しかも、地中海方面からの気流が入ってくるという特徴もある。北モンゴリアでは、その地に独自のプロキシを求める必要がある。

北モンゴリアの古環境研究で用いられたのは、樹齢一〇〇〇年を超えるような古木だった。タイガとよばれる針葉樹林帯には、そうした古木が存在する。また、古い時代に噴出した溶岩地帯では、有機物を分解する微生物などがほとんどいないので、古木が朽ちることなく残っていることもある。そういった木の年輪を調べることで、過去の気候が復元できる。

米国のウエストバージニア大学で樹木年輪から古環境研究をおこなっているエイミー・ヘッセルらのチームが、ハンガイ山地北麓のホルゴという場所で古い時代に噴出した溶岩のあいだから古木を採取し、その年輪を分析した。それによると、七八五年から始まった乾燥傾向が、八〇五年から深刻化し、八三〇年代に入っても続いたとわかった。長期の乾燥は、遊牧経済を衰退させ、人心を乱したにちがいない。

ウイグル・カガン朝の滅亡

八三九年、『新唐書』回鶻伝からは、長く続いた干魃が飢饉をもたらし、弱った身体を伝染病が襲い、追い打ちをかけるように大雪が降って多くの羊馬が死んだようすがうかがえる。こうした気象に起因する家畜の大量死を、モンゴルでは「ゾド」という。とくに寒雪害は白いゾド（ツァガーン・ゾド）といって遊牧民は極端に警戒する。夏季に干魃で草の生育が悪く、じゅうぶんな栄養を摂れなかった家畜が、体力の消耗した冬季に大雪に見舞われると死に至る。現在でもモンゴル高原に暮らす遊牧民は、ゾドを回避するため、こまめな移動や干し草の準備など細心の注意を払う。

史料によると、そのとき起こったゾドは、大臣らの反乱を誘発したようだ。反乱兵に攻められた彰《しょう》信《しん》カガン（位八三二〜八三九年）は自害に追い込まれた。翌八四〇年、この動乱に乗じてエニセイ川上流方面にいたキルギスが騎兵一〇万でオルドバリクに侵攻し、新たに立ったカガンを殺し、宮殿に火をかけた。

図3-25　ハル・バルガスの古井戸周辺から出土した火災の痕跡のある屋根瓦片

前述のハル・バルガスの古井戸から出た玉冊は、この一連の事件を物語っているにちがいない。ここにウイグル・カガン朝は滅亡した。突厥以来のトルコ民族による北モンゴリア支配は、ついに終わりを迎える。

亡国の遺民たちは北モンゴリアを追われ、安息の地を東トルキスタンや河西回廊に求めた。やがて、それぞれ天山ウイグル、甘州《かんしゅう》ウイグルとよばれるようになった。前者はのちに天山ウイグル王国（西ウイグル王国とも）を建てた。天山ウイグル王国は、一三世紀初頭にイェケ・モンゴル・ウルスに帰属した。一方で甘州ウイグルは、チベット系タングト族の建てた西夏《せいか》（一〇三二～一二二七年）に服したが、その滅亡とともにイェケ・モンゴル・ウルスに降った。そうしたなかでウイグルの民は、さまざまなエスニック集団の影響を受けて変質し、しだいにウイグルという自称自体も消失してしまった。

長きにわたる断絶期を経て、一九二〇年ごろ、東トルキスタンのオアシス都市に散居するトルコ民族をまとめて把握するため、その総称として、いにしえの集団名を復活させたものが現在のウイグル人だった。一説によると、ウイグルとは団結を意味するという。彼らのなかには、かつて強大な遊牧王朝を建てた子孫という自負をもつ者もいるが、歴史的にみれば、ほぼ無関係だといったほうがよい。

第四章

興隆する遊牧世界

契丹、阻卜、モンゴル

チンギス・カンの本拠地「ヘルレン河の大オルド」の廃墟とされるアウラガ遺跡。ドローンで上空から眺めると、建物跡や入り組んだ街路のようすが浮かびあがる

1　契丹と阻卜

九姓タタル、阻卜、八姓オグズ

八四〇年、異常気象に端を発した動乱で、ウイグル・カガン朝は滅びた。ウイグルの遺民たちは河西回廊や東トルキスタンへ居を遷し、北モンゴリアから姿を消した。また、ウイグルを滅ぼした立役者だったキルギス部族は、モンゴル高原に留まることなく北帰した。こうして北モンゴリアには政治権力の空白が生じた。

その隙間に、バイカル湖の南にいたモンゴル系民族の一派といわれる九姓タタル（九姓韃靼《だったん》）という集団が北モンゴリア中央部へと南下したと史料にみえる。バイカル湖に注ぐセレンゲ川下流域で使われていた様式の土器が、オルホン川上流部で認められるようになったという考古学的事例が、そうした記述の信憑性を高めている。

やがて、その集団は、漢文史料に阻卜《そぼく》（あるいは韃靼）とあらわれる勢力を形成した。いくつかの部族が連合し、ときには〝大王〟とよばれるような強権的なリーダーも出現した。

西に目をやると、アルタイ山脈周辺には、八姓《セキズ》オグズとよばれた八つのトルコ系の部族からなる集団が盤踞《ばんきょ》していた。八姓オグズは、粘八葛《ねんはっかつ》あるいは粘八恩《ねんはちおん》と漢文史料にあらわれ、のちにナイマンとよばれる部族の祖となった。彼らの文化レベルは、ほかの北モンゴリアの諸部族と比べて高かった。おそらく九世紀中葉以降に内陸アジアでソグド文字から作られたウイグル文字を使い、古ウイグル語でみずからのことを書き残していた。

よく知られた例に、オブス県の歴史資料館に展示されている碑石がある。かつて同県のドロードイ遺跡の積石塚の脇から出土したという。大阪大学で研鑽を積んだ中国の文献史学者の白玉冬《はくぎょくとう》らがその碑文を解読したところ、興味深いことがわかってきた。碑文を刻んだ集団は、天山山脈方面に逃れたウイグルの一派と組み、阻卜と交戦状態にあったこと、また、彼らはキリスト教東方教会派（ネストリウス派）の影響を受けていたことなどが読み取れたという。

文明化の継承者・契丹

目を東方に転じてみると、そこにも遊牧集団の活発な活動がみられた。

ヘルレン川流域からフルンボイル地域には、実体はよくわからないが烏古《うこ》と敵烈《てきれつ》というかなり大規

図4-1　ドロードイ碑文（国立チンギス・ハーン博物館展示のレプリカ）。高さ約170cm。左行から右行へ、上から下へと読む。13世紀になると、こうしたウイグル文字はモンゴル語の筆写に用いられるようになり、現在に至る

模と思しき集団がいた。さらに、大興安嶺山脈中東部のシラムレン川流域では、強力な集団が勃興しつつあった。それは契丹《きったん》という遊牧部族だった。

契丹はモンゴル系の言語を使った集団で、耶律阿保機《やりつあぼき》が首長となると急速に台頭した。阿保機は、周辺諸族を従えて、九一六年に皇帝に推戴され、契丹を建国した（九四七年からは漢地風の「遼《りょう》」という国号も用いた）。契丹は、北モンゴリア東部への勢力拡大を推し進め、烏古と敵烈を服従させ、さらには阻卜への介入を強めた。

阻卜は、契丹を牽制するため、九六六年に北宋へ遣使した。北宋では彼らを韃靼とよんでいた。阻卜と同じように契丹との紛争を抱えていた北宋も、九八一年に阻卜に使者を派遣した。そうした動きに契丹が反発し、九八二年からは阻卜への攻撃を執拗に繰り返した。

契丹は、攻略した地域に占領地経営と植民の拠点として、版築工法で築いた壁によって堅牢に囲まれた城郭を築いた。いわゆる土城だ。これまでに悉皆的な調査がおこなわれ、ヘルレン川、トーラ川といった大河川流域で二〇ヵ所以上の土城が確認されている。ウイグル期に北モンゴリアにみられた都市造営の流れは、契丹によってさらに増幅された。その点において契丹は、この地における文明化の継承者だったといえる。

都市と村落

契丹の築いた土城には二つのタイプがあった。筆者は、その一つを都市型土城、もう一つを村落型土城とよんでいる。

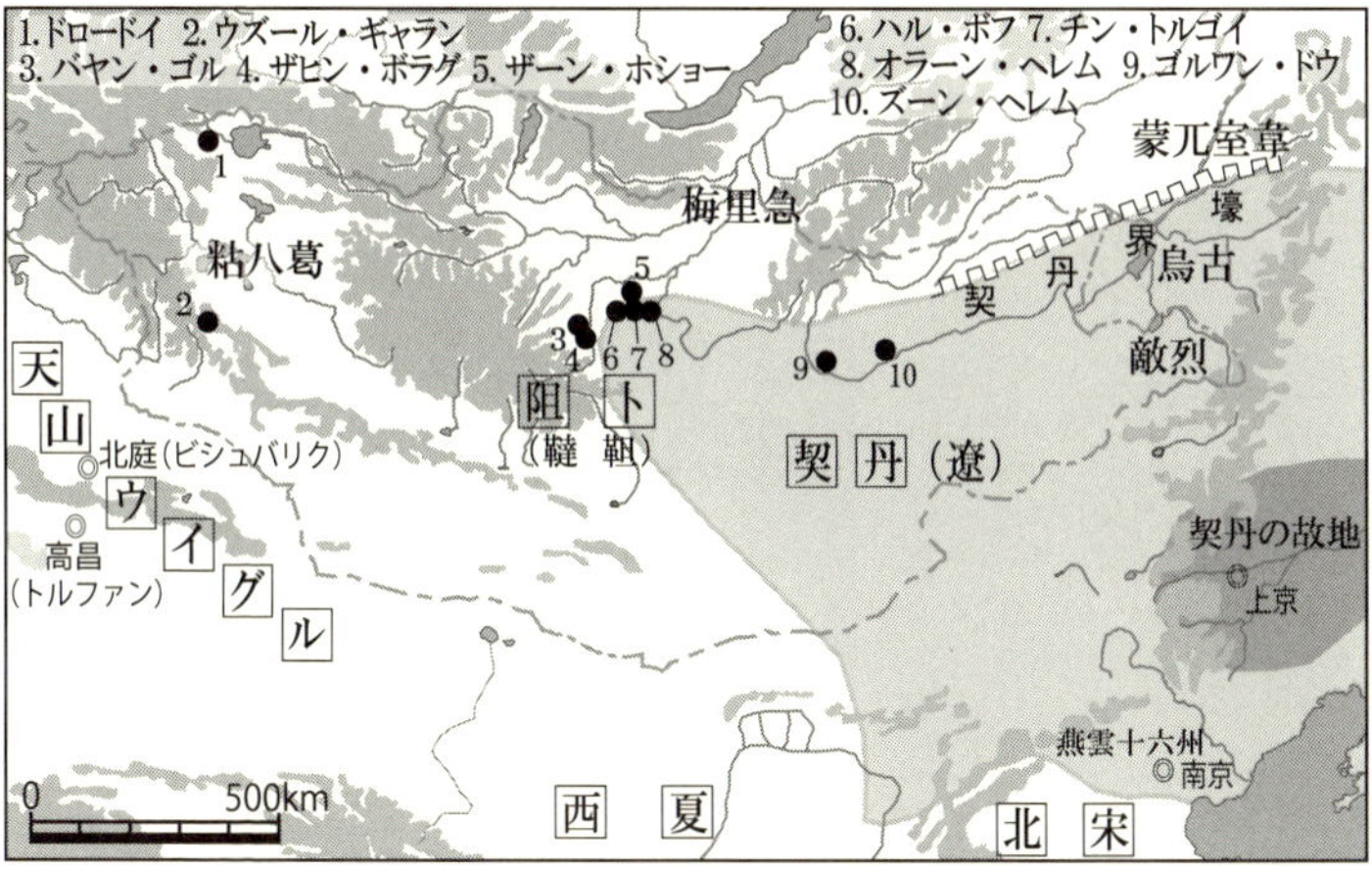

図4-2　契丹・阻卜期の主要遺跡と契丹の最盛期の版図

都市型土城は、復元高五メートル以上の堅固な城壁で囲まれたものが多い。城壁外面には等間隔に馬面が、城門には甕城が設けられ、また、城壁の外側には防塁と、さらにその外側に壕が巡るという厳重な構えとなっていた。この構造は、前章で触れたウイグル・カガン朝時代の城郭の造りと、きわめてよく似ていて、しかもそれ以上に強固にしていた。

城壁内には、基壇をもつ大型建物をはじめとする多数の建造物がみられる。おそらく官署や寺院などが設けられ、官人や軍属のほか、鍛冶などの手工業従事者などが暮らしていたと考えられる。

都市型土城の代表としては、ボルガン県のチン・トルゴイ遺跡がある。契丹の北モンゴリア経営の中心となった鎮州《ちんしゅう》建安軍《けんあんぐん》なる軍政部署が置かれた。その設置は一〇〇四年のことだったが、この土城自体は、どうやらウイグル・カガン朝時代に築かれたらしい。『遼史』に「回鶻の可敦城を改修した」とあることや、その時期の陶器が出土しているからだ。

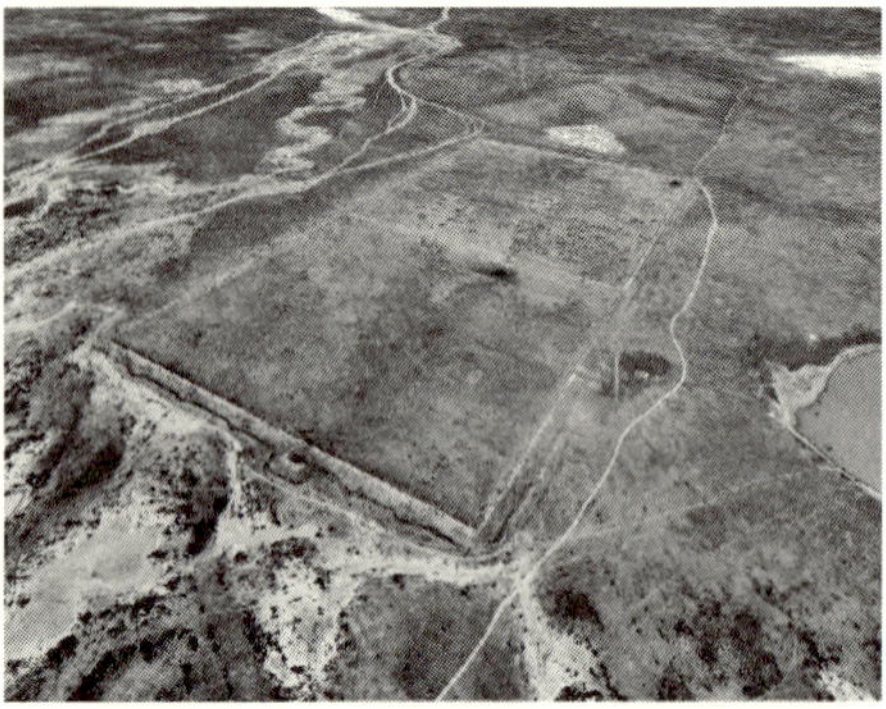
図4-3　チン・トルゴイ遺跡（Eregzen et al. 2020）

それにくわえて、連郭構造だということや、囲郭の設計にウイグルモジュールが使われていたことも理由として挙げたい。長辺は一二五〇メートル、短辺は六五一メートルで、それぞれ唐尺（一尺＝二九・六センチメートル）で四二〇〇尺（七〇〇尺の六倍）、短辺は二二〇〇尺（五五〇尺の四倍）となる。

それ以外に契丹が持ち込んだ規範によって築かれた土城もあった。チン・トルゴイと同じく唐尺に拠っているが、辺長を、一里、一里半、あるいは半里というように、唐の里制（一里＝一八〇〇尺）に従って設計されていた。都市型土城では、むしろこうした里制に拠る例のほうが多かった。漢地の城郭は、おおむね里制で設計されているので、契丹の土城に関与した造営集団のなかに、唐や宋など漢地の工人の流れを汲む者が含まれていたにちがいない。

鎮州の近くには、防州《ぼうしゅう》と維州《いしゅう》という都市も築かれた。そこには、渤海《ぼっかい》など契丹に征服された国々の人々が配流された。チン・トルゴイ遺跡に近接する都市型土城のハル・ボフ遺跡（辺長一里半）、オラーン・ヘレム遺跡（辺長一里）は、どちらか一方が防州で、もう一方が維州とみられている。また、ヘルレン川流域の拠点だった招州《しょうしゅう》と思しきズーン・ヘレム遺跡（辺長一里）も、代表的な都市型土城として知られている。

一方の村落型土城は、馬面などの防御施設をもたない低い簡素な土塁で囲まれている。立地は氾濫原など川に近く、水を得やすい場所にある。囲壁内に建物は少なく、おそらく多くの住居はテントだったと考えられる。農牧や手工業に従事する場だったにちがいない。

村落型土城の設計にも唐尺が用いられていたが、こちらは都市型土城とは異なり、一〇〇〇尺あるいは一五〇〇尺というように、里制とは異なる基準で設計されていた。村落型土城と都市型土城とは、機能だけでなく、造営に関与した技術者の系譜も異なっていたようだ。

ウイグル・カガン朝にウイグルモジュールという設計基準があったように、契丹にも、契丹モジュールといえるような基準があったことがわかった。おなじ唐尺を使いながら、実際に使用される場面で各王朝の独自色がみられたことは、考古学だけでなく建築史からも興味深いといえよう。

キリスト教が浸透していた阻卜

一〇〇四年、契丹と宋とのあいだで澶淵《せんえん》の盟《めい》が結ばれると、南方の憂いがいささか減じた契丹は、北方経営に注力するようになった。それが鎮州建安軍の設置だった。

契丹の急激な勢力伸長に対し、阻卜は、帰順の意を示しつつも、鎮州建安軍が設置された翌一〇〇五年には、ふたたび宋に遣使し、契丹を牽制した。さらに一〇〇七年ごろには、メルブ（現トルクメニスタン）にいたキリスト教東方教会派の大司教のもとに使者を遣わすなど、中央アジアとの関係強化も進めた。

一〇一一年、契丹は阻卜を監督する節度使《せつどし》を置いたが、この節度使が非才だったことから、翌年、阻卜は一斉に反旗を翻した。阻卜は、ウイグルの故城オルドバリクに籠り、オルホン川を挟んで鎮州可敦城の契丹軍と対峙した。だが、しょせん阻卜は結びつきが脆弱な野合ともいえる遊牧民の連合体だった。契丹による懐柔策によって、まもなくこの反乱は平定された。

そののち（一〇三八～五三年あたりのこと）、阻卜大王と契丹からよばれたトントクズは、たびたび契丹に朝貢し、良馬やラクダを献じた。『遼史』に多少の入寇の記事はみられるが、おおむね良好な関係が続いた。

一〇八九年には、契丹がマルクズという人物を阻卜のリーダーとして承認したという一文が『遼史』にみえる。つまり、契丹は宗主国を気取って阻卜に接していたのだった。モンゴル高原の遊牧エスニック集団、たとえば烏古や敵烈は、『遼史』「部族表」に記されているが、阻卜は「属国表」に収録されている。阻卜は、契丹から〝国〟としてみられていた。モンゴル高原を統一するまでの強大化には至らず、多くは不明だが、阻卜という遊牧王朝がその中央部に存在していたと考えたい。

ちなみに、マルクズとはマルコに由来する洗礼名とされる。阻卜の支配者層にキリスト教が深く浸透していたとわかる。彼は、のちのイェケ・モンゴル・ウルス期の史料に、ケレイト部族のマルクズ・ブイルク・カンとしてあらわれる。

ケレイト部族とは、契丹から金代に並行する時期に北モンゴリア中部にいた強大なエスニック集団だった。イェケ・モンゴル・ウルス初代君主チンギス・カンの一代記ともいわれる『元朝秘史《げんちょうひし》』を繙いた方ならご存じのトオリル（王カン）は、彼の孫にあたる。

一〇九二年のこと、飢饉に端を発し、マルクズは大反乱を起こして契丹の国境を侵した。マルクズは、機をみて敏な動きで契丹の名だたる武将を翻弄し、動乱は足掛け九年にも及んだ。だが、ついに一一〇〇年、マルクズは捕らえられ、ときの契丹皇帝の道宗《どうそう》のもとに連行され、市中にて磔にされた。

当時の阻卜と契丹との関係を生々しく伝える遺跡がオルホン川上流域に残る。ウイグル期のオルドバリクや、モンゴル期のカラコルムといった大都市が築かれた広大な河谷を取り囲む丘陵部に、小型の土城がいくつも築かれている。城といっても低い土塁を囲壁とし、その外側に壕を巡らす程度の簡単な構造で、馬面や甕城は付設されていないが、公共的な避難施設だったとみられる。

そうした城の一つにバヤン・ゴル土城がある。浅い谷奥に二基の方形囲郭があり、西側の囲郭は、辺長一三三メートルで四五〇唐尺になるように設計されていた。また、ザヒン・ボラグ土城という丘陵先端に築かれた方形囲郭は、辺長一三三×八九メートルで、四五〇×三〇〇唐尺と復元できた。この四五〇尺を一里（一八〇〇尺）の四分の一、三〇〇尺を六分の一とみるならば、これらの囲郭は先述の契丹モジュールのうち、都市型土城の基準で設計されていたことになる。

これら二基をはじめとするこの地域の小型土城からは、かろうじてわずかな土器片がみつかっている。小さな破片だが丹念に観察すると、どうやら阻卜は二種類の土器を使っていたらしい。

そのうちの一つは、暗褐色の土器で、口縁の下部に沈線による波状の連弧文が施されている。これは、バイカル湖の南部で一一世紀ごろに用いられていた土器ときわめてよく類似する。すでに述べたように阻卜は、セレンゲ川下流域にいた九姓タタルの流れを汲むと文献史学者から指摘されている。考古学的所見は、それと整合的といえる。

もう一つには、やや灰色掛かった堅緻なつくりで、櫛歯を連続で押し当てたような、いわゆる櫛目《くしめ》文《もん》が施されていた。櫛目文は契丹系陶器に特徴的な文様とされる。ただ、チン・トルゴイ遺跡から出た真正の契丹陶器と比べると、焼きが脆く、文様も粗い。おそらく契丹陶器をまねて小型土城の周辺で作られたものだろう。

こうした考古学的知見からは、小型土城を造営したのが阻卜だったとわかる。阻卜は、契丹と対立しながらも、築造や生活の技術を契丹から取り入れていた。おそらく阻卜は、平時にはオルドバリクなどのウイグルが遺したインフラを活用し、契丹と緊密に交流して先進文物を受容していた。ところが、ひとたび有事になると小型土城に籠って戦闘態勢をとった。大国の圧力を、したたかに乗り切ろうとしていた阻卜の姿を、そこに垣間見ることができる。

草原の麗人

そうした阻卜をはじめとする当時の北モンゴリアに暮らした人々とは、いかなる特徴をもっていたのか。ほんの一〇年前までは、こうしたことはまったくわかっていなかった。だが、筆者らの調査によって、ようやくその輪郭がおぼろげながらみえてきた。

ヘルレン川北岸にあるゴルワン・ドウ遺跡は、すでに紹介したように、三つの円丘からなる匈奴の祭祀場跡だった。匈奴滅亡後、これらの円丘には、さまざまな時代の集団によって墓地が営まれた。二号マウンドとよばれる径約二五メートルの円丘からは、二〇一八年の筆者らの発掘で合計四基の墓がみつかった。

そのうち二号墓と名づけられた墓は、円丘の南側中段から検出された。素掘りの竪穴土坑墓で、遺体は、坑底の西壁に張り付いた状態で安置され、斜めに立て掛けるように置いた板で、隠すかのように覆われていた。頭位は東北方向を向き、仰臥伸展の姿勢をとっていた。

頭蓋骨にはわずかに毛髪が残り、帽子もしくはヘッドバンドと思しき毛織物断片が認められた。その毛織物には、青、白の微細なガラスビーズと黄色い石製小玉が多数縫い付けてあった。美しく彩られた被り物だったようだ。ほかにも頭部付近から、漢地産とみられる絹織物の断片が検出された。

とくに目を引いたのは、きわめて精巧で繊細な技巧による左右一対の青銅製耳飾りだった。同時期のモンゴル高原とその周辺を見回しても、突出した逸品だった。

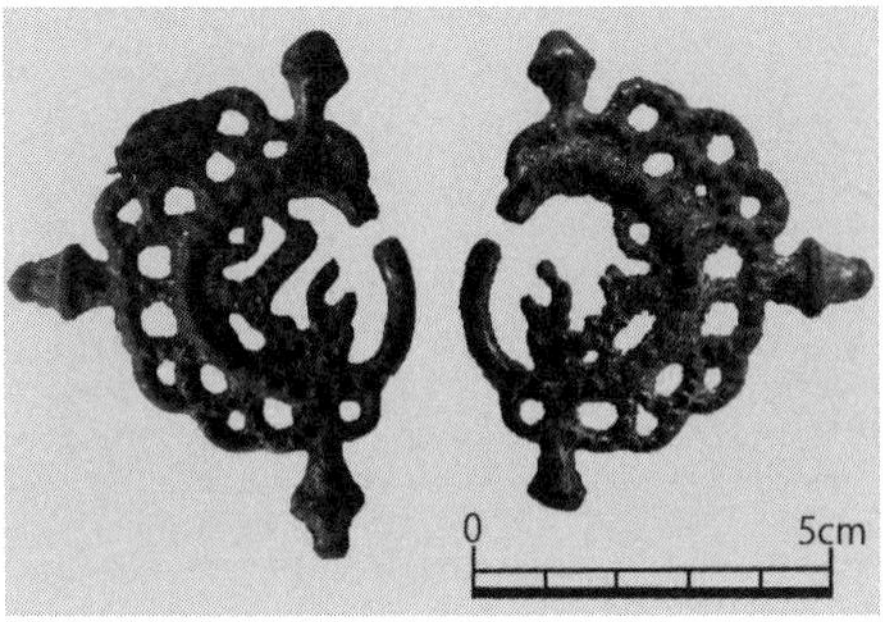

図4-4　ゴルワン・ドウ遺跡出土の耳飾り

ほかにもハート形をした銀製品と瑪瑙玉を組み合わせた首飾りも胸元からみつかった。被葬者は二〇～三〇代の女性だった。美しく飾り立てられて、あの世へと旅立った。

新進の生化学者の覚張隆史《がくはりたかし》らの協力を得てゲノム解析をおこなった結果、この女性は、東ユーラシア人で、少なからず西ユーラシア人の影響もみられたという。年若いのにもかかわらず、かなりの厚葬だったことから、草原の麗人とも形容できるこの女性は、この地域の支配者クラスとかかわり深かったとみてよい。

隣接する一号マウンドの三号墓からも当時の人骨がみつかった。この被葬者は一歳ぐらいの男児で、浅く掘られた素掘り土坑に東北頭位の仰臥伸展の姿勢で安置されていた。副葬品はともなっていなかった。同様のゲノム解析の結果、父母の系統ともに西ユーラシア人だった。

この二基の墓の炭素14年代を測定したところ、二号マウンド二号墓は九世紀末〜一〇世紀末、一号マウンド三号墓は八世紀末〜一〇世紀中葉だった。ヘルレン川上流域に契丹が進出してくるのは、一〇世紀末のことだったので、二基の墓は、それ以前の阻卜期に営まれたと考えてよい。

阻卜期の墓は、トーラ川流域からもみつかっている。契丹支配の中心の鎮州建安軍の治所が置かれたチン・トルゴイ遺跡に近いボルガン県のザーン・ホショー遺跡では、二基の墓が報告されている。被葬者のゲノム解析もなされ、一方が東ユーラシア人系、もう一方には西ユーラシア人系の特徴がみられたという。こうしてみると、謎多き阻卜の人々は、東ユーラシア人を主体としつつも、少なからず西ユーラシア人の系統も交えながら成り立っていたとわかった。

西方世界とつながるナイマンの祖

目を西のアルタイ山脈に転じてみると、その山懐には、阻卜以東のモンゴル高原諸部族とは、大きく異なった別の文化をもった人々が暮らしていた。その一例を挙げよう。

ホブド県のウズール・ギャランという名の山地に営まれた一〇世紀代の墓は、二八〇〇メートルという高地の冷涼な気候がさいわいし、有機物が良好な状態で保存されていた。地元の遊牧民が発見し、その報を受けたモンゴルの国立ホブド大学がモンゴル国立博物館と共同で発掘調査をおこなった。

この墓はいわゆる岩陰墓で、衝立状の巨石の脇に掘られた墓坑は上下二層に分かれていた。上層からはミイラ化した一頭の馬と羊の毛皮が出土し、その下に置かれた四枚の板石を除去して現れた下層からは、仰臥でやや膝を立てた状態の被葬者と各種副葬品が検出された。

被葬者は三〇〜四〇代の小柄な女性で、一部がミイラ化していた。ゲノム解析結果は公表されていないが、鼻は低く、頭髪は栗毛色をしていた。年齢の割に歯が欠損していたという。あまり好ましくない生活環境に置かれていたようだ。

女性は顔に黄土色の絹布が掛けられ、絹製のアイマスクをしていた。絹はいずれも漢地由来とみられる。頭には絹地にパルメット様の革アップリケを施したものを被っていた。そのデザインは中央アジア以西に系譜をたどれる。

体部には、オーバーオール様の麻織物の肌着を付け、その上に赤い毛織で盤領《ばんりょう》（丸首の詰襟）の長衣を羽織っていた。この長衣は右衽になるように右脇腹で紐を結んで着装されていた。足には、有名スポーツメーカーの三本ラインに似た赤いアップリケが印象的な革とフェルト製のブーツを履いていた。

ほかにも馬具、櫛、銅鏡の破片、木製食器、無文土器、鉄製容器、小物入れなどのフェルト製品など多くの品々が、遺体の傍らに置かれていた。

殉葬されていた馬は、ポニーに分類される小型馬で、女性が長年乗っていた愛馬だったらしい。一五歳前後とみられ、足裏の接地面は極度にすり減っていたと報告されている。ち

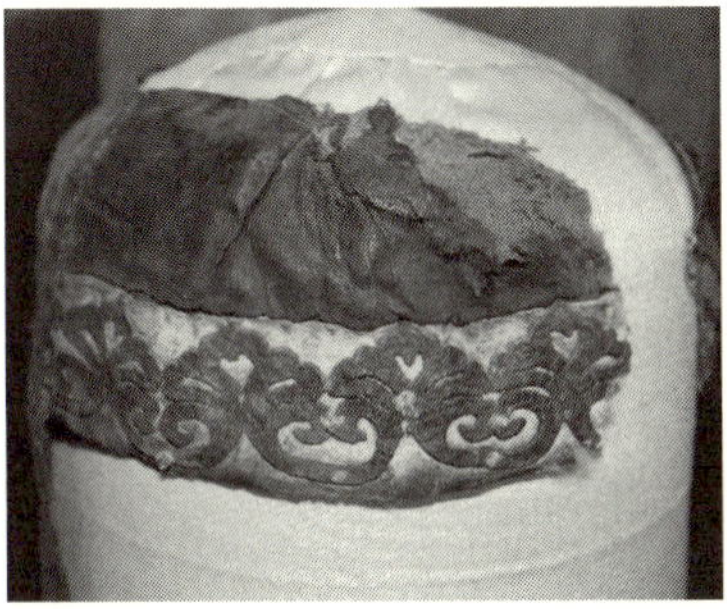
図4-5　ウズール・ギャラン遺跡出土の被り物（国立チンギス・ハーン博物館蔵）

なみに、モンゴルでは蹄鉄《ていてつ》を装着した例は、知られていない。

この女性の服装や日用品から復元できる彼らの文化は、明らかに天山山脈一帯から西に系譜をたどれ、漢地の影響を色濃く受けた北モンゴリアの他部族とは一線を画するものだった。地理的位置から『遼史』に出てくる粘八葛という集団の一員だったと想定できる。前出のように粘八葛は、八姓オグズの流れを汲むトルコ民族に属したと考えられ、『金史《きんし》』では粘八恩とあらわれる。

のちのこと、モンゴル部族の勃興のようすを伝える『元朝秘史』には、粘八恩はナイマンという名で登場する。ナイマン部族は、のちにモンゴル高原の統一を目指すチンギス・カン率いるモンゴル部族に対して、天山山脈北麓の勢力と結び、最後まで立ちはだかる存在になる。

2 モンゴル部族の登場

エルグネ・クン伝説

突厥やウイグルといったトルコ系民族の王朝がモンゴル高原に盤踞していたころ、その東北の片隅にあるアルグン(エルグネ)川の流域に、のちの世界史に大きな影響を与えることになる集団が産声をあげた。

それは蒙兀室韋《もうこつしつい》といった。その名は、中国二十四史の一つ『旧唐書《くとうじょ》』に登場する。室韋とは、おおむね八世紀ごろに大興安嶺山脈の麓に広く住んでいた集団で、いくつかのグループに分かれ、その一つが蒙兀だった。推定される当時の蒙兀の発音は〝ムングウ〟で〝モンゴル〟と近いことから、おおかたの歴史学者は、モンゴル部族の祖先だと考えている。『旧唐書』の記述から推定すると、その住地はアルグン川流域だったようだ。

モンゴル部族とは、現在のモンゴル語につながる言葉を話し、種々の物質資料に、そののちのモンゴル文化につながる独自の伝統や習慣をもっていたエスニック集団と定義しておく。付け加えると、イェケ・モンゴル・ウルスが成立したときに、中核を担った集団でもあった。モンゴルという名を冠していることから、モンゴル高原の中央部が彼らの故地と思われるかもしれない。だが、そこに彼らが現れたのは、一二世紀のことだった。

アルグン川流域にモンゴル部族の故地があったという話は、一四世紀初頭にペルシア（当時はフレグ・ウルス）で編まれた、世界の歴史を集成した『集史《しゅうし》』にもある。そこにはエルグネ・クン伝説というものが収録されている。モンゴル部族の遠い祖先は、トルコ民族に圧迫されてエルグネ・クンという狭隘な谷間《クン》に閉息していたが、やがて人口が増大してきたので、七〇頭の牛馬を屠ってその革で七〇個の鞴《ふいご》を作り、火を起こして周囲を塞ぐ鉄山を溶かし、そこから脱してモンゴル高原へ進出したという。

はたしてこの伝説がどこまで史実を伝えているのか、本当にアルグン川がモンゴル部族の故地なのか……。文献史料は乏しく限られている。それを使って検討することは難しい。あとは考古資料に頼るしかなさそうだ。そうはいっても、アルグン川流域の考古学的研究は、けっして進んでいるとはいえない。ロシアと中国とにまたがる政治的に緊張した地域なので、調査件数自体がきわめて少ない。

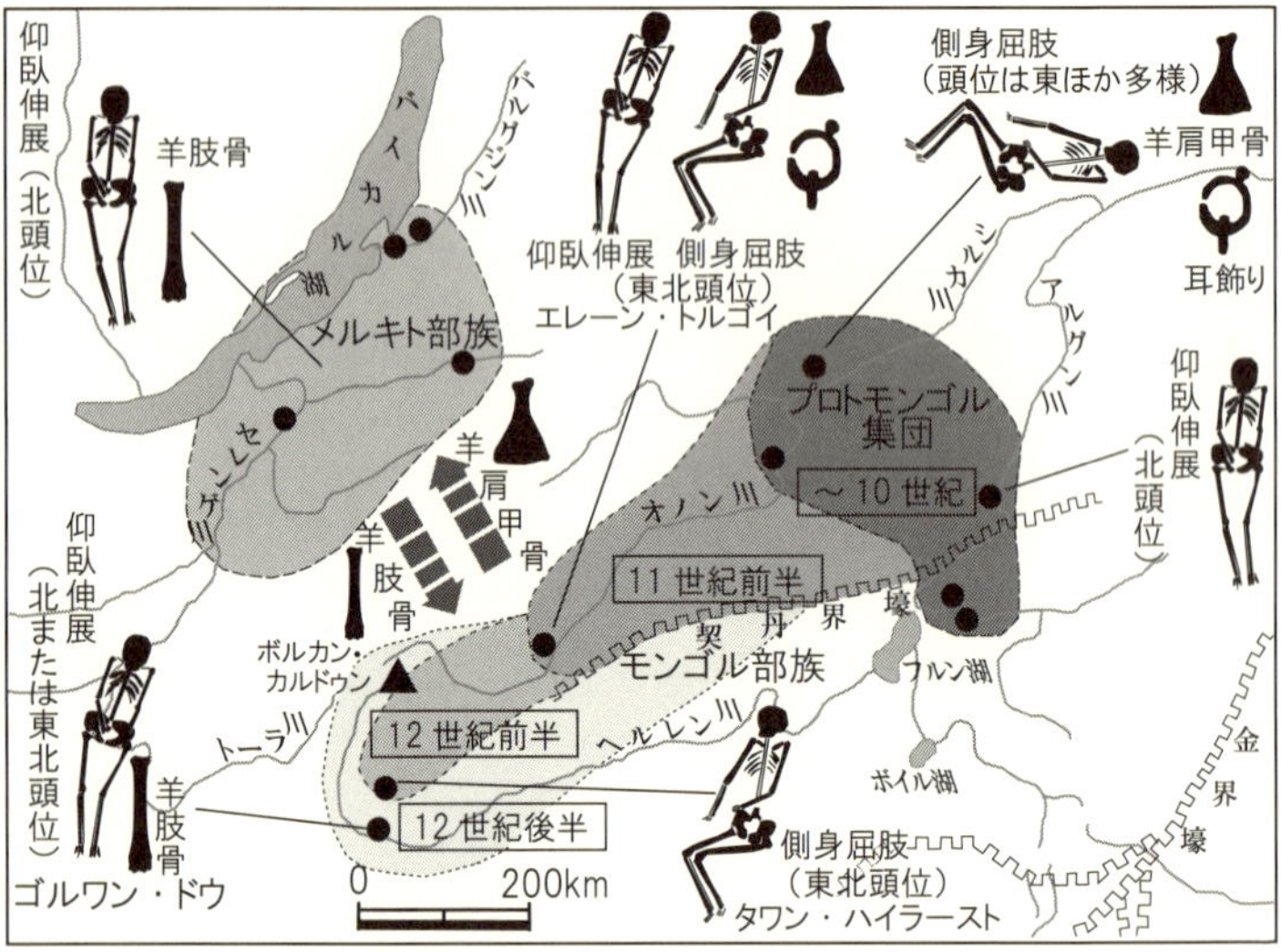

図4-6　モンゴル部族の成立過程（白石2024を改変）

ただ、ごく数例だが、墓の調査報告が公開されている。考古学の世界でそういった墓葬資料は、エスニック集団を特定するうえで少なからず有用とされている。もちろん、ある特定の考古資料の分布域と、歴史上のエスニック集団の活動圏を重ねる作業は、けっして簡単ではない。それでも被葬者の頭位方向や安置の姿勢には、集団の規範や来世観が反映される場合が多い。伝統や宗教を同じくする集団が、同じような埋葬姿勢をとる事例は、時代や地域を超えて報告されている。

たとえば、わが国の仏教徒の遺体が北枕で安置されることは、よく知られている。体勢に手を加える場合、屈葬のように手足を折り曲げるには、死後硬直が始まる前でなければならない。遺された者たちが伝統にのっとった段取りで、永遠の別れの支度をおこなったと、こうした事例からうかがえる。そこに集団の特徴があらわれると考えられる。

管見によると、一千年紀終わりごろ、アルグン川流域を含む後バイカル地域東部一帯には、二つの葬制が並存していた。おそらく、それぞれに対応する二つのエスニック集団が存在していたと考えてよい。

一つの葬制は、被葬者は北に頭を向け、仰向けで手足を伸ばした仰臥伸展葬だった。副葬品は、わずかな鉄や骨の鏃と、羊や牛の骨が納められる程度だった。これは、この地に先行した鮮卑時代の遺制と考えられる。

もう一つの葬制では、被葬者の多くは頭を東に向け、身体の右側を下にして膝を軽く曲げた側身屈肢葬だった。屈葬が肘、腰、膝を強く折り曲げるのに対し、屈肢葬は膝だけを軽く曲げる。副葬品には、深鉢形土器、羊の肩甲骨と、金や青銅で作られたC字形をした耳飾りが特徴的に納められていた。

屈肢の埋葬姿勢やC字形耳飾りの副葬は、六〜九世紀ごろに後バイカル地域全体にひろがっていたトルコ系文化の影響と考えられる。また、深鉢形土器の器形や文様には、大興安嶺山脈中南部にいたモンゴル系の契丹や、アムール川流域にいたツングース系といわれる靺鞨《まっかつ》などの影響がうかがえる。

モンゴル高原の地図を眺めると、アルグン川流域は、文化の果てといったイメージの東北の一隅にあった。だが、そうした見方は、まったくの誤解だったようだ。じつはそこは、さまざまな文化が交差する交流のハブ（結節点）のような土地だった。

アルグン川流域のプロトモンゴル集団

こうした多系統の文化がアルグン川流域に交錯していた背景には、当時の自然環境が関係していた。気候学では、おおむね七世紀から一三世紀を中世気候異常期とよぶ。気温の高低の変動が著しかったからだ。そのなかで蒙兀室韋が活動した七〜九世紀は、比較的高温傾向が続いたと復元されている。現在のアルグン川流域は、モンゴル高原のなかでも酷寒の地といわれ、しかも積雪量が多いことで知られている。あまり牧畜や農業に適した場所とはいえない。しかし、古気候復元の結果から、当時はいまに比べて暮らしやすかったようだ。それが周辺の集団の往来を促した背景にあった。

そうしたところに一〇世紀中葉になると契丹が進出してきた。半農半牧をなりわいとしていた契丹は、フルンボイル地域にまで領域を広げ、水と草の豊かな土地を放牧地としてだけでなく農耕地としても利用した。河川の流域などに耕作地の畝や水路の跡が広範囲に及んでいるようすを、手軽な衛星画像でも容易に判読できる。

そのころまでに、アルグン川流域にみられた二つの葬制は、両者の要素を折衷させた葬制へと変化した。深鉢形土器、羊の肩甲骨、金製あるいは青銅製のC字形耳飾りは、引き続き納められたが、被葬者の頭位方向は北ないし東北に限定され、右側身屈肢の姿勢を採用するようになった。近年のゲノム解析の結果を参照すると、被葬者は、一三世紀の北モンゴリアにいた、いわゆるモンゴル部族に近い関係にあるとわかっている。そこで筆者は、こうした葬制をもった人々を「プロト（原）モンゴル集団」と仮称している。

プロトモンゴル集団の文化に契丹の伸長が大きな影響を与えた。契丹産の陶器や金属器が流入したことで彼らの生活水準は向上していた。それによって未開だった部族に自立と成長の気運が芽生えた。契丹からの物資供給が安定しているときには、彼らは友好的態度を示したが、ひとたび物資が滞ると欲望を剝き出しにして好戦的な一面をみせた。

寒冷化による移動と抗争

一〇世紀に入ると、折悪しく気候が寒冷にシフトした。北モンゴリア北部のフブスグル湖西方のウンドル・ズーン山脈周辺で採取された樹木年輪から過去の夏季の気温を復元した結果によると、一〇世紀のなかほどに約五〇年も続く低温期の存在が明らかになっている。

牧草の生育と強く結びつく夏季の気温の低下は、モンゴル高原とその周辺に暮らす諸部族の生業に、少なからずダメージを与えたにちがいない。それはプロトモンゴル集団が契丹の北辺を侵す機会の増加につながったようだ。

そこで契丹は、一一世紀前半にオノン川流域からアルグン川流域にかけて界壕《かいごう》を築き、北からの集団の侵入を防いだ。界壕は土塁と塹壕から成っていた。往時の土塁の高さは三メートルほど、塹壕の深さは二～三メートルだった。それが東西約七二〇キロメートルにもわたって連綿と草原のなかを貫いていた。

余談だが、この界壕について、おおかたの研究者は、次代の金朝が築いた界壕の一部だと長いこと主張してきた。たしかに金も北方部族の入寇に頭を悩ませ、北境に界壕を築いた。大興安嶺山脈西麓にその遺構は残る。しかし、それと比べてオノン川方面の界壕は、簡素で規模も造りもまったく異な

図4-7　契丹界壕（ヘンティー県）

っていた。金築造説に反して早くから契丹築造説を出していたのは、中国の著名な考古学者の景愛《けいあい》と、筆者を含めた数名だけだった。筆者たちの考えは、保守的な学界になかなか受け入れてもらえなかった。しかし、ようやく近年になって理化学的年代測定がおこなわれ、契丹築造説に軍配が上がった。

さて、契丹界壕によって南下を妨げられたプロトモンゴル集団は、追い立てられた家畜の群れのように住みよい環境を求めて西へと漸進し、オノン川上流を目指した。近年の調査で、そのあたりは鉄資源が豊富だったとわかってきた。武器と日用品とで鉄の需要が高まっていた当時、オノン川上流は魅力的な移住先だったようだ。

ただ、プロトモンゴル集団は無人の荒野を進んだわけではない。行く手には先住集団がいた。そこに武力を行使するような争いが頻発した。

その証拠として、後バイカル地域の鏃の変化が挙げられる。鏃は弓矢の重要な部位として、骨や鉄が素材として用いられていた。一一世紀、それまでの骨から鉄へと素材が変化した。動物を狩猟するだけなら骨鏃でじゅうぶんだ。鉄鏃になった背景には、使用対象の変化があった。しかも、鏃全体が大型化した。明らかに対人殺傷能力の向上を意図した変化だった。

こうした血で血を洗う抗争によって、後バイカル地域では集団の再編が加速した。勝ち残ったのはプロトモンゴル集団だった。オノン川流域を中心に広範な勢力圏を獲得した。

オノン川上流にエレーン・トルゴイ遺跡という一一世紀代に営まれた一〇〇基以上から成る大墓群がある。東北頭位の右側身屈肢の埋葬姿勢で、羊の肩甲骨、深鉢形陶器、C字形耳飾りを副葬するという葬制は、アルグン川流域のときと同じだった。ただ、被葬者のなかには、金製品などの豪奢な副葬品を納められたエリート層と思しき者もあらわれた。戦乱はプロトモンゴル集団の内部に身分階層を形づくったようだ。

寒冷乾燥のボディブロー

一一二五年、契丹が滅んだ。女真《じょしん》族の完顔阿骨打《ワンヤンアクダ》が建てた金（一一一五～一二三四年）の勢いに抗し切れなかった。女真族とはツングース民族の一派で、中国黒竜江省を流れる松花江《しょうかこう》流域で半農半猟の定着的な生活をおくっていた。豊富な鉄資源を背景に勢力を南へと拡大していた。

女真族には、契丹に服属していたあいだに、契丹と漢地の先進文物がかなり浸透していた。その生活と文化のレベルは、プロトモンゴル集団などモンゴル高原の遊牧部族に比べてはるかに高かった。ちなみに、一七世紀に清朝を建てた満洲族は、彼らの後裔にあたる。

モンゴル高原の経営に積極的だった契丹と異なり、金は高原に直接的な介入をみせなかった。南宋（一一二七～一二七九年）や西夏との係争が主な理由とされるが、金はあまり騎馬戦が得意でなかったのかもしれない。当時のモンゴル高原の遊牧民の馬具は、機動力を増すために軽量化を追求していたが、金が用いた馬具は、その逆をいく重厚長大なものだった。金はもっぱら守りに力を入れ、防衛ラインを契丹よりも後退させて、大興安嶺山脈西麓に新たに界壕を築いた。

廃れた契丹の界壕は、そのとき文字どおり無用の長物となった。そこを越えてさまざまな集団が草原地帯に南下してきた。ただ、こうした集団の動きが活発化した原因は、契丹の滅亡だけではなかった。気候の悪化も大きく影響した。すでに触れたように一〇世紀からみられた寒冷化は、この時期に厳しさを一段と増していた。

ここでまた樹木年輪による古環境復元の成果を参照しよう。ハンガイ山地北部のソロンゴト峠のタイガ地帯でみつかった古木の年輪の分析では、一二世紀前半と後半にそれぞれ長い寒冷期の存在が明らかになった。二つの寒冷期はフブスグル湖西方のウンドル・ズーン山脈周辺の古木でも、後半の寒冷期はアルタイ山脈北麓の古木でも確認されている。

その低下が、じっさいにどのくらいだったのかは、ウンドル・ズーン山脈周辺の古木の分析で、ある程度細かく復元されている。それによると、一二世紀第1四半期は、直前の一一世紀第4四半期と比べると、夏季平均気温で二度近くも低下したことがわかった。そののち一一六〇年代には一旦温暖傾向で推移したが、一一九〇～一二一〇年になるとそれよりも平均で〇・九度ほど下がった。なお、一〇年ごとで平均化してみると、この寒冷の底は一二〇〇～一〇年にあったとわかる。

わずか一度の差が社会に大きな影響を及ぼすことを、地球温暖化のなかで生きる私たちはよく知っている。自然の恵みに大きく依存し、脆弱な生産基盤の上に暮らしていた当時の人々には、なおのこと大きなダメージとなったはずだ。

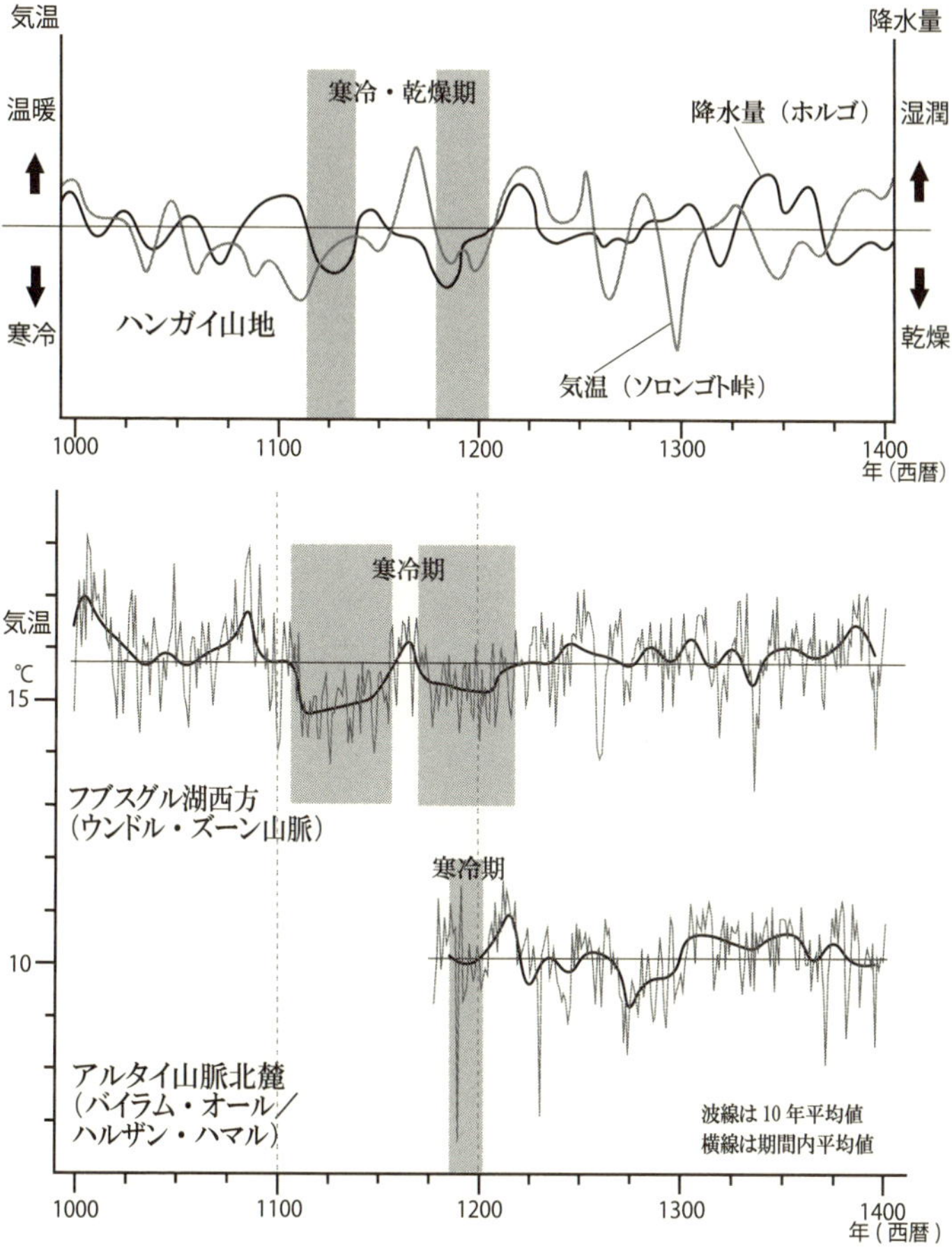

図4-8　北モンゴリアにおける11～14世紀の寒暖・乾湿変化（D'Arrigo et al. 2001, Pederson et al. 2014, Davi et al. 2015, Davi et al. 2021およびNOAAデータより）。網かけで示したように、西暦1100年から1200年ごろにかけて、北モンゴリアでは寒冷傾向が比較的長く続き、しかも乾燥傾向も合わさり、きわめて厳しい気候となった。なお、1250年以降にもたびたび寒冷期や乾燥期がみられた。それらはイェケ・モンゴル・ウルス期の戦乱の一因になったとも考えられる

折悪しく、気温の低下傾向とともに乾燥傾向も顕著になった。ヘンティー山地から流れ出すトーラ川やヘルレン川の水系では、一一世紀ごろから流量が著しく減少したことが水文学者によって明らかになっている。また、ヘルレン川の支流のアウラガ川で筆者らのグループがおこなった珪藻化石を使った分析でも、一〇世紀から一三世紀のあいだに大幅な水量の減少が確認されている。

もうすこし乾燥傾向の時期を具体的に述べよう。ハンガイ山地北部のホルゴの古木の年輪から復元された降水量変化でも、一一世紀に入ると乾燥傾向になったとわかっている。そののち一一〇〇年と一一四〇年ごろに一旦は湿潤傾向になるが、一一二五年前後と一二世紀後半に平均値を下回る乾燥期がみられた。後者は一一八〇年ごろを底として徐々に湿潤傾向にはなるが、しばらくは平均値以下の水準にとどまった。明確な湿潤傾向への転換は一二一〇年ごろを待たねばならなかった。

こうした寒冷化と乾燥化は、長期にわたってボディブローのように北モンゴリアの遊牧経済を弱体化させていった。プロトモンゴル集団はもちろん、それを取り巻く諸集団のあいだで、武力紛争が勃発し、集団の離合集散が激しくなったと想定できる。そうしたなかで、プロトモンゴル集団からモンゴル部族というエスニック集団が誕生した。

ファーストモンゴリアン

契丹滅亡と一二世紀前半の乾燥・寒冷との偶然の重なりが、あたかも招き入れたように、シベリア方面にいた集団を北モンゴリア草原地帯へと南下させた。

ヘルレン川上流にあるタワン・ハイラースト遺跡でみつかった成人男性もその一人だといえる。この男性は、頭位を東北とし、右側身屈肢の姿勢で葬られていた。プロトモンゴル集団の流れを汲む人物とみてよい。ただ、プロトモンゴル集団ならば副葬されているはずのC字形耳飾りや羊の肩甲骨はともなわず、その代わりに羊の椎骨《ついこつ》が一本だけ納められていた。一一世紀代と比べると、葬制に顕著な相違がみえる。

羊の肢骨（橈骨《とうこつ》か脛骨）あるいは椎骨を一本だけ納めるのは、当時のバイカル湖周辺でみられた葬制の特徴だった。史料によると、その辺りにはメルキトという部族がいたという。その記述を容れるならば、彼らの葬制の影響を受けたものと考えられる。異なる集団の接触は、ときとして争いを誘発した。それを物語るように、タワン・ハイラースト墓の被葬者は、骨角製弓と鉄鏃、鉄矛などを携えた武人だった。戦乱によって集団の離合集散が繰り返され、古来の伝統が崩れ、新たな葬制が形成されていったと考えられる。

すこし時期が下った一二世紀後半の墓も、タワン・ハイラースト遺跡から一五キロメートルほど南のゴルワン・ドウ遺跡からみつかっている。一号マウンド六号墓と名づけられた墓からは、三歳に満たない幼児が、絹布に包まれ、白樺樹皮を継ぎ接《は》ぎして作った棺に納められて検出された。こうした棺は後バイカル地域の特徴であり、この幼児の出自もオノン川方面にたどれると思われる。だが、その姿勢は右側身屈肢ではなく、東北に頭を向けた仰臥伸展だった。傍らには羊の肢骨が一本だけ置かれていた。

こうした葬制は、一三世紀になると北モンゴリア全体に広がった。イェケ・モンゴル・ウルスを構成した〝モンゴル人〟を表象するものとなった。そうなったのは、おそらく被支配の集団が支配者の葬制を採り入れたためだと考える。

考古資料から族属を特定することは難しいが、文献史料も加味すれば、その支配者とは、従来の研究でモンゴル部族とよばれるエスニック集団に一致すると考えている。そうであるならば、ゴルワン・ドウ遺跡からみつかった幼児は、考古学的に明らかになった初めてのモンゴル部族の構成員、いわば〝ファーストモンゴリアン〟ということになる。

文献史料をみても、そのころからモンゴル部族の動静が詳らかになってくる。史料には、部族の自立成長に寄与した人物が何人も登場する。多くは伝説的で実在が疑問視されるが、カリスマ的な統率力で、集団をまとめ上げた実在した人物もいた。それがテムジン、のちのチンギス・カンだった。

一説によるとテムジンは、一一六二年にオノン川のほとりで生まれた。成長するとモンゴル部族をまとめながら住地をヘルレン川上流域に移し、一二世紀末にはヘルレン川が南流から東流にL字形に流路を変えるコデエ・アラルとよばれる地域に進出したという。

彼は、一二世紀後半の乾燥・寒冷という逆境を見事に跳ね除けて、やがて阻卜の流れを汲むケレイト、中央アジアとつながる大勢力のナイマンの首長たちとともに、モンゴル高原の有力者として並び立つことになる。

3　最初の首都・アウラガ

鍛冶工房の出現

ゴルワン・ドウ遺跡から一〇キロメートルほど北に、アウラガという遺跡がある。アウラガ川という小流の北岸の緩傾斜地に、南北八〇〇×東西七〇〇メートルの範囲にわたり建物跡が点在している。そこに最初の人跡が残されたのは一二世紀後半とみられる。テムジンがこの遺跡と関係したことはまちがいない。

筆者がこの遺跡を最初に訪れたのは一九九二年のことだった。そのときは簡単な測量調査だけだったが、ほかのモンゴルの遺跡にはない異様さが心に残った。なんとか調査をしたいと思案していたところ、さいわい民間財団から助成金を得ることができた。恩師で北アジア考古学の泰斗加藤晋平《かとうしんぺい》の指導を仰ぎ、二〇〇一年から日本・モンゴル共同で発掘調査が始まった。

調査の合間に遺跡内を歩いていると、地表に多くの錆びた鉄製品があらわれているのに気がついた。さらに目を凝らすと、数ミリメートルという微細な鉄片が散らばっていた。磁石をかざして丁寧に採集し、古代鉄の分析を専門とする大澤正己《おおさわまさみ》にみてもらった。大澤からは、鍛打のさいに飛び散った火花が冷えて固まった鍛造剝片というもので、近くに鍛冶炉があるはずだ、というコメントを受けとった。

鍛冶炉の発掘は日本で何度か経験していたが、専門知識が必要で難しかった。そこでわが国を代表する製鉄考古学者の村上恭通に協力を依頼した。二〇〇五年夏に現地を踏査した村上は、焼け焦げた粘土製の炉壁片、鍛造剝片、燃料の木炭片が地表に大量に散らばっているのを確認した。その範囲は東西一〇〇メートル、南北五〇メートルにも及んだ。世界的にみても大規模な鉄工房群があるはず

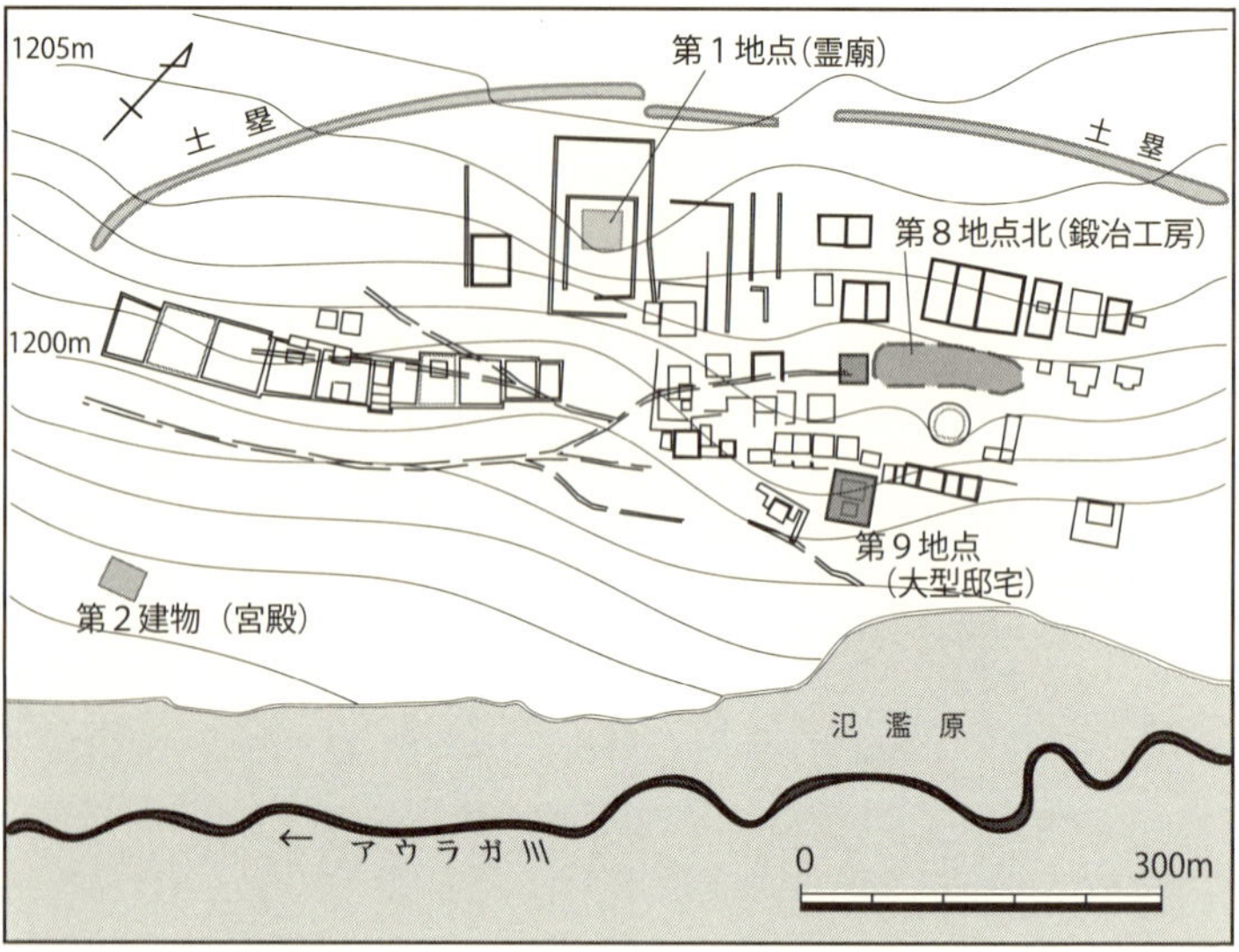

図4-9　アウラガ遺跡

だ、と村上は指摘した。

二〇〇七年、とくに鍛造剝片が集中する遺跡北部（第八地点北）を村上たちが発掘したところ、五基の鍛冶炉がみつかった。正確にいうと、炉の本体はすでに失われ、炉壁や焼土がまとまって出土した。

炉が失われていた理由は、火床が当時の地面よりも高い位置に設けられていたからだった。鍛冶職人が立った姿勢で作業をおこなっていた証拠だとされる。このような鍛冶技術は漢地由来ではなく、シベリア南部地域、または西夏（中国西北部）に系譜が求められる。中国甘粛省の敦煌にほど近い安西楡《あんせいゆ》林窟《りんくつ》に残る西夏時代の壁画には、立ったままで鍛打をおこなっている二人の工人の姿が描かれ、当時の作業の具体的なようすを知ることができる。

採集された木炭を使った炭素14年代などか

ら、鍛冶炉の操業期間は一二世紀末～一三世紀初頭ごろのようだ。まさにテムジン勃興の時と重なった。

鍛冶炉の近くからは、長さ五センチメートルで一センチメートル角の角棒状の鋳鉄品が出土した。どうやらそれを利用して鏃、刀子、釘といった小型製品を鍛造していたようだ。この角棒状鋳鉄品はインゴットだった。

鉄器の生産には、まず鉄鉱石から鉄を生成する製錬、つぎに得られた鉄から不純物を取り除き、加

図4-10　鉄インゴット

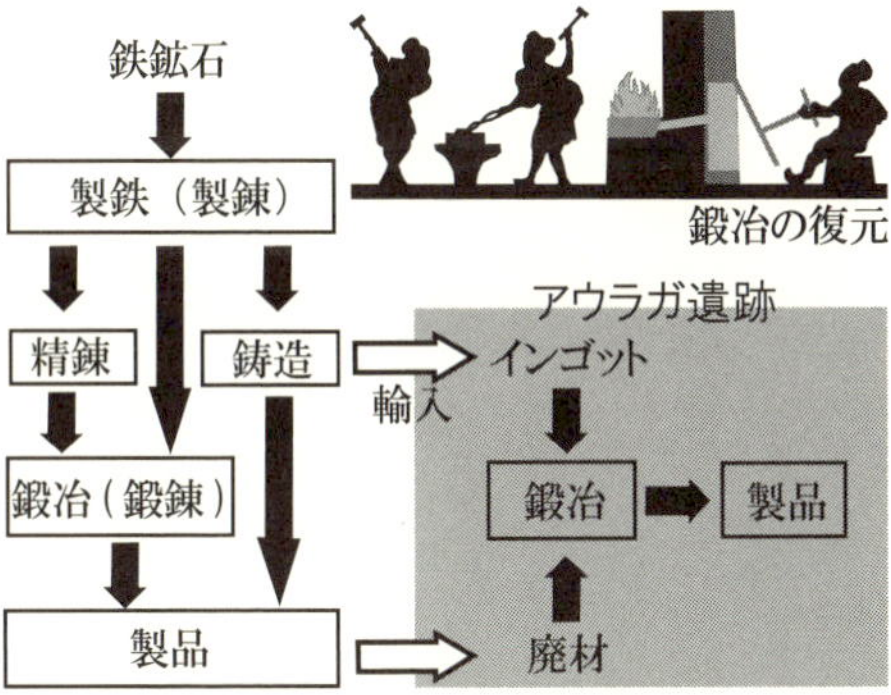

図4-11　アウラガ遺跡における鉄器製作（笹田朋孝氏監修）

工に適した硬さを得るために炭素量の調整をする精錬、さいごに鍛打によって製品化する鍛錬（鍛冶）という、おおまかにみて三つの工程がある。

いまのところ、アウラガ遺跡だけでなくモンゴル国内を見回しても、当時の製錬や精錬の痕跡はみられない。また、鋳造をおこなった痕跡もない。他所で製作され、アウラガ遺跡の工房に持ち込んだインゴットが、唯一の原材料だった。

大澤正己による理化学的な成分分析の結果から、出土したインゴットは中国山東省金嶺鎮《きんれいちん》鉱山産や甘粛省北山《ほくざん》鉱山産の可能性があるとわかっている。

廃材を再利用

北モンゴリアの鉄資源は、けっして豊富とはいえないが、小規模の鉱山であれば身近に存在する。そうした資源を、匈奴の昔から活用してきたことは既述のとおりだ。それなのに自前の製錬で得た鉄ではなく、なぜ出来合いの素材を選んだのか。そこには、おそらく契丹支配期に確立した鉄器生産システムが関連していた。それは鋳鉄製品の廃材を鍛冶によって再利用するというものだった。

契丹はモンゴル高原の在地遊牧民が強大化するのを防ぐため、彼らへの鉄の輸出を禁じた。その一環で在地遊牧民が自前で製錬をおこなうことも制限したようだ。その証拠に、契丹支配期の製鉄炉は、北モンゴリアからみつかっていない。

在地遊牧民は、かろうじて手に入れた鋳鉄製品の壊れ物や廃材などを原料にして、鍛冶によって武器や道具に作り直していた。そのさいには加工がしやすいように炭素量を減らす必要があった。そこで彼らは鍛冶炉で高温度に熱することにより、廃鉄を鍛冶に適した炭素量の素材にしていたと、契丹支配期の鍛冶工房跡を調べた韓国の冶金学者パク・ジャンシクは明らかにした。

テムジンは、当時の北モンゴリアで一般的になっていた、こうしたリサイクルシステムを採用した。廃材がインゴットに変わっただけだ。製錬には熟練した技術や知識、また、大量の燃料と大掛かりな設備が必要だった。それよりも簡便な設備でおこなうことができる鍛冶に特化したほうが、遊牧という彼らの生活様式に適していたからだろう。

イェケ・モンゴル・ウルスの成立

史料によると一一九六年春、父祖の代からの仇敵で金朝の手先として大興安嶺山脈西麓に巣くっていたタタル部族が、金朝を裏切ったという知らせをテムジンは耳にした。さらに、そのタタルを追い上げて、金朝の右丞相《うじょうしょう》の完顔襄《ワンヤンじょう》が率いる大軍がヘルレン川方面へと迫ってきていると知った。テムジンは果断だった。友軍を率いて完顔襄に加勢した。テムジン隊は北モンゴリア東北部を流れるウルジャ（オルズ）川のほとりでタタルと対戦し、それを殲滅した。

ウルジャ川の戦いの功績で、テムジンは、完顔襄から金朝の西北国境の守備を任された。タタル部族が勢力をもっていたモンゴル高原東南地域に、代わってテムジンが進出した。そこには漢地に至る幹線路（魚兒濼《ぎょじはく》駅路、のちのテレゲン道）が通り、金朝からの生活物資や先進文物を容易に入手できた。

そのなかには前出の鉄インゴットが含まれていた。歴代中華王朝は、武器転用の懸念から、鉄製品が北方の遊牧民に渡ることを厳しく規制していた。だが金は、国境警備を担ったテムジンに対して、特別に許していたようだ。金国領内の山東産と思しきインゴットの存在がそれを裏づけている。

そうしたインゴットを用いて鍛冶工房を開業したのがアウラガ遺跡だった。そこは、モンゴル高原中央部と漢地とを結ぶ幹線路と、ヘルレン川沿いに通る東西路が交わる交通の要衝にある。人や物が集まり、水や木材が豊富なので手工業生産をおこなう拠点としても好適地といえる。テムジンは、モンゴル高原で勢力を伸張する足掛かりとして、この地を選んだ。

鍛冶工房での重要な役割には、鏃など武器とともに馬具を作ることがあった。馬具は日常だけでなく騎馬軍団の機動力を支えた。

このころ轡や鐙の鉄器化が著しく進んだ。モンゴル高原では、一一世紀ごろから、轡に環状銜留具が用いられるようになった。環状銜留具は、それまでの棒状銜留具と比べて馬の進行方向の統御がしやすく、しかも頭絡や手綱の連結が簡素になっている。

当初の環状銜留具は、環が分厚く重量感のあるものが用いられていた。それが一三世紀に入るころから、きわめて軽量で丈夫な鍛造品が用いられるようになった。しかも同規格のものが大量に作られるようになった。それはまちがいなくモンゴル軍の機動力を向上させた。そうした契機に、アウラガの鍛冶工房とテムジンのイニシアティブが大きく関係したと想定している。

このように経済的かつ軍事的に力を蓄えたテムジンは、高原中部のケレイト、アルタイ山脈周辺のナイマンという二大勢力をつぎつぎに滅ぼし、モンゴル高原を統一した。そして、一二〇六年に、北モンゴリアの統一政権の支配者の座に就いた（位一二〇六〜二七年）。

この統一政権は、第一次対金戦争（金国との足掛け六年にも及ぶ戦い）の始まった一二一一年までには、イェケ・モンゴル・ウルスと号していたようだ。モンゴル語でイェケは大きいという意、国をあらわすウルスは、〝人々の集まり〟という意ももつ。つまり、イェケ・モンゴル・ウルスとは、大いなるモンゴルの民の集まりということだ。この国において、テムジンの旗下に集った者たちは、モンゴル部族か否かにかかわらず、また、敵味方といった来歴の如何を問わず、すべて「モンゴル」の一員となった。こうした多様な出自の集団を融合した「モンゴル人」が、その国の担い手となった。

人のつながりが国家の礎というのは、いかにも遊牧民らしい。匈奴や突厥もそうだった。だから、カリスマ的な指導者のもとでは急速に強大化するが、旗色が悪いと急速に瓦解する。同じ土地に長い間縛られた農耕民を基盤とする漢地の王朝とは、その点が明らかに異なっていた。それが匈奴以来のモンゴル高原に成立した遊牧王朝の特質といえる。イェケ・モンゴル・ウルスもその一つだった。

チンギス・カンは〝世界征服者〟か

テムジンは、即位にあたりチンギス・カンという尊号を奉られた。チンギスとは、トルコ系の古語で寛大とか宏大、あるいは『集史』の伝えるように、強固とか荒ぶったといった意味だとされるが、確かなことはわかっていない。

カン（時代が下るとハンと発音）とは王や族長を意味する。また、カアン（時代が下るとハーンと発音）という称号も当時にはあった。こちらは柔然以降のモンゴル高原の覇者が使ったカガンが、時代が下るにしたがって無声音化したもので、唯一無二の皇帝だけに用いた。

イェケ・モンゴル・ウルスは、歴史教科書をはじめ一般的にモンゴル帝国とよばれる。だが、初代君主チンギスは皇帝（カアン）ではなかった。チンギスは終生カンと名乗り、カアン位は崩じた後に奉られた。生前からカアンと称したのは第二代君主のオゴデイ（位一二二九〜四一年）からだった。

チンギス・カンという名称自体に至高の君主という意味が込められているので、あえてカアンを名乗る必要はなかったという意見もある。だが、そうならば、なぜ死後にカアンを追号されたのか。古来この地で使われていたカアンと称さなかったのには、それなりの意味が込められていたような気がする。

その理由を、筆者はこう理解している。後世の歴史家たちから〝世界征服者〟として認識されてきたチンギスだが、彼の意識のなかに、世界征服といった意図はなかったと。

チンギスは、モンゴル本土に富貴をもたらす交易の道筋が確保されれば、それでよかった。対外戦争は、交渉が決裂したときだけだった。チンギスは制圧した地に代官（ダルガチ）を置くにとどめ、在地民による行政権の継続や信仰の自由を認めた。降ってきた住民たちをモンゴルの一員、すなわちウルスに組み入れることもなかった。天下に覇を唱えようという欲念がなければ、カアンと称する必要はない。軸足をモンゴル部族に置いた彼にとって、カンの地位でじゅうぶんだった。

一方で、カアンを名乗った息子オゴデイは、父が死んで間もない即位前から征服地に対して積極的な統治に乗り出した。代官だけでなく、駐屯兵の配置を始めた。さらに人口を調査して住民をウルスの構成員に組み込んだ。オゴデイが世界の制覇を目論んでいたことは明らかだ。

チンギスの治世とオゴデイの治世では、政策方針に大きな違いがあった。にもかかわらず、皇帝という用語で安易に一括りにしてしまっては、この国の本質を見誤ってしまうような気がする。カンとカアンの違いは、しっかりおさえなければいけない。

ヘルレン河の大オルド

遊牧を基幹的な生業とするイェケ・モンゴル・ウルスの君主は、遊牧民同様に季節移動をおこなっていた。遊牧民の季節移動は、無計画に放浪するのではない。定まった領域内に設けられた季節ごとの宿営地のあいだを一年かけて周回する。対外戦争に明け暮れていたが、故郷に滞在していたときにはチンギスもそうしていた。チンギスには、定まった三ヵ所の宿営地があり、そのあいだを一年かけて周回していた。その移動には主要な四人の后妃をはじめとする後宮全体が同行した。

チンギスの宿営地の一つとして「ヘルレン河の大オルド」という名が『元史《げんし》』にみえる。オルドとは宮廷のことで、その組織や制度なども含む広義で遊牧王朝に特有なことばだ。この場合は、ヘルレン川流域に営まれた君主のメインの駐営地を指す。そこにチンギスは、年の暮れから春先にかけて比較的長く滞在した。

そこはいまアウラガ遺跡とよばれている。ヘルレン川流域に営まれた当時の遺跡としては、東京ドーム一三個分に相当するという破格の規模をもつ。長いこと繰り返して営まれた証拠といえる。また、炭素14年代がチンギスの生きた時代と重なること、家畜を屠った季節が家畜の歯牙を用いた齢推定や理化学的分析によって寒い季節だったとわかったことも、ここが「ヘルレン河の大オルド」の地だった根拠となっている。

アウラガ遺跡はヘルレン川の流れを遠望できる丘陵の南斜面にある。日当たりが良く、雪解けが早

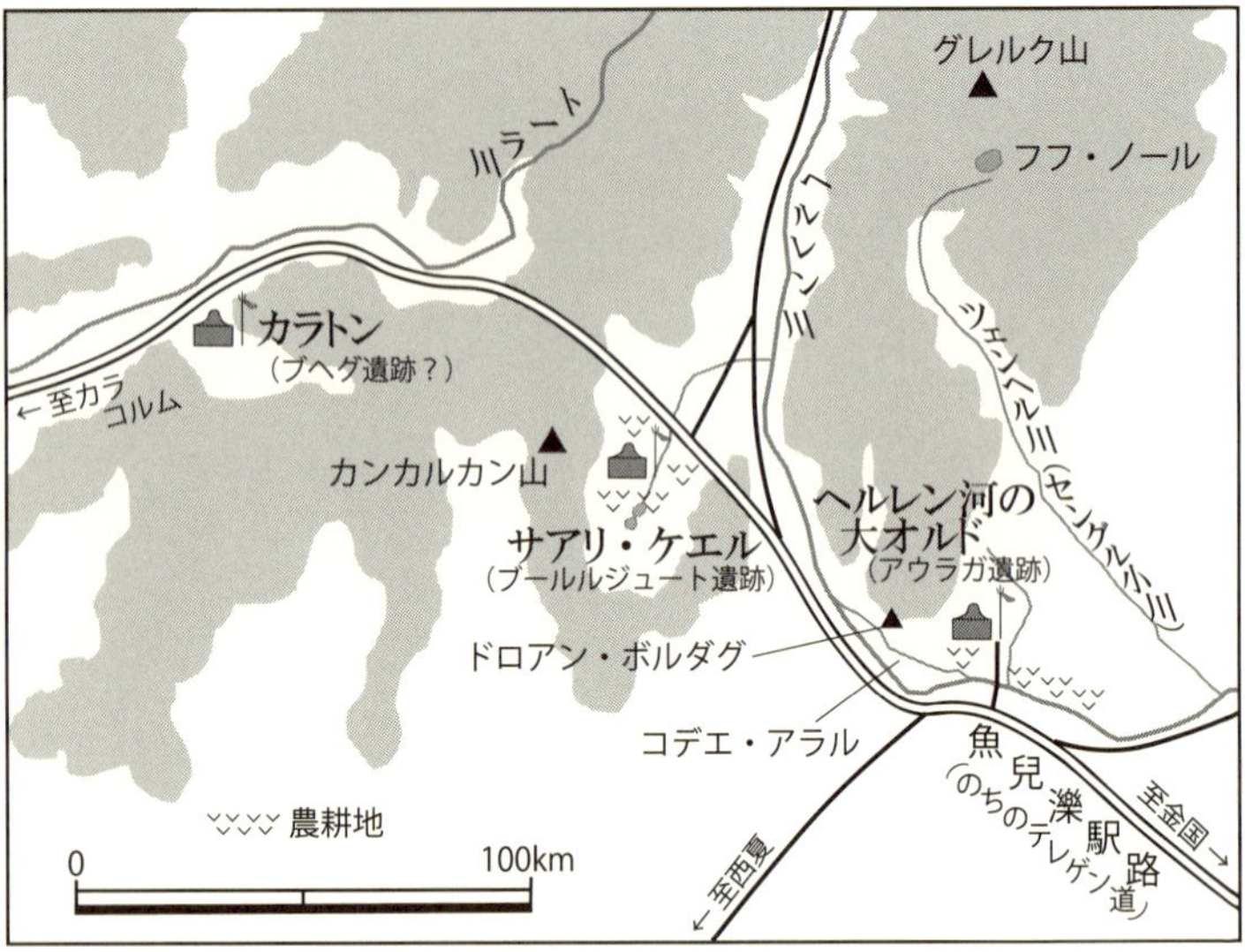

図4-12　チンギス・カンの季節移動圏（白石2017を改変）

いという遊牧民にとって最適な越冬地だった。遺跡のすぐ前を流れるアウラガ川は、酷い干魃でもけっして涸れることはない。さらに、胃腸の働きに効くとされる炭酸水が自噴する霊験あらたかな地でもある。チンギスでなくても何度も訪れたくなる。

あとの二ヵ所の宿営地は、カラトンとサアリ・ケエルといった。

カラトンは、史料によるとケレイト部族を束ねていたトオリルの営地で、それを引き継いだ。トーラ川のほとりのヤナギやニレの繁茂する黒く暗い林にあったという。避暑に適した立地から、温暖期に滞在したようだ。古くからウランバートル市の西にあるブヘグ遺跡という土城がその跡とされ、モンゴル人考古学者によって何度か発掘調査がおこなわれてきた。だが、いまだそれを裏づける結果は得られていない。

サアリ・ケエルは、チンギスの即位前からの宿営地だった。明の永楽帝によるモンゴル高原親征（一四一四年）の記録『後北征録《こうほくせいろく》』に登場し、「元の太祖（チンギス・カン）が夏を過ごした跡」と記されている。そこはヘルレン川がL字形に屈曲する部分の西方にあり、こんにちではブールルジュート遺跡とよばれる。筆者が航空写真を使って発見した。広大な平原のなかにあり、水と草の豊かな遊牧民の夏の宿営地としてふさわしい場所だ。遺跡を訪れてみると、大きな建物基壇が目立つ。未発掘だが、アウラガ遺跡のチンギス期の建物との類似が地表からでも一目瞭然で、しかも一三世紀初めの中国陶磁器片が採集できた。

こうしたことから、チンギスは冬季をアウラガで過ごし、ブールルジュートやブヘグで夏季や秋季をおくる年間移動をおこなっていたと想定できる。それが正しければ、一巡した距離は、最大でおよそ四五〇キロメートルにもなった。

史料からイメージできる君主の移動は壮観だ。数頭の牛が牽く君主の車に后妃や臣下の車列が続き、その周りを騎乗した近衛部隊が取り囲み、さらに僕婢と所有する家畜群が連なって蟻の行列のように進んだ。

車にはゲルとよばれる穹廬型テントが載っていた。ゲルには、組立てと解体の可能なタイプと不可能なタイプがあった。現在のゲルは組立て解体が可能だが、当時のゲルは後者の不可能タイプだった。宿営地で君主や后妃は、台車に載ったままのゲルで起居した。

土造りの宮殿

車上のゲルが手狭なときは、地上に大きなゲルが張られた。史料によると、のちの第三代君主グユク（位一二四六〜四八年）のとき、金糸織の天幕で覆われ、金張りの柱で建てられた一〇〇〇人も収容できる巨大なゲルが設えられたこともあった。その影響だろうか、後世の歴史家たちは、チンギスもそのような壮麗なゲル宮殿で政治や生活をおこなったと考えてきた。しかし、そうしたイメージを覆す発見があった。

アウラガ遺跡のなかで突出した構造物に、第二建物がある。第二建物の跡は、遺跡のなかで最南端に位置し、建物の基壇（土台）としては遺跡内で最大の規模を誇る。

基壇は、版築工法によって、旧地表に直に土砂を盛って築かれていた。その高さは六〇センチメートルだった。平面プランは正方形で、一辺の長さは二九・六メートルだった。この長さは一尺＝二九・六センチメートルの唐尺で、ちょうど一〇〇尺にあたる。唐尺は、モンゴル高原において七世紀ごろから使われ、日用の尺度として定着していた。たとえば、先述のウイグルモジュールや契丹モジュールのように。じっさいにアウラガ遺跡からは、唐尺の目盛りを刻んだ角骨製ものさしが出土している。

基壇の上面には粘土を貼ることで床が整えられていた。床には、柱の根元を支える礎石が唐尺を使って規則正しく配置されていた。

礎石の設置には壺地業《つぼじぎょう》という工法が用いられていた。壺地業とは、まず坑を掘り、そこに拳大の石をいくつも詰めて基礎をじゅうぶんに固めた上に礎石を置くというものだ。モンゴル高原の従前の王朝にはみられなかった手の込んだ造りだった。

ところが、ここまで順調に進んでいた工事に何やら異変があったことを、発掘所見が教えてくれた。礎石の設置が終わり、柱など上部構造を建てる寸前になって、とつぜん、設計が変更になった。せっかく整えた床面の上には、ふたたび版築によって土砂が盛られた。二〇センチメートルほど嵩上げして、また床を整え、そこに新たに礎石を設置した。今度の礎石の据え方は、砕いた石片を根石として敷いただけの簡素なものだった。明らかに工法が異なった。

この建物に使われた尺度は、さきほどの唐尺ではなかった。一尺が三〇・八センチメートルと復元されている別の尺度だった。この尺度は、中国歴史建築の権威の傅熹年《ふきねん》によれば、北宋の出土尺や、山西あたりの金代の寺院建築に使われていたという。その地域の漢地の工人がもたらしたとみてよい。

おそらく設計変更は、在地の工人から漢地の工人へと工事の責任者が交代したことによる。基壇が築成された時期は、炭素14年代によれば一三世紀第1四半期にあたる。この年代は、一二一一～一六年のあいだに起こった対金戦争で、漢地からの投降者や拉致者が増加した時期と一致する。どうやらチンギス・カンは、在来の工人よりも新来の工人の技術を選んだ。

こうして出来上がったのは、重厚な土壁で囲まれた建物だった。漢地の工人の手になったにもかかわらず、瓦葺きの中国風建築ではなく、平らな土屋根の箱形建物だった。土屋根の重量を四四本の丸太の柱が支えた。

室内は間仕切りのない、いわゆるワンフロアになっていた。床面積はおよそ二八〇平方メートル

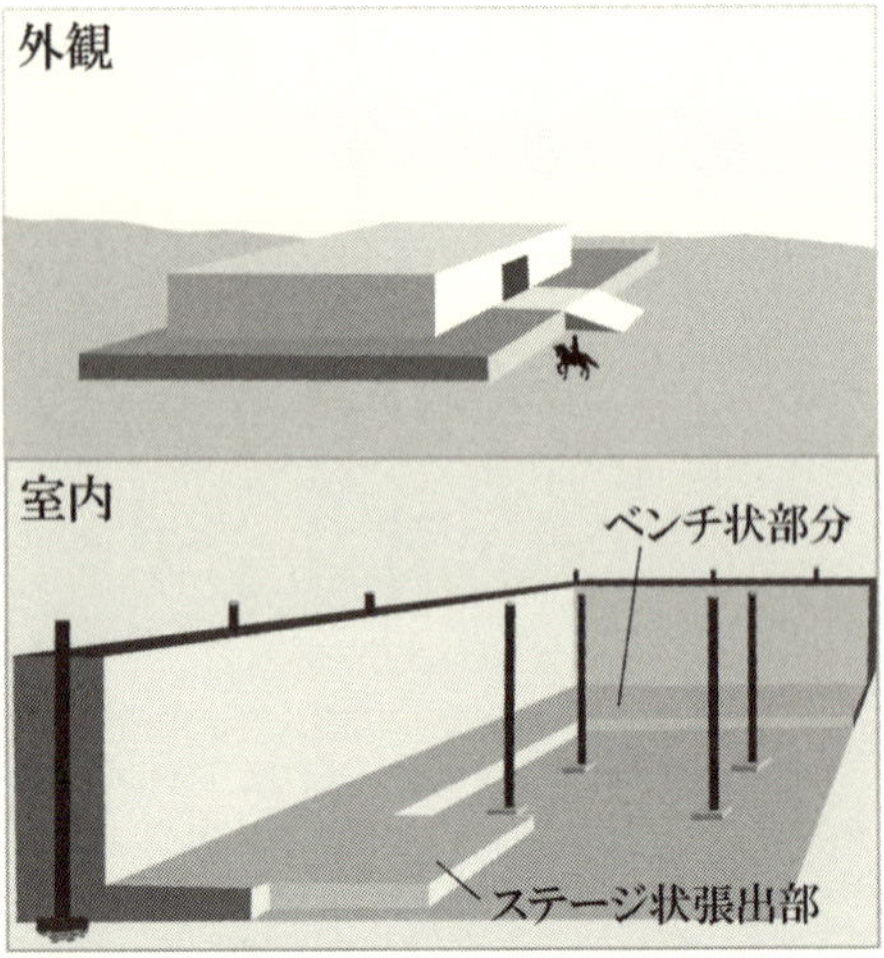

図4-13　第2建物（宮殿）の想定復元

で、テニスのダブルスコートよりやや広い。一〇〇人は余裕で収容することができた。炉やかまどといった暖をとる設備はなく、また、一般住居で大量に出土する家畜骨など食物残滓もまったく見当たらなかった。そこは明らかに日常生活の場でなかった。

正面を除いた三方向の壁際にはベンチ状の張出部があった。さらに奥壁中央では、ベンチ状部が拡張されてステージ状になっていた。ベンチ状の張出部には有力者たちが着座し、ステージ状の張出部には最高位の人物が鎮座するような、荘厳な情景が思い浮かぶ。そのステージに座していた人物とは、チンギス・カンにほかならない。

モンゴル遊牧民の伝統的な駐営形態では、最高位の人物の幕舎は、南側最前列に設営される。この建物は、まさにアウラガ遺跡の南側最前列に位置する。生活痕がみられないので起居の場とは考えにくく、朝見などの政治的なセレモニーの場、さらに踏み込んだ表現をすれば、宮殿だったと考えられる。

基壇の正面（東南方向）、建物正面の外壁、それと入口部に付された基壇を昇降するためのスロープには白粘土が塗られていた。離れた場所から望むと、この建物は、荘厳な趣きをもって、陽光のなかで白く映えていたはずだ。

高位者の邸宅

前述のように「ヘルレン河の大オルド」は、チンギスの冬の宿営地だった。この地域の冬は、最低気温が氷点下三〇度にもなる。フェルトで厚く覆われたゲルは、その寒さに耐えることのできる優れた家屋だ。だが、暖房設備が完備された土造りの建物も、防寒ではけっして劣らない。現在この地に暮らす遊牧民も両者を併用して冬を過ごす。

こうした暖房設備を整えた土の家は、アウラガ遺跡からこれまでの調査で何棟もみつかっている。そのなかで遺跡東端に近い第九地点でみつかった建物は、規模が突出して大きかった。

土壁と壕で厳重に囲まれた敷地のほぼ中央に、二棟の建物跡が南北に連なってみつかった。それぞれ南棟と北棟とよぶ。両棟とも一尺が二九・六センチメートルの尺度を使っていた。在地工人が建設にかかわったようだ。

南棟は、寄棟か方形の屋根で、アウラガ遺跡内では珍しい瓦葺きだった。内部は正方形プランで仕切り壁のないワンルームになっていた。一八畳ほどの広さがあった。壁には白漆喰《しっくい》が塗られ、赤や黒の顔料で図柄不明の絵が描かれていた。壁際には第二建物跡と同様にベンチ状張出部が巡っていた。部屋の中央では火が焚かれていたらしい。床が赤黒く焼けていた。

一方、北棟は、南棟と異なる土葺きの平屋根だった。おそらく第二建物と同じ土造りの箱形建物だった。内部の広さは六〇平方メートル（一般的な小学校の教室の広さにほぼ匹敵）あまりで、日干しレ

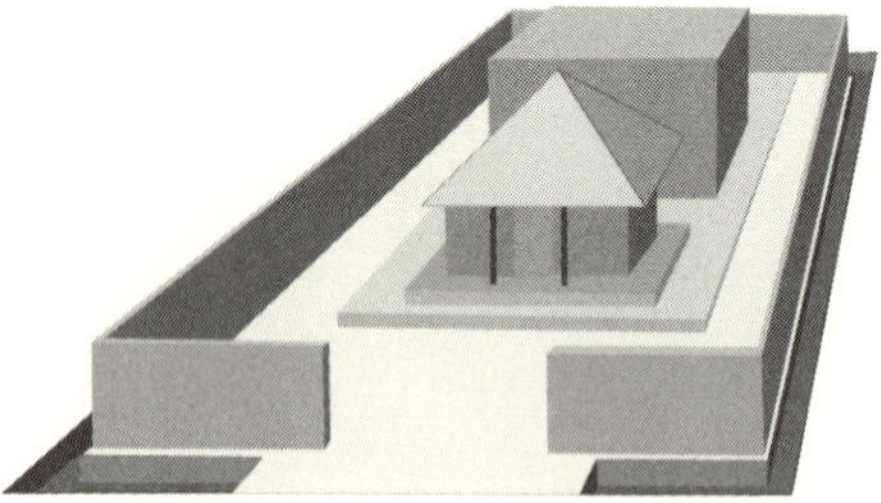

図4-14　第9地点大型邸宅の想定復元

ンガの間仕切り壁で西、中、東の三室に分かれていた。壁内面には漆喰が塗られていたが、壁画はなかった。

西室と中室にはそれぞれ二基ずつのかまどがあった。西室のかまどは、焚口の形状が鍋釜を設置しやすいよう漏斗《ろうと》形に整えられていたことから、炊事用だったとみられる。その熱をもった排煙は、壁際に配された煙道を通って室内を温めた。また、中室のかまどから出た排煙は、室の北側に設えられた寝台の下を巡るように設計されていた。

南棟と北棟の大きな違いは生活感の有無だった。北棟からは、北宋および金朝の銅銭、鉄鍋、碁石、ガラス製品、青銅製装飾品、羊などの家畜骨、大麦やキビなどの炭化雑穀粒などの生活遺物が多数検出された。一方で南棟の出土品には灯明皿《とうみょうざら》がみられた程度だった。

おそらく北棟は、この建物の所有者の私的な居住空間、南棟は、壁画や着座用のベンチ状張出部の存在から、引見といった儀式をおこなう正殿だったと考えられる。その主人は、まちがいなく高位の人物だった。いくぶんか出土品に漢地産が多く、建物構造も漢地風なことから、モンゴル初期政権を支えた漢人ブレーンだったのかもしれない。

騎馬軍団への幻想

国の基礎を固めたチンギスは、一二一一～一六年に金へ侵攻して華北地域を手中に収めた。つづい

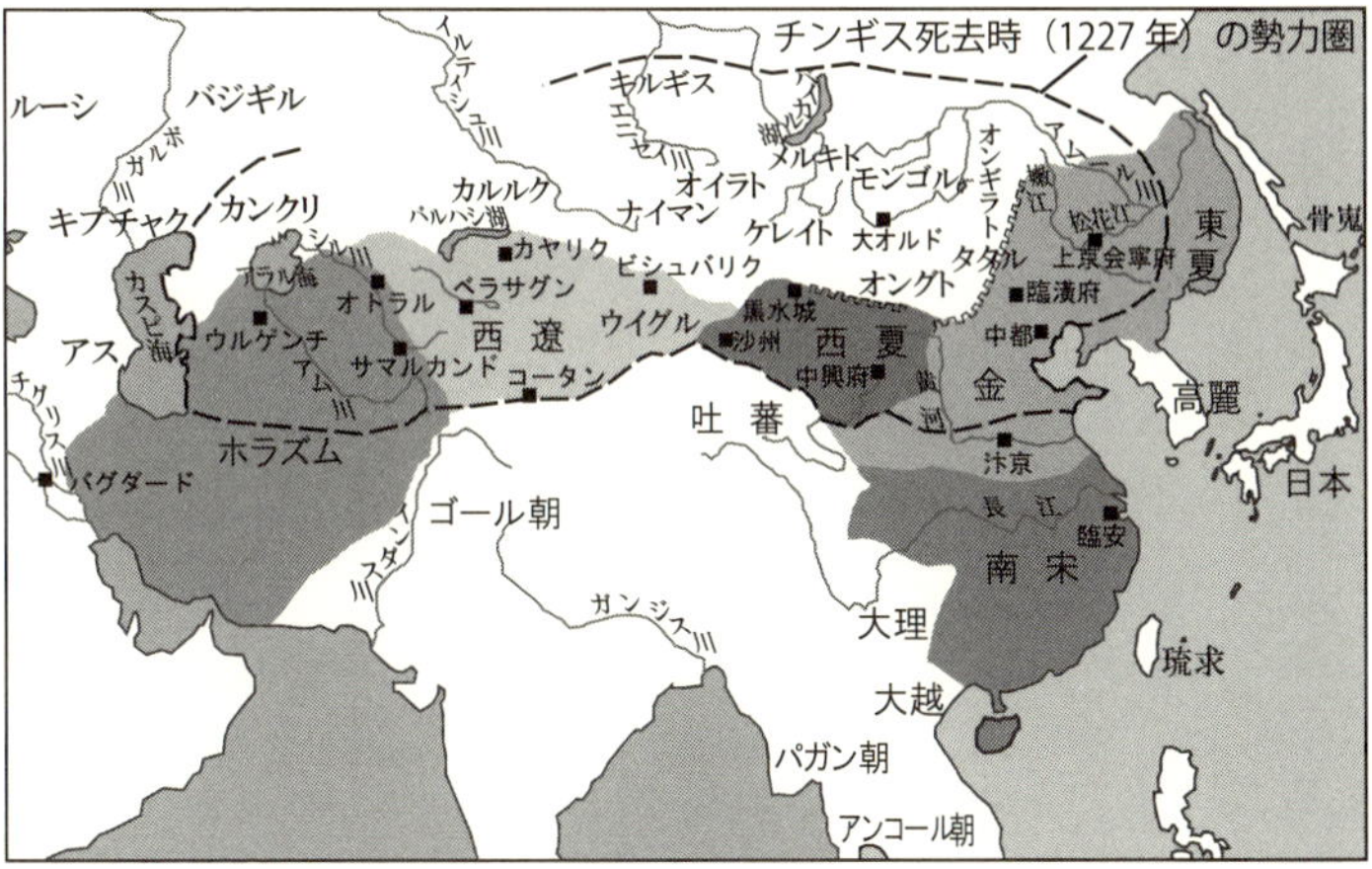

図4-15　13世紀初頭のアジアとイェケ・モンゴル・ウルスの勢力圏

て中央アジアにも触手を伸ばし、天山山脈一帯を支配していた西遼《せいりょう》（一一三二～一二一八年）を滅ぼすと、一二一九～二五年にはホラズム・シャー朝に侵入してマー・ワラー・アンナフル（シル川とアム川の中間地帯）からホラーサーン（アム川南方）地域を蹂躙した。その先鋒は、南はインダス川、西は黒海沿岸まで到達した。

　先述のように、チンギスには世界征服といった野望はなかった。彼の目的は交易にあった。門戸を開いた国には友好的に、閉ざした国には力ずくでというように、チンギスの方針は明確だった。

　近年、こうした対外戦争を実行し、それを成功させた背景には、当時の気候が多分に関係していたとする説が、古環境学者のみならず文献史学者からも提唱されている。その根拠のひとつになったのは古木の年輪に基づく古環境研究の成果だった。

　それによると一二世紀末に北モンゴリアは寒冷乾燥の底を迎えたのち、おおむね一二〇五～二四年のあいだは、夏季の気温でみたとき、直近一〇〇〇年間の平均よりも高温だったという。しかも湿潤になったと復元されている。そうした気候の好転が草の生育を促進し、馬の機動力を向上させたことでモンゴル軍が破竹の勢いで戦果を挙げ、イェケ・モンゴル・ウルスの版図の拡大につながったというのだ。しかしながら、それは多分に風が吹けば桶屋が儲かる式の机上の空論と退けることができる。

たとえば、イェケ・モンゴル・ウルスの騎馬軍団は、対金戦争では一〇〇〇キロメートル、中央アジア遠征では二五〇〇キロメートルを往路だけで進んだ。およそ、ひと月の行軍は六〇〇キロメートルなので、対金戦争でひと月半以上、中央アジアまでは四ヵ月以上かかったことになる。とうぜん砂漠などの飼葉が手に入りにくい場所も通過する。いくらモンゴル高原で豊かな草を食んで馬体が肥えようとも、その貯えは、しだいに底をつく。そのうえ、長距離移動の疲れもある。途中で休息をとったとしても、モンゴル高原での馬体の好調さを、そのまま戦地まで持ち込めたとは思えない。敵と相まみえた段階で、馬にフィジカル面での優位さは、とっくに消えていたと考えるべきだ。

そもそも、古環境データがいうところの湿潤化も慎重に吟味する必要がある。先に述べたように、アウラガ遺跡の眼前を流れるアウラガ川は、一一世紀ごろからこの地域でみられた乾燥化の影響で、流量が減少していた。一三世紀になっても、水位は下がったままだった。この川の水はヘンティー山地に降り注いだ降水に起源する。

こうした乾燥傾向の継続は、アウラガの宮殿が雨に弱い土屋根で日干しレンガ造りだったことも傍証している。チンギスの騎馬軍団が育まれたヘンティー山地周辺に、世界史を変える原動力になるほどの降水量はなかった。むしろ強さの秘密は馬自体よりも、軽量で耐久性に優れた機能的な鍛鉄製の装備などの導入にあったとみている。

新来技術による殖産興業

そうであっても、一二世紀末までの極度の乾燥傾向と比べると、多少は恵みの雨となったようだ。そのころの温暖傾向と合わせて、農業の振興に好条件を提供した。

この時期、北モンゴリア各地に耕作地があらわれた。そこではキビ、小麦、大麦などの雑穀が栽培された。雑穀食は、すでに縷々述べてきたように、青銅器時代以来長らく北モンゴリア遊牧民の食生活に採り入れられてきた。多くは輸入か略奪で賄っていたが、細々と自前で収穫もしていた。キビならば最短で一月半ほどで収穫できる。遊牧民が季節移動の合間に携わることもじゅうぶんに可能だった。契丹の統治下ではヘルレン川やトーラ川の流域で農耕がかなり広範におこなわれていたとわかっている。契丹の滅亡と寒冷化で廃れていたが、それが復活したのだった。

アウラガ遺跡周辺では丘陵の傾斜面でキビや小麦の栽培がおこなわれていた。等高線に沿って溝を掘って、斜面を流れ下るわずかな降水を集め、それを耕作地全体に有効に行き渡らせた。こうした降水に頼る農耕を天水農業という。ただ、あまり収量はのぞめない。

一方で、水源から水路を引いて耕地を潤す灌漑農業もみられた。一二二一、二三年に北モンゴリアを旅した全真教（道教の一派）の長春真人《ちょうしゅんしんじん》一行も、その旅行記『長春真人西遊記』のなかで、ウイグル人が携わって用水を引き、キビや麦を栽培する耕地をいたる所で目にしたと報告している。降水の不足を外来者の技術で補った。比較的高い収量があったはずだ。

農業がさかんになって食料事情が好転したことで、北モンゴリアの人口を収容する能力は格段に向上したはずだ。対外戦争の勝利で、征服地からの人口流入が加速していたが、ある程度は受け入れる余裕ができた。新参者もまた農業に従事した。

そうした人々が持ち込んだ新来の技術は、たんに農業だけにとどまらず、先述の鍛冶も含め、さまざまな手工業生産の向上にも寄与したと考えられる。総じて北モンゴリアにおける生産が拡大し、国力の増強へとつながった。

チンギス治世期に訪れた温暖化と、いくばくかの湿潤化がイェケ・モンゴル・ウルスの強大化に寄与したとすれば、それは騎馬軍団の戦闘能力の向上ではなく、北モンゴリアでの内的生産活動の活性化、いわば殖産興業の礎となった点だった。

このころ北モンゴリアの各地に農業や手工業をおこなう拠点が設けられた。それらは古来の幹線を整備した駅伝道で結びつけられた。その東部のハブの役割を「ヘルレン河の大オルド」が担った。西部のハブとしては、アルタイ山脈の麓に一二一二年にチンカイ城が築かれた。さらに中央のハブとしてハンガイ山地東麓にカラコルムの建都が決まった。一二二〇年のことだった。

チンギス・カンは、中央アジア遠征を終えてモンゴル高原に帰還すると、休む間もなく西夏に遠征し、一二二七年、病を得てその陣中で没した。享年は六六とも七二とも伝わる。

チンギスの死後、アウラガ遺跡からは急速に人跡が消え、チンギス時代に建てられた土造りの建物は軒並み朽ち果てた。新君主オゴデイが、西に六〇〇キロメートルほど離れたオルホン川流域のカラコルムへ拠点を移したことによる。

カラコルムの廃墟に隣接して1586年に建立されたエルデネ・ゾー僧院。どうやらこの直下にオゴデイ・カアンが築いた幻の宮殿「万安宮」が埋まっているようだ

第五章

変容する遊牧社会

イェケ・モンゴル・ウルス

1　国際都市の繁栄

新都カラコルム

一九九五年の夏、筆者は、モンゴル国の中部を流れるオルホン川のほとりにあるカラコルム遺跡に滞在していた。ユネスコ（国連教育科学文化機関）の調査に参加するためだった。

カラコルムは、イェケ・モンゴル・ウルス初期の首都として知られ、わが国では、高校の世界史教科書の多くにも登場する。この遺跡を世界文化遺産に登録しようという計画がもちあがり、日本政府が資金を出して、遺跡の基礎資料をつくることになった。

その事業の責任者は、北アジア考古学の分野で世界的に知られた加藤晋平だった。加藤は、筆者の大学時代の恩師だ。加藤の指名で、筆者は外国人専門家としてこの事業に参加した。筆者に与えられた任務は、遺跡の全体図の作成に考古学者として現地で助言をすることだった。

そのころのカラコルム遺跡の地図といえば、一九四八～四九年のセルゲイ・キセリョフ率いるソ連隊の作った測量図が広く用いられていた。だが、それは、南北が異様に間延びし、縮尺も不正確という、まったく杜撰な代物だった。研究だけでなく保存活用のためにも、正確な地図が求められていた。

こんにちでは、ドローンで撮った空中写真を元にパソコンソフトを使って、いとも簡単に遺跡地図を作ることができる。しかし、当時の地図づくりは、地上で鏡筒式の計測器を覗きながら、小範囲ずつ地道に測量して、それをつなぎ合わせるという手間暇かかる作業だった。日本とモンゴルから熟練した測量技術者が参加し、約二ヵ月をかけて完成させた詳細な地図は、二〇〇四年にカラコルムが世界文化遺産に登録されたとき、その重要な審査資料の一つとなった。

カラコルムは、一二二〇年にチンギス・カンによって国都と定められた。しかし、都市の本格造営が始まったのは、一二三五年の第二代君主オゴデイ・カアンの治世に入ってからだった。筆者は前者を定都、後者を建都と区別している。

オゴデイは、市街地を囲繞する城壁を築き、万安宮《ばんあんきゅう》という宮殿を建てた。漢地や中央アジアでの戦争によって、多くの工匠や奴隷がモンゴル高原へと連行されてきた。彼らを各種の生産活動に従事させる場が必要になったことが、カラコルムの本格的な造営の理由とみてよい。ここは水に恵まれ、農耕に適し、周辺には木材、石材、鉱物資源が豊かな地だ。定住世界からやってきた移入者がさまざまな生産活動の拠点とするのには絶好の立地だった。しかも、漢地と結ばれた古来の幹線道路がここを通っていた。

市街のようす

カラコルムの中核となる万安宮と史料に登場する宮殿の位置は、長らく不明だった。一九四九年、ソ連隊が市街地の西南隅の大型建物基壇を発掘し、それを万安宮の跡だと結論づけた。その説は広く学界の定説となってきた。若き日の筆者も、それを信じて疑わなかった。

ところが、一九九九年から始まったドイツ隊の調査で、それは否定された。西南隅の大型建物基壇

図5-1　整備された興元閣の遺構。上空から撮影

は、興元閣《こうげんかく》という豪壮な仏寺跡だったと判明したのだ（詳細は後述）。たしかに踏査してみると、仏像の破片が多いと気になっていた。筆者の資料批判の精神に足りない点があったと猛省している。

それでは、真の万安宮はどこにあったのか。二〇〇四年、市街地遺構の南側にあるエルデネ・ゾーというチベット仏教僧院の地下に、万安宮と思しき構造物が埋没しているのを、ドイツの発掘チームがみつけた。この僧院は現在も機能しているので、考古学調査だからといって撤去できない。

そこでドイツ隊は、僧院の外壁に沿って小規模の調査坑を掘り、地下の状況を確認した。すると、僧院の外壁の真下から、焼成レンガを積んだ壁がみつかった。推定すると、四七〇×四二〇メートルの方形の範囲を、堅固な壁で囲んでいたようだ。調査者はこの遺構を万安宮と想定した。

筆者も僧院の外壁の一部を独自に発掘してみた。たしかに、古い壁の存在が確認できた。その壁のなかから有機物を採取し、炭素14年代の測定をおこなって、一三世紀前半に築かれたことを確かめた。これを万安宮の壁とみるドイツ隊の想定は、おそらく正しい。だが、確定するには、もうすこしデータが必要だ。僧院との兼ね合いから、その後の調査は停滞している。

　一方、市街地の外周を巡る総延長四キロメートルにも及ぶ囲壁は、版築工法による土壁で、高さは五メートルほどだったと推定されている。市街地全体のプランは、正方形あるいは長方形を呈する中国的な囲壁都市とは異なり、野球のホームベースのような不整形をしていた。また、市街の中軸線は、のちに第五代君主クビライ（位一二六〇～九四年）によって築かれた上都や大都のように子午線に合わせたものではなく、真北から二〇度東に傾いていた。どうやら南にそびえる高峰を視準して設計されていたようだ。

　現在では南側の城壁は存在していない。しかし、一二五四年春にルイ九世の命でモンゴルを訪れたフランス人修道士ギョーム・ド・ルブルクは、その旅行記に南門の存在を明記している。南門があったならば、とうぜん南壁も存在していたはずだ。

図5-2　万安宮の遺構と思われるレンガ列（白石2022）

　その場合、おそらく都市囲壁の南北長は、一四〇〇メートル程度だったとみられる。一方、東西は、きちんと囲壁が残っているので、最長部分で一一三七メートルとわかる。これは金朝の尺制（一尺＝三一・六センチメートル、一里＝五六九メートル）で、ちょうど二里にあたる。金朝と関係深い工匠たちが建都にかかわった証だといえる。

　市街地には、ほぼ中心で直交する二本の大路があった。大路の幅は六～七メートルで、大路が城壁にぶつかったところには門が設けられていた。すでに述べたように南門は現存しないが、西、北、東門跡は確認できる。ルブルクによると、東門ではキビなどの雑穀、西門では羊と山羊、南門では牛と車、北門では馬が売られていたという。

これらの門のなかで最大の東門には、甕城が付設されていた。甕城とは、外敵の攻撃から門を守る土塁状の施設で、わが国の城郭では升形《ますがた》ともいう。その東門から外界へと続く道路の両側には、多くの建物が軒を連ね、一つの街区を形成していた。その道路はさらに東南方向へと延び、漢地に至る幹線とつながっていた。

駅伝路の整備

この幹線はモリン道とよばれた。〝馬の道〟という意味だが、馬だけが通っていたわけではない。人も車も通っていた。モンゴル支配下のペルシアで編まれた『集史』は、一日五〇〇両もの荷車が各地からさまざまな物資を運んできたと伝えている。ちなみにこの道は、七世紀の唐によって開設された参天可汗道を基礎としていた。

モリン道は、駅伝路だった。イェケ・モンゴル・ウルスでは駅伝をジャムチ（站赤）とよんだ。何本もの駅伝路が広大な国土に網の目のように張り巡らされた。歴史教科書的には、ジャムチはオゴデイが始めたとされるが、じつはチンギスの治世にすでに駅伝路は存在していた。オゴデイはそれを整えた。

アルタイ山脈西南麓を通る金山南大河《きんざんみなみたいが》駅路や、「ヘルレン河の大オルド」から金朝のモンゴル高原経営の要衝とされた撫州《ぶしゅう》（いまの中国河北省張北県）に至る魚兒濼《ぎょじはく》駅路の名が史料にみえる。魚兒濼駅路は、のちに〝車の道〟という意味のテレゲン道とよばれるようになる。

路線上におおむね二五～三〇キロメートル間隔で設置された駅站には役人が常駐し、旅荘や換え馬が完備されていた。地形などの条件によって異なるが、駅站間の距離は、馬が安全に移動できる一日の距離とされる。過重な負担は馬体に悪影響を及ぼすので、使者は必ず駅站で馬を換えた。

それでは駅站とは、どのような構造だったのか。その手掛かりをルブルクが伝えている。一二五三年冬、ルブルクは、カラコルム南方に設けられた第四代君主モンケ（位一二五一～五九年）の冬離宮にたどりついた。そこにはモンケと后妃たちの宮帳が立ち並び、ネストリウス派の礼拝所などがあるなか、駅站も設けられていた。駅站はヤムとよばれていた。ヤムには、モンケに謁見を希望する諸外国の使節が待機していたという。

この記述の舞台は、シャーザン・ホトという遺跡だった。シャーザンとは陶磁器、ホトとは都市の意で、多くの建物遺構と、地面に散乱するおびただしい数の陶磁器片の存在からその名が付いた。遺跡はカラコルムから東南約一七〇キロメートルのオンギ川西岸にある。川の氾濫原の二一ヘクタール（東京ドーム四・五個分）の範囲に、大小の建物跡がひしめき合うように並んでいた。全体を囲む城壁は存在しないが、じゅうぶんに都市といえる景観だった。

史料にはみえないが、筆者の現地踏査により、ここで鉄鍛冶がおこなわれていたとわかった。先述のアウラガ遺跡と同様の鋳鉄製棒状インゴットと、鍛冶で生じたスラグが、地表面に多数散乱していた。旅行者の馬具や車の部品などの修理と製造をおこなっていたと考えられる。また、北宋銭など中国の銅銭も少なからず採集でき、そこで商売がおこなわれていたと教えてくれる。シャーザン・ホト遺跡の駅站は、ルブルクのように西方からやってきた使節とともに、モリン道を使って漢地との往来をする旅人も利用していた。オンギ川沿いに南下してゴビを渡り陰山山脈を越えるのが漢地中原への近道だった。

ほかに、テレゲン道も北回りでカラコルムにつながっていた。そのヤム跡とみられるのがサルラク・トルゴイ遺跡だ。カラコルムの西北約四〇キロメートルにある。東北から西南方向に長さ四〇〇メートルにわたって建物遺構が残り、よくみると遺跡を貫くように幅一五メートルほどの道路跡が確認できる。その両側に建物が軒を連ねるようすは、シャーザン・ホト遺跡と似ている。地表には中国陶磁器片、中国銅銭、鉄製品などが落ちていた。手工業や商業がおこなわれていたようすもシャーザン・ホト遺跡と同様だった。

宮殿の季節移動

オゴデイ、グユク、モンケという三代にわたる君主たちは、カラコルム周辺に季節移動圏をもち、伝統的な遊牧生活を送っていた。

一二五二年にカラコルムに滞在したジュワイニーの『世界征服者の歴史』、それに多くを拠りつつ一四世紀初頭に成ったラシード・アッディーンの『集史』といったペルシア語史料、明代初期に編まれた漢文史料『元史』などから、三代にわたる君主の季節移動のようすをうかがい知ることができる。要約してみよう。

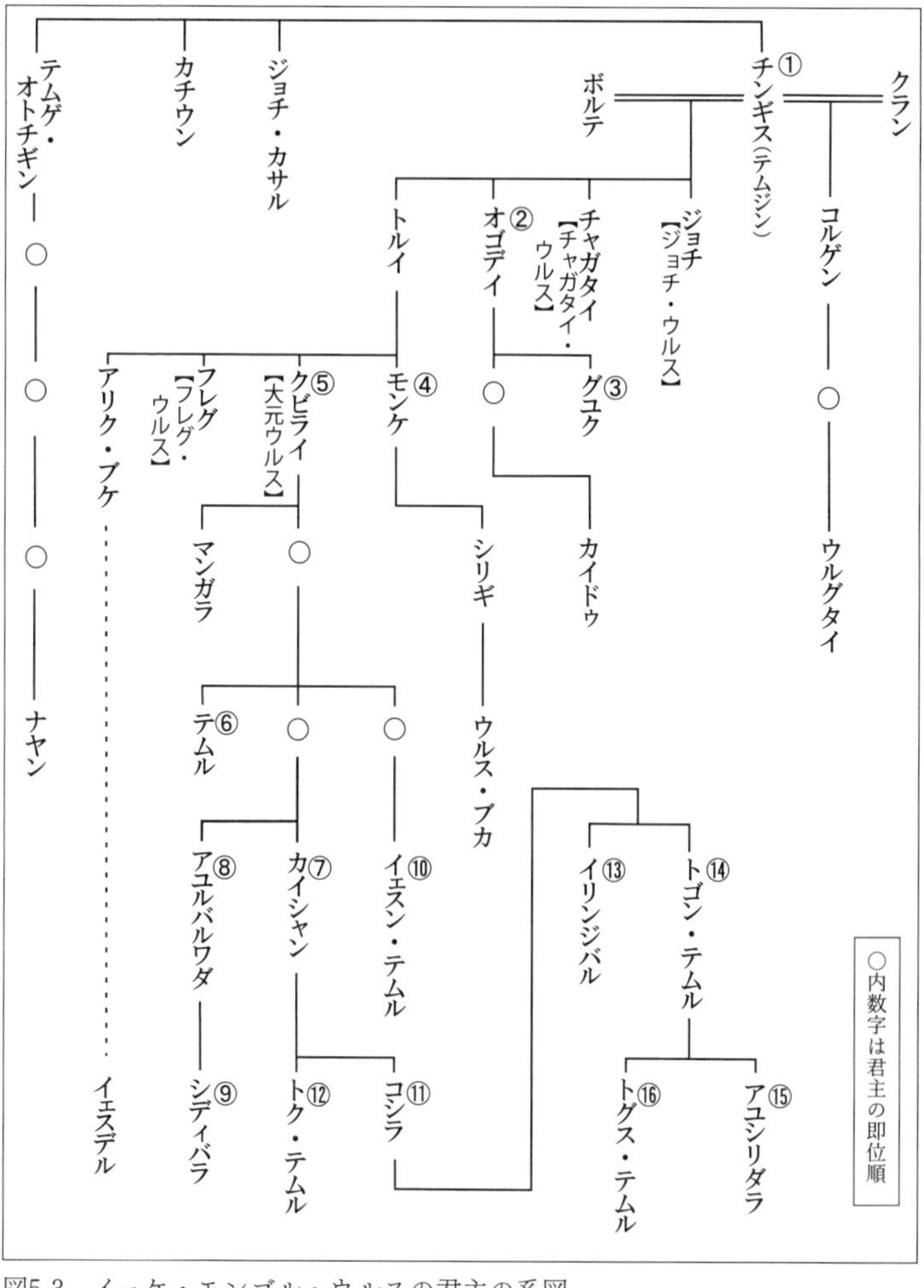

図5-3　イェケ・モンゴル・ウルスの君主の系図

君主は、春になるとカラコルムを発して北に向かい、ゲゲンチャガン殿（カルチャガン）という地に至った。そこは沼沢地で、君主は水鳥の狩りをして楽しんだ。夏になると南に向かい、カラコルムを経由して山地に入り、オルメクトという冷涼で草と水の豊かな場所で避暑した。そこにはシラオルド（黄金宮殿）という、金色に輝き、二〇〇〇人も収容できる巨大なパビリオンが建てられていた。秋にはクケ（クシ）・ノールという湖に滞在し、馬乳酒を天に捧げる祭りをした。冬になると南下し、オンギで越冬した。そこはゴビに近い野生動物の多い土地で、君主は狩りをして過ごし、また春になると北上してカラコルムに戻った。

このなかには君主の季節駐営地と思しき地名がいくつか登場する。こうした詳細な記述が残っているにもかかわらず、それらの位置は長いこと明らかになっていなかった。解明の糸口を見出したのは、筆者たちだった。

一九九六年の夏、筆者は前年に引き続きユネスコの事業でカラコルムに滞在していた。こんどの任務は、カラコルム周辺の悉皆的調査だった。具体的には、地元民からの情報や、空中写真の精査などで新たな遺跡を探し、現地を踏査して測量をおこない、出土品などのデータを台帳に記録するというものだった。

北京大学で中国北辺の考古学を修めた三宅俊彦《みやけとしひこ》らをくわえた日本とモンゴルの考古学者の混成されたチームは、日々広大なオルホン川流域を四駆車で走りまわった。あるとき、オルホン川とタミル川の合流地点の近くに大きな建物遺構があるらしい、という情報がもたらされた。かつてソ連隊が簡単な踏査をしたという。さっそくそこを訪れてみることにした。目的地は沼沢に囲まれた島のような独立丘にあった。筆者らを乗せた四駆車は、タイヤを泥濘にとられながら進んだ。

比高四〇メートルほどのドイト丘の頂上に遺跡はあった。丘の名をとってドイトの城という意のドイティン・バルガスとよばれていた。バルガスとは一般的に城や囲壁都市のことだが、そこに囲壁は存在していなかった。

東西二五〇×南北一五〇メートルの範囲に建物跡の基壇が認められた。一棟の大型の建物基壇を、一八棟の小型の建物基壇が、東南方向に開口した「コ」字状に取り囲んでいた。

この配置は、クリエンとよばれる遊牧民の伝統的駐営形態を想起させるものだった。クリエンは、首長の天幕を中心にして、その周りを親族や僕婢の天幕が環状にとりまく。天幕がつらなった環は、南ないし東南で一部が切れている。そこが出入り口となる。

さて、大型基壇は、辺長四一メートルの正方形の本体部に、辺長一六メートルの正方形をした玄関ポーチ（月台《げつだい》）が付設して、逆凸字形のプランを呈していた。基壇上には柱を支えたカコウ岩製の大型礎石が往時のまま残っていた。その間隔から当時の尺度を割り出してみた。すると、カラコルムの市街地と同じく、三一・六センチメートルを一尺とする尺度で設計されていた。

屋根瓦は見当たらなかった。かわりに青い釉薬のかかった正方形タイルが目についた。青タイルは壁体を彩っていたものだ。その鮮やかな色合いは、シルクロード沿線のイスラム建築群を思い起こさせた。

現地調査を終え、宿舎であれこれデータを整理していたとき、史料の一節がふと頭に浮かんだ。「丁酉《ていゆう》、伽堅茶寒殿《ゲゲンチャガン》を治める。和林《わりん》の北七十余里に在る」（『元史』地理志）

丁酉とは一二三七年にあたり、和林は漢語でカラコルムのことだ。七十余里はおよそ四〇キロメートルと算出できる。つまり、一二三七年にゲゲンチャガン殿という建物がカラコルムの北約四〇キロメートルのところに建てられたというのだ。さっそく地図で確認してみると、ドイティン・バルガスはカラコルムの西北四三キロメートルにあった。

『集史』には、ゲゲンチャガン殿のことと思しきカルチャガンという宮殿が登場する。君主は、春になるとカラコルムを発して北に向かい、そのカルチャガンに滞在して、周囲にひろがる沼沢地で水鳥の狩りをして過ごしたという。それと一致するように、『元史』にも、ゲゲンチャガン殿は君主の春季の滞在地としてあらわれる。

さらに、『世界征服者の歴史』を繙くと、春の離宮はイスラム工人が建てたとある。青タイルの存在がイスラム建築の特徴の一つだったとすれば、ドイティン・バルガスが春の離宮だったことに疑う余地はない。ソ連隊はそれに気づかなかった。筆者たちの新発見だった。

なお、ドイティン・バルガス遺跡の東北八キロメートルに、先述のヤムの跡とみられるサルラク・トルゴイ遺跡がある。

夏の離宮があったとされるオルメクトと思しき地名は、カラコルムの西南一〇〇キロメートルのオルホン川最上流部にある。これまで該当する遺跡はみつかっていないが、水や草が豊かで夏を過ごすのに適した土地なのはまちがいない。そこから山中に一〇キロメートルほど入ると、クケ（クシ）・

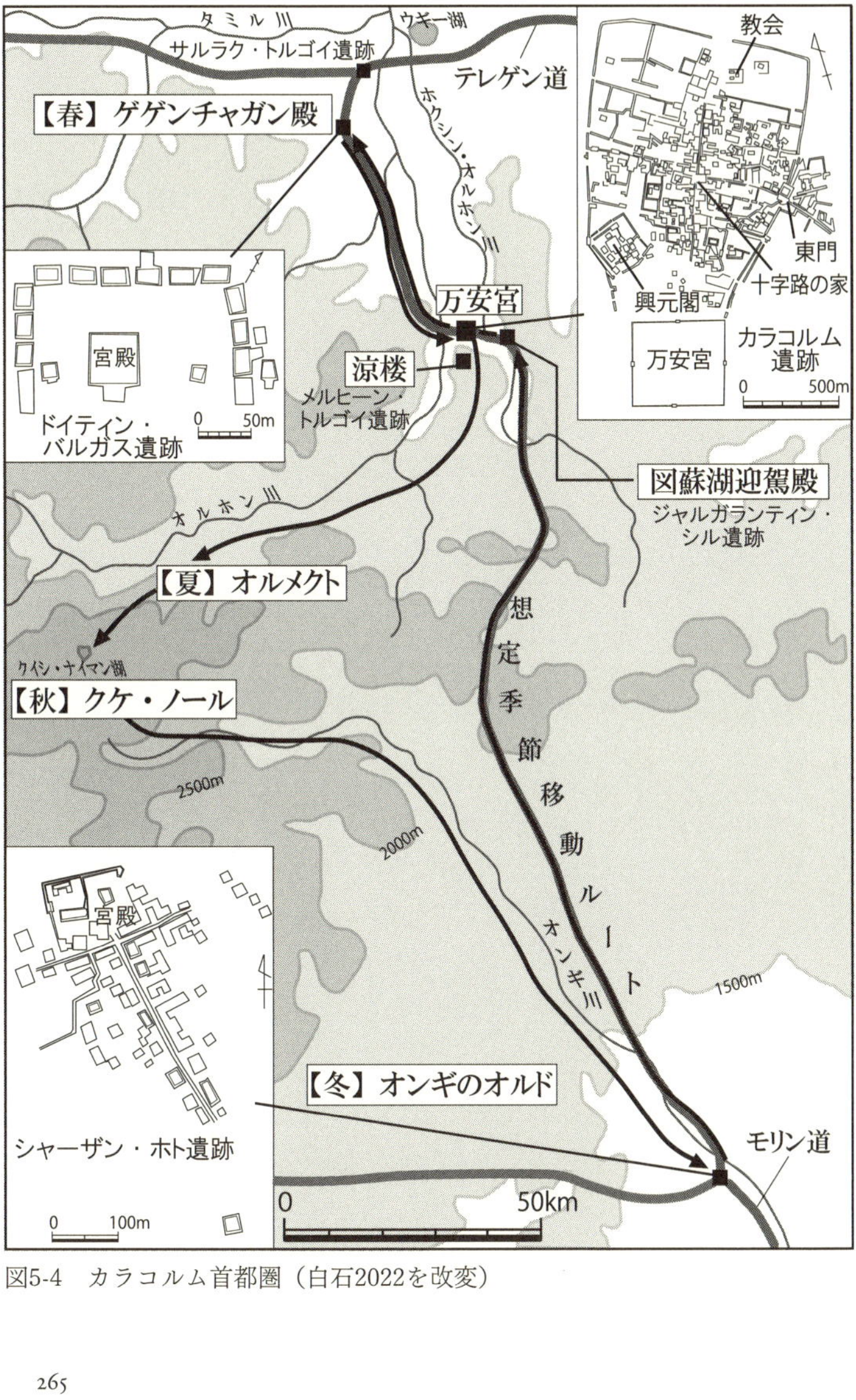

図5-4　カラコルム首都圏（白石2022を改変）

ノールと思われるクイシ・ナイマン湖《ノール》がある。ただ、そこは標高二五〇〇メートルを超える高地で、あたりに遺跡もみつかっていないので、特定にはなお検討を要する。

カラコルム首都圏

冬の離宮オンギはシャーザン・ホト遺跡で、カラコルムの東南約一七〇キロメートルにある。先述のようにヤムとしてルブルクが紹介している。オンギとはハンガイ山地から南に流れ下るオンギ川のことだと考えられ、その流域にあるシャーザン・ホト遺跡の名が、一九六〇年代ごろから冬離宮の候補地として挙げられてきた。

しかし、それを断定できる決め手がなかった。一般にモンゴル遊牧民は、山懐の風の弱いところで冬を過ごす。だが、そこは一面の平原で、わずかに低い丘がある程度だ。常識的にみれば、そこは寒風を受けやすい場所といえる。そのあたりが遊牧経験者の多いモンゴル人研究者の判断を迷わせた。

シャーザン・ホト遺跡に興味を抱いた筆者は、あらゆる方面からこの遺跡の情報を集めた。偶然にもユネスコ調査に参加していた現地ドライバーが遺跡のある村の出身だった。彼によれば、そこはオンギ川の河岸段丘が風よけとなり、積雪量も少なく、越冬も可能だという。早速、この地区の測候所のデータを取り寄せたところ、カラコルム周辺と比べて冬季の気温が高いことがわかった。

そこが冬の離宮だと確信した筆者は、一九九六年から現地を何度か訪れ、測量や地表面での遺物の採取をおこなった。そのときは、このドライバーの生家に寄宿した。

この遺跡の最北部には南北九〇×東西七〇メートルの範囲を土壁で囲まれた区画があり、そのなかに高さ一・二メートル、一辺二五メートルの方形プランの建物基壇が認められた。基壇上からは、柱座を造り出した大型の礎石と、緑釉の屋根瓦が出土した。漢地風の大型建物が建てられていたことがわかる。緑釉瓦の使用は、官衙、高位者の邸宅、格の高い寺院に限定される。この建物を君主の宮殿とみなしても、まったく問題はない。

オゴデイ、グユク、モンケという歴代君主は、北はドイティン・バルガス遺跡から南はシャーザン・ホト遺跡までを季節移動圏とし、そのなかを一年かけて周回した。その道のりは五五〇キロメートル以上にもなった。移動のあいだに、東欧遠征などの重要事項が決定されることもあった。カラコルムだけでなくそれぞれの季節離宮も、ある意味で国の中心としての役割を担っていた。君主の季節移動圏は、取りも直さず、イェケ・モンゴル・ウルスの首都機能も有していた。筆者はこれをカラコルム首都圏とよんでいる。

国際都市

ルブルクはその旅行記に、カラコルムの市街地には、商業の盛んなイスラム系住民が暮らす街区と、手工業が盛んな中国系住民の街区があったことを記している。彼ら以外にも、ウイリアム（ギョーム）というパリ出身の金属細工の工匠がいたことも書き残している。

そうした手工業がおこなわれていた場所が市街地の中心部で確認されている。調査したソ連隊は、東門から西へのびる街路と、北門から南へのびる街路とが直交していたことから、そこを十字路の家と名づけた。

図5-5　十字路の家付近の土層堆積（白石2022）

十字路の家では、繰り返された人々の営みの痕跡が、五メートルもの土砂の堆積となって残っていた。カラコルムは幾度となく戦火に見舞われたが、そのたび廃墟の上に新たに建物を再建したため、この厚さの土層となった。住民たちの涙ぐましい復興への努力がみてとれる。そうした土層のなかから、重なり合った各種の工房跡がみつかった。

その一つが鉄工房だった。ソ連隊は十数基の炉を発掘し、一～三キログラムある銑鉄インゴット、車轄や三足鍋といった鋳鉄製品、武器や工具といった鍛造品を多数検出した。調査者は、理化学的分析の結果を根拠に、鉄鉱石と石炭による製錬作業がおこなわれたと想定している。

だが、都市の中央部に大量の排煙が出る製鉄炉を設けたとは考えにくい。おそらく漢地で製造されたインゴットや破損品を再利用した鍛冶炉が操業していたのではないか。つまり、アウラガでもみられたリサイクル型の鉄器生産が、ここでもおこなわれていたのだった。

一九九九年には、ドイツ隊が十字路の家に隣接する区画を発掘し、銅細工や貨幣鋳造の工房跡を検出した。イスラム暦の六三五（西暦一二三七～三八）年にカラコルムで鋳造された、とアラビア文字で記されたミスカル銀貨が出土している。ミスカルはペルシア語（アラビア語でミトカル）の重量単位で、およそ四グラムにあたる。カリフ名も打刻されていることから、西・中央アジアからやってきたイスラム系工人が製作に関与していたとみてよい。

一方で、漢地から入ってきた北宋銭などの銅銭も多数出土している。それらも流通していたようだ。ただ、この地での銅銭の使用状況や銀貨との使い分けは、まったくわかっていない。

カラコルム遺跡を散策すると大量の中国製陶磁器片を目にする。白地に黒鉄絵あるいは赤絵の磁州《じしゅう》窯《よう》系陶器、藍釉の鈞窯《きんよう》系磁器、定窯《ていよう》系白磁、龍泉窯《りゅうせんよう》や耀州窯《ようしゅうよう》産の青磁（一四世紀になると、薄手の白磁や青花《せいか》を特徴とする景徳鎮窯《けいとくちんよう》産磁器も）などが多い。そのなかでとくに目立ったのが鈞窯系磁器だった。これはカラコルムだけでなく、アウラガ遺跡など同時期のモンゴル高原の遺跡に共通してみられる傾向といえる。深みのあるブルーは、モンゴルの人々の心をつかんだようだ。

そのためか漢地からの搬入品のほか、類似品の現地生産もしていた。十字路の家の周辺からは、灰色陶器、緑黄釉陶器のほか、鈞窯系を模した藍釉陶器も焼いていた窯の発見をソ連隊が報告している。どのような窯だったのか不詳だが、径一・五メートルほどの蛋形窯《たんけいよう》に類する陶窯が図示されている。

カラコルムを造営するために重要だったレンガも、市街地の脇や近くの河原で焼かれた。こちらの窯は、当時の漢地北部で用いられた饅頭窯《まんとうよう》とよばれるタイプだった。カラコルムで働いていた工人の出身地を知る手掛かりになる。

心の拠り所

国際都市カラコルムには、各地から集まった人々とともに、彼らが信奉していた宗教ももたらされた。ルブルクの旅行記によると、一二五四年にカラコルムには、さまざまな国民の異教寺院（おそらく仏寺と道観）が一二宇、イスラム礼拝堂が二堂、キリスト教会が一堂あったという。しかし、それらの位置は明らかでなかった。

市街地の西南の隅にひときわ大きな建物跡があった。土壁で囲まれた南北二四〇×東西一六〇メートルの敷地の中央に、高さ二メートル、辺長四一メートルの正方形の土台があった。この土台は建物の基壇で、南側に月台という玄関ポーチの張出部が付き、総じてみて逆凸字形のプランを呈していた。

これこそがソ連隊によって万安宮と誤解された遺構だった。彼らを弁護するつもりはないが、そう考えたことも納得できる。大型の建物跡が多いカラコルムでも、突出した規模の構造物だったからだ。

一九九九年からドイツ隊がこの基壇の発掘を始めた。基壇は、版築工法によって粘土とシルトを互層にすることで、入念に築成されていた。基壇を築く前には、掘込地業という建物の沈下を防ぐための地盤改良がおこなわれていた。そこに総瓦葺きなど重量のある建物が築造されていたことを示す。

基壇上の建物は、緑釉瓦で葺かれた木造の漢地風建築だった。室内の壁には極彩色の仏教画が描かれていた。部屋の中央部の須弥壇《しゅみだん》状の部分には、おびただしい数の小さな土製仏塔が納められていた。

当初、ドイツ隊もキセリョフ説を信じて、万安宮としてここを発掘していた。だが、あまりに多くの仏教遺物の出土から、しだいに寺院ではないかと考えるようになった。基壇の規模と、建築材の大量の瓦礫からみて、興元閣という名が調査者の脳裏をよぎった。

興元閣とは、高さ三〇〇尺（約九〇メートル）もある五層の巨大仏塔だったという。そうならば、大量の瓦礫と、掘込地業という大工事にも納得がいく。だが、確証はなかった。

そうした議論に終止符を打ったのが、一塊のカコウ岩製の石碑の断片だった。一九八四年、モンゴル隊が基壇の南裾に残るカコウ岩製の亀趺の傍らから、漢字一四文字が刻まれたカコウ岩の破片を発掘した。亀趺とは、亀の形をした台座のことをいう。出土した破片は、この亀趺の上に立てられていた石碑の一部に相違なく、そこにこの大型建物の由来が記されているにちがいないと考えられた。

ところが、この碑文の断片は解読されることもなく、長いことモンゴル科学アカデミー歴史研究所の収蔵庫の奥に収められていた。モンゴル留学中、その碑文を目にした筆者は、重要性を予見し、関係しそうな史料を調べてみた。すると、この文章が許有壬《きょゆうじん》という元末の文人の撰になる『勅賜興元閣碑』の一部だとわかった。許有壬の文集に収録されている文章と一致したのだ。

図5-6　勅賜興元閣碑のレプリカ（国立カラコルム博物館）

じつは、『勅賜興元閣碑』の断片は、すでにいくつかが報告されていた。ただ、それらはエルデネ・ゾー僧院などの後世の建物の建築材として転用されていて、誰も遺跡西南隅の大型建物と結びつくとは思っていなかった。亀趺の脇から出土したこの断片によって、ようやくこの大型基壇が興元閣の跡だったと決着がついた。

一面がウイグル文字モンゴル語、もう一面が漢字漢文の碑文によると、この建物は一二五六年にモンケの指示で築かれ、一三四六年に第一四代君主トゴン・テムル（位一三三三～七〇年）によって興元閣という名が下賜されたという。そうであるならば、一二五四年にカラコルムを訪れたルブルクに、その壮麗な姿を目にする機会はなかった。

キリスト教会の跡地

カトリック修道士のルブルクの関心は、もっぱらイェケ・モンゴル・ウルスにおけるキリスト教のあり方に向けられていた。彼の旅行記によれば、当時カラコルムで信仰されていたキリスト教は、ネストリウス派だった。西方からの外来者だけでなく、たとえばモンケの后妃のように、モンゴル支配者層のなかにもネストリウス派キリスト教が浸透していたようだ。彼はカラコルム滞在中に、市街地のはずれにあるキリスト教会に何度も足を運んで、そこでの布教活動をつぶさに観察した。

その教会と思しき建物跡が、ドイツ隊の調査によって市街地の北門近くでみつかった。ネストリウス派に特徴的な端部が末広がりになる十字架、燭台といった、いずれも青銅製の祭具が出土していることが、その遺構を教会とみなした大きな根拠のようだ。

教会の敷地は、築地塀で東西一四〇×南北七〇メートルの方形に囲まれていた。西壁に正門が設けられていた。敷地のほぼ中央に大型の建物基壇が残る。基壇上に築かれた建物は、真西に出入り口を設けていて、木造で床や壁にはレンガを用いていた。

発掘の結果、まず一三世紀前半に最初の教会が建てられ、同世紀後半に建て替えていたとわかった。

はじめに築かれた建物は、南北一八×東西一六メートルの方形プランで、門楼を兼ねた前殿と、礼拝室とみられる後殿がひと続きになっていた。ドイツ隊の復元案では、前殿は入母屋造りの屋根、後殿はドーム屋根というように、漢地風建築と中央アジア以西の建築との折衷とされる。しかも、後殿ドームの庇《ひさし》を含め、屋根は瓦で葺かれていたという。

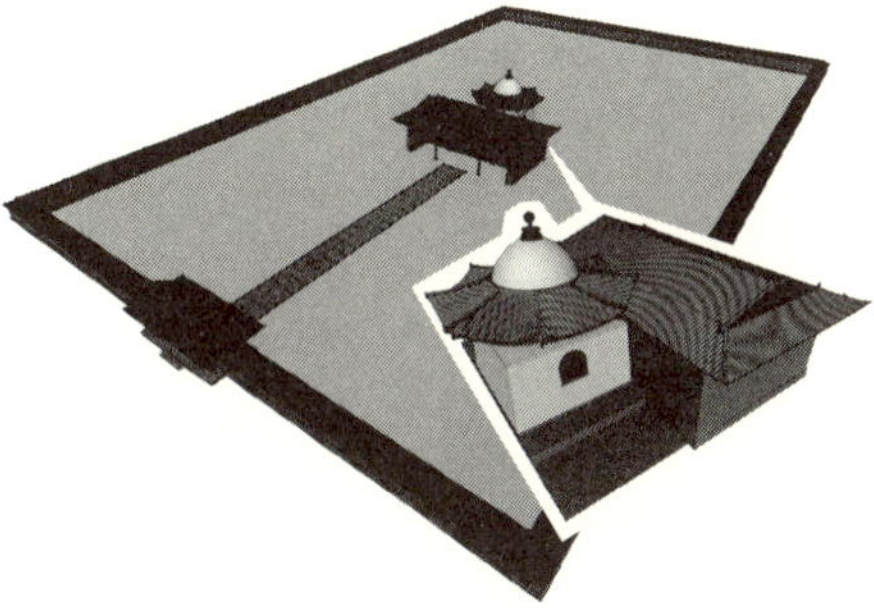

図5-7　キリスト教会想定復元（Batbayar 2022より筆者改変）

つぎに築かれた建物は、規模は前者を踏襲したが、全体が入母屋造りの漢地風建築に建て替えられた。くわえて、その西北と西南にも一棟ずつ同様の建物が築かれた。いずれも屋根が瓦で葺かれ、隅棟には鬼瓦が用いられていた。これら三棟は、四合院風に西に開いたコ字状に配置されていた。一見すると仏寺か漢人の邸宅のようで、とてもキリスト教会とは思えない。

西北の建物の床下から検出された土坑には、二三〇点もの牛の角が埋納されていた。祭祀に使われたのであろうが、調査者はネストリウス派の教義に基づくものではなく、モンゴル在地の祭祀の影響とみている。

ルブルクは旅行記のなかで、この地域のネストリウス派の堕落と邪教ぶりをしばしば嘆いている。彼がここを訪れたとしたら、はじめに築かれたほうの建物をみたはずだ。おそらくこうした在地化した建物の姿も、生粋のカトリック修道士には許せなかったにちがいない。

さいごに、イスラム礼拝堂についても触れたいが、残念ながら考古学的には確認されていない。ただ、イスラム教徒の集団墓地がみつかっている。西北の城壁外に都市住民の墓地が造成され、そのなかの四〇×三五メートルの方形プランの墓域に、大人から幼児までの三七体が目立った副葬品もともなわず、北頭位仰臥伸展の姿勢で安置されていた。

すべての遺体は顔を西に向けていた。キブラというイスラム教徒にみられるメッカ崇拝のあらわれとされる。地表より比較的浅い位置に、副葬品をともなわずに葬るのもイスラム墓の特徴だという。形質的には中央アジアに暮らす人々と近縁だと報告されている。遠い異郷においても、信仰を堅く守っていた敬虔な姿がしのばれる。

2　大造営の時代

宮殿に豪奢を競う

イェケ・モンゴル・ウルス期におけるモンゴル高原は、まさに建築ブームだった。カラコルムとその周辺では万安宮やゲゲンチャガン殿をはじめとする宮殿の造営、さらには興元閣の前身となった仏寺の建立などが続いた。こうした君主の直営事業で建てられた構造物以外にも、各地の有力な皇族がみずからのために多くの大型建築を築いた。

皇族たちは、比較的安定した経済基盤を有していた。基礎となっていた収入は、君主から皇族に対して毎年おこなわれた莫大な賜与だった。絹織物や宝飾品もあったが、基本的には銀錠《ぎんじょう》といわれる枕状の銀塊が下賜された。その額は、身分や家柄で多寡があるが、数千から数万錠だったとされる。

皇族たちはその銀錠を、国際的通商ネットワークをもつイスラム系商人に委ねて資産運用し、莫大な利益を得ていた。都合のよいことに、皇族たちのまわりには、戦争捕虜の漢地や中央アジア出身の工匠がいた。その技術力と皇族の資金力、豪奢な生活へのあこがれや虚栄心などが相まって、モンゴル高原は大造営の時代を迎えた。

そうした建築遺跡を比較的多く残しているのが、モンゴル高原の東端にあるフルンボイル地域だった。すでにそのいくつかは、中国やロシアの研究者によって、チンギス・カンの長弟ジョチ・カサルの一族や、末弟テムゲ・オトチギンの一族の居城と特定されている。皇族たちが競って豪壮な宮殿を造営していたようすを伝えている。

そのなかでもテムゲ・オトチギンは、派手好みの性格で領地内に多くの宮殿をもっていたと『集史』に記されている。テムゲ・オトチギンとその一族は、フルンボイル地域を領域にしていた。そのほぼ中央のクイ川（輝河）というほとりに、バヤンウラ（巴顔烏拉）遺跡という宮殿跡が残る。

バヤンウラ遺跡には、外壁と内壁の二重の囲壁が認められる。いずれの囲壁も方形プランで、外壁は四二〇×四一〇メートル、内壁は二七〇×二四〇メートルだった。この囲壁の設計にどのような尺度が使われたのか、あれこれ思案しているが、まだ見極めがついていない。ただ、外壁で正門が設けられた東南辺の長さ（四二〇メートル）には、特別の意味がありそうだ。

じつは、この四二〇メートルという長さは、カラコルムにオゴデイが築いた宮殿「万安宮」にもみられた。万安宮は、まだ全容が解明されていないが、部分発掘により、囲壁の規模は確認できている。それによると正面入り口側と思しき東南壁の辺長は、バヤンウラと同じ四二〇メートルだった。

バヤンウラ遺跡の内壁で囲まれた部分をみると、その中央に高さ一メートルほどの高まりがあった。これは建物基壇だった。基壇のプランは長方形で、四一×二五メートルの規模をもち、正面間口となる東南側に一六メートル四方のポーチ状張出部（月台）が付いていた。興元閣にもみられたこうした配置のことを、本書では逆凸字形プランとよんできた。

基壇の大きさから、ここには破格の建物があったとわかる。その類例を探してみると、これもオゴデイが築いた春離宮のゲゲンチャガン殿に行き当たった。ゲゲンチャガン殿の基壇も逆凸字形プランで、正面間口が四一メートル、月台部が一六メートル四方という点は、まったく一致した。

基壇上には瓦葺きの木造建築が建てられていた。しかも瓦には緑釉が施されていた。そのころの緑釉瓦は、宮殿、大規模寺院、重要官衙にしか用いられなかった。この建物がテムゲ・オトチギン家の宮殿と位置づけられている根拠の一つになっている。

こうしてみるとバヤンウラの宮殿には、オゴデイの築いた宮殿との類似点が多い。おそらく両者が時期的に近い関係にあったことを示している。万安宮は一二三五年、ゲゲンチャガン殿は一二三七年に着工された。バヤンウラも遠くない時期に建てられたにちがいない。

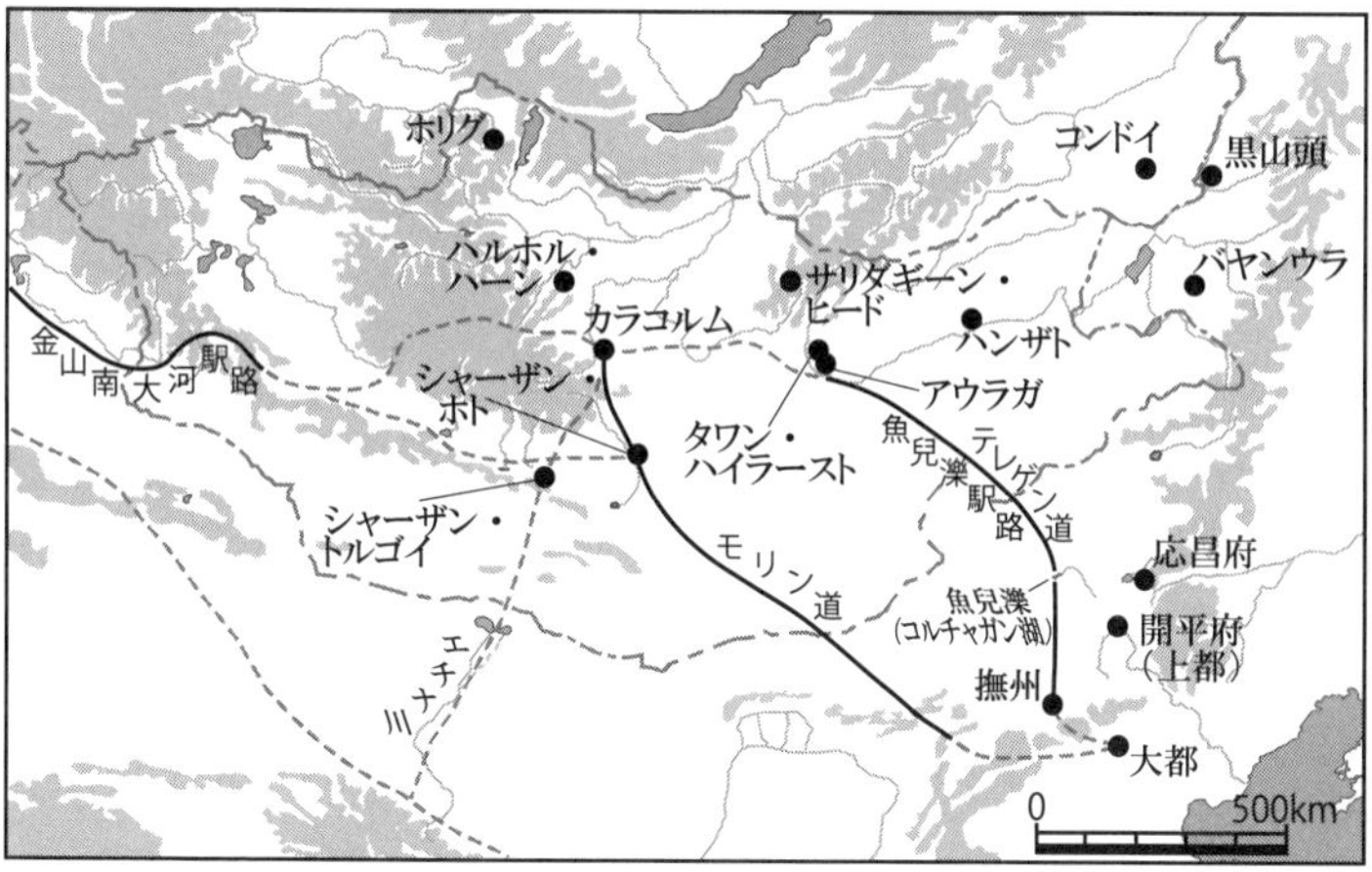

図5-8　本章関連遺跡分布図

ただ、叔父とはいえ、君主に匹敵する規模の宮殿を築くことは、いささか分をわきまえない所業といえよう。そこからはテムゲ・オトチギンの心の内がみえてくる。

『集史』によれば、一二四一年にオゴデイが急死したとき、テムゲ・オトチギンは、君主の位の簒奪を企てた。そのとき彼は、おそらく齢七〇に近かった。企ては失敗し、失意のうちに一二四六年ごろ薨じた。このような出来事を念頭にバヤンウラ宮殿のプランニングをみると、老獪なテムゲ・オトチギンのオゴデイへの対抗心と、君主の座を虎視眈々と狙う姿が浮かびあがる。

もう一人の愛息

話をチンギス・カンに戻す。チンギスには、ジョチ、チャガタイ、オゴデイ、トルイという四人の息子がいた、と一般的にいわれている。この四人の名が挙がるのは、正后のボルテを母としたからだ。ほかにも多数の后妃をもったチンギスには、庶子がいたことも知られている。その一人がコルゲンだった。コルゲンの母は第二后妃のクランだった。晩年のチンギスは、クランをもっとも寵愛し、足掛け七年にも及んだ中央アジア遠征に帯同した。

コルゲンの事績は定かでない。一二三七年の東欧遠征で戦死したことが史書に明記されている程度だ。だが、その遺児は、一万人の兵士を有し、時の君主のオゴデイ家に匹敵する権勢を誇ったとわかっている。コルゲン家と括られる子孫たちは、モンゴル政権のなかで重要な位置を占め、ときには激しく宗家に反抗するなど、一定の存在感を示した。

コルゲン家は、文献史料によると、北モンゴリア東部のヘルレン川中流域に所領をもっていたらしい。それと関連する遺跡を、筆者はヘンティー県東部を流れるヘルレン川北岸の氾濫原にみつけた。地元では漢人がいた場所の意のハンザトとよばれていた。

ハンザト遺跡は、建物跡とそれを囲む土壁からなる。囲壁は南北方向に長い方形プランを呈し、長辺二二〇×短辺一六〇メートルだった。当時は三メートルほどの高さがあったようだ。囲壁の南辺、東辺、西辺には、それぞれ瓦葺きの屋根を設えた門があった。

囲壁のなかに高さ一メートルほどの方丘が四基認められた。方丘は建物の基壇だった。そのうち中央やや北寄りにある最大規模の基壇を筆者らは発掘した。

間口三三×奥行き一四・五メートルの主屋の基壇を北側とし、南側に間口二四×奥行き一二メートルの庇型ポーチ部の基壇が付属していた。つまり、ゲゲンチャガン殿やバヤンウラの宮殿と同じ逆凸字形プランだった。

そこは氾濫原なので地盤が安定しているとはいえない。そこで、大きく重い基壇や、その上に築かれた建物を支えるため、前出のカラコルムの興元閣と同様に、掘込地業とよばれる大規模な土地改良がおこなわれた。まず、基壇を築く予定部分に、基壇よりもひと回り大きな坑を掘った。その深さは二メートルにも及んだ。つぎに、その坑を色調、粒子、粘性の異なる土を交互に突き固める版築工法によって入念に埋め戻した。

こうして整えられた地盤の上に、大量の土砂を版築工法で積み重ねた基壇が築かれた。基壇上には、建物の柱を根底で支えた礎石が数多く設置された。礎石には約一トンもあるカコウ岩が用いられていた。さいごに、焼成レンガで壁を積み、屋根瓦で葺かれた豪壮な木造建築が建てられた。これらの重みにも改良された地盤は耐えられた。

屋根瓦の焼成は堅緻だった。瓦当には龍文がみられた。玉を咥えた勇壮な龍の姿が浮き彫りになった図柄で、皇族以上の高貴な人物と関わる施設にだけ用いられたものだった。類似する瓦当は、中国黒竜江省の上京会寧府《じょうけいかいねいふ》など金代の宮殿建築にみられる。平瓦には金代に通用していた女真文字と思しき書き付けがあったことから、亡金の工人が建築に関与したと考えられる。

また、屋根の隅棟に飾られていた走獣《そうじゅう》（亀や鳥のほか、架空の動物を模った装飾瓦）もみつかっている。これらには緑釉が掛かっていたが、丸瓦および平瓦は無釉だった。わずかでも緑釉の掛かった瓦が使われていたことは、この建物が宮殿級だったことを示す。

ひとくちに宮殿級といっても、この建物の規模は破格の大きさだった。基壇の東西長は一二五尺（金または宋に由来する一尺＝三二・六センチメートルが用いられていた）にもなった。この基壇長の数値

図5-9　ハンザト遺跡の龍文瓦当

は、オゴデイのゲゲンチャガン殿の基壇の東西長一三〇尺にほぼ匹敵した。ハンザトの宮殿の主は、かなり有力な皇族だったとわかる。コルゲン家はそれにふさわしい。

炭素14年代などを参考にして、建物の廃絶年代は一二六八～八〇年と考えられる。当時のコルゲン家の当主は、コルゲンの孫のウルグタイだった。

ウルグタイについては『元史』や『集史』といった史料に少なからず記述が残る。彼は、クビライと、その弟のアリク・ブケとのあいだで起こった帝位争奪戦（一二六〇～六四年）で、当初はアリク・ブケ側についた。そののちクビライに投降し、一二六五年に河間王《かかんおう》に封じられている。しかし、モンゴル高原よりも漢地に重心を置くクビライに対し不満を抱き、モンケの庶子シリギが起こした反乱（一二七六～八二年）で、ふたたびクビライ軍と戦った。

この建物は、激しい火災を受けて廃絶していた。その背景には、このシリギの乱における戦闘が関係しているのではないか。

工字形プラン

フルンボイル地域には、黒山頭《こくさんとう》遺跡という宮殿遺跡もある。この遺跡は、アムール川の源流のアルグン川に、ゲン川（根河）という清流が注ぎこむ河岸段丘上に立地している。中露国境の最前線にあり、遺跡に立つとロシア側の家々が手に取るようにみえる。

黒山頭遺跡は、チンギスの長弟ジョチ・カサル一族の営地跡と考えられている。ジョチ・カサル家は、フルンボイル地域の北側、おもにアルグン川流域を領地としていたと『集史』などからわかる。

この遺跡は、外城と内城の二重の囲壁からなる。ただ、それぞれ別の時期に築かれたらしい。外城の中心軸は北に対し三〇度西に傾いていた。ところが内城は一〇度西偏というように異なっていた。この差は大きく、明らかに設計上の違いを表している。それでは、それぞれの囲壁は、いつ築造されたのか。

外城の囲壁は堅固で、門には甕城、壁面には馬面といった防御施設があり、軍事的な色彩が強い。このような城郭の初現はウイグル期にさかのぼり、契丹期にさかんに築造された。

外城のプランは、河岸段丘の崖線を避けた箇所があるので平行四辺形をしているが、おそらく正方形を企図していた。辺長は五九二メートルで、一尺＝二九・六センチメートルのものさしで二〇〇〇尺にあたる。設計には、村落型の契丹モジュールが使われていたようだ。それを支持するように、ここからは契丹期の陶器片が出土している。

一方で、内城の壁には防御的色彩はみられなかった。長辺一七四×短辺一一一メートルの整った長方形プランをしている。設計には一尺＝三一・六センチメートルのものさしが用いられたとみられ、四辺の総和が一八〇〇尺（ちょうど一里）になった。この尺度は宋・金代に始まり、オゴデイ以降になると広範に用いられた。

こうした尺制を参考にすると、おそらく契丹期に築かれた既存の外城を活用して、イェケ・モンゴル・ウルス期に内城を築いたと推定できる。それでは、内城の築造時期をもうすこし絞り込んでみよう。

内城のほぼ中央に、高さ三メートルの大型の建物基壇が残る。基壇上には南北に分かれて二つの建物があり、それを細長い廊でつないでいた。このような漢字の「工」字に似た建物配置を工字形プランとよぶ。いままで登場した逆凸字形プランの建築とは明らかに異なる。

南側建物は、間口と奥行きともに二〇メートルほどある建物で、カコウ岩の大きな柱礎石を用い、緑釉瓦で屋根を葺いた豪壮な建築だった。おそらく宮殿の正殿とみてまちがいない。宮殿の主が謁見などの公務をおこなう場だったとみている。もう一方の北側建物は、私的な場で寝殿とよばれる。

はたして、この宮殿はいつ建造されたのか。ここでは年代を特定できる遺物が出土していない。頼りなのは工字形プランという建物配置だけだ。

イェケ・モンゴル・ウルス時代の宮殿建築に工字形プランが採用されたのは、クビライの治世だった。クビライの登場は、政治や経済だけでなく、文化の大きな転換点になった。

一二六〇年、君主の座をめぐって、モンゴル高原東南部の開平府《かいへいふ》（上都）を拠点とするクビライと、カラコルムに拠った弟アリク・ブケのあいだで内戦が勃発した。一二六四年にクビライの勝利に終わると、国家の中心は漢地に移り、大都（いまの北京）を中心とする大元ウルスが成立した。大元ウルスはモンゴル高原を含む東アジアを治めた。

そのころロシア平原にはチンギスの長子ジョチの一族が勢力圏を築いていた。これをジョチ・ウルス（キプチャク・ハン国）という。また、中央アジアはチンギスの次子チャガタイの一族が支配権を

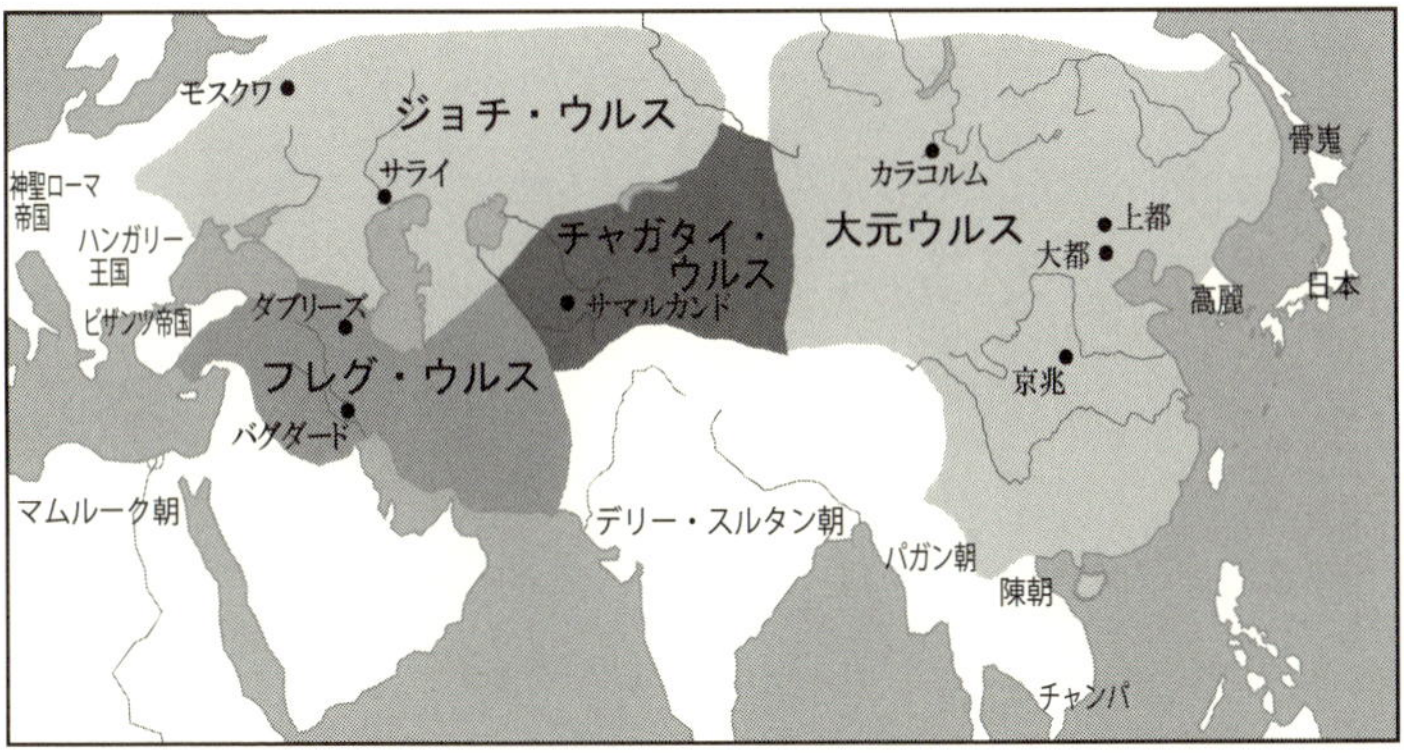

図5-10　四大ウルスからなるイェケ・モンゴル・ウルス連邦

確立していた。これをチャガタイ・ウルス（チャガタイ・ハン国）という。さらに、イランの地はクビライの弟フレグが統治していた。これをフレグ・ウルス（イル・ハン国）という。広大な版図を誇ったイェケ・モンゴル・ウルスは、大元、チャガタイ、ジョチ、フレグの四大ウルスからなる連邦となった。この連邦の宗主はクビライが務めたが、実質的にはそれぞれ独立国家といってよかった。

一二七一年、クビライは、宗主としての威信をかけて、大都で宮城の造営を開始した。中核となる宮殿は大明殿《だいめいでん》といった。子午線に沿って南北二三〇×東西一六〇メートル、高さ一八メートルという豪壮な基壇が築かれた。さらに、基壇上には南に正殿、北に寝殿が建てられ、両者は細長い柱廊でつながれていたと復元されている。かりに上空からみたら、建物の配置は「工」字形になる。すなわちこれが工字形プランだ。

モンゴル高原および漢地において、一三世紀第4四半期以降に造営されたとみられる皇族がかかわる宮殿には、ほぼすべてに工字形プランが採用されている。たとえば、クビライ

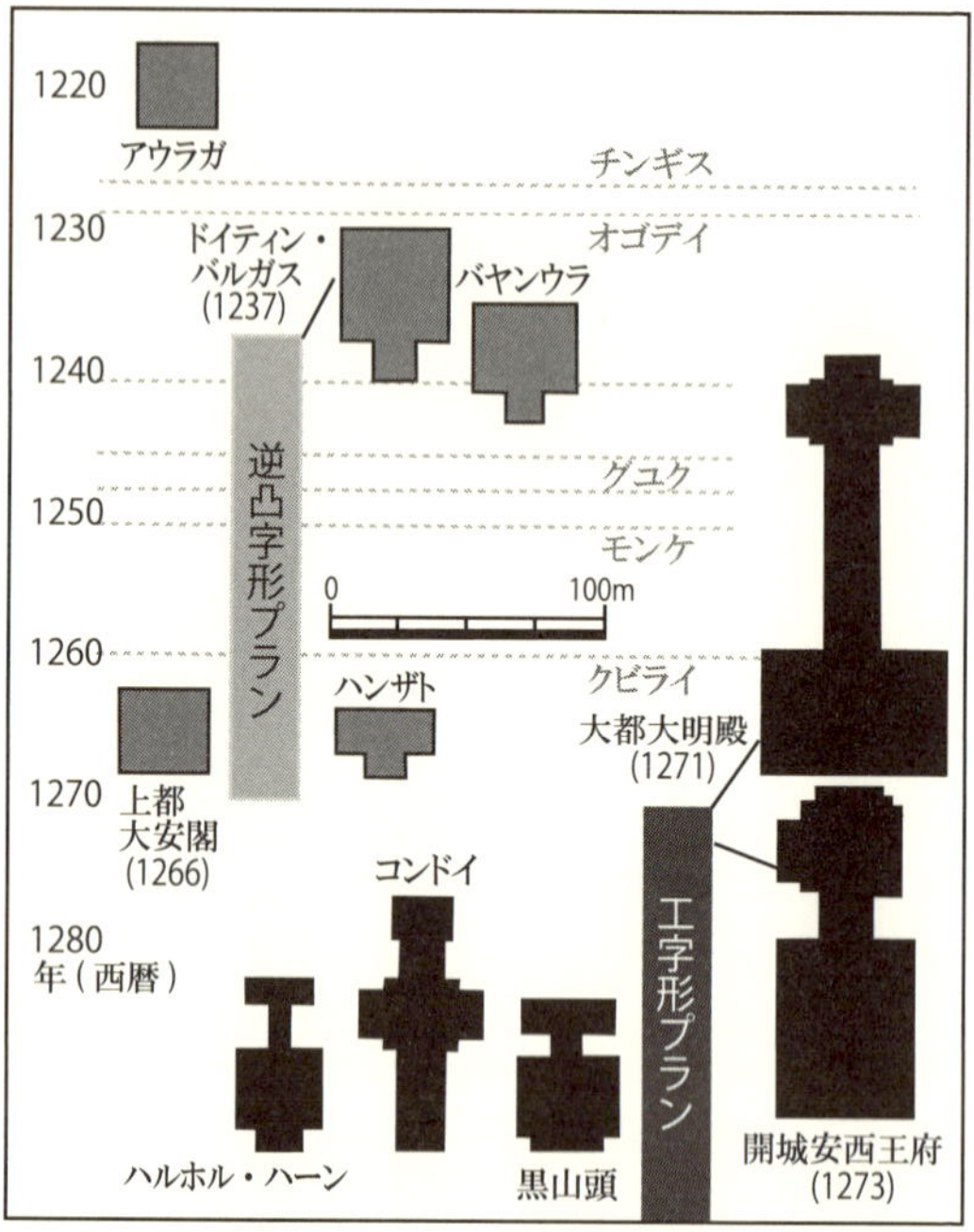

図5-11　宮殿建築の平面プランの変遷

の息子で京兆《けいちょう》（現西安）地方を統括していたマンガラ（安西王《あんせいおう》）の宮殿にもさっそく採用された。

　黒山頭遺跡の宮殿もこのタイミングで造営されたものとみられる。そのときにはジョチ・カサルは薨《みまか》っており、その子孫が施主となった。なお、ジョチ・カサル領内には、コンドイという別の工字形プランの宮殿も造営された。

　いまのところ大元ウルス内に限られるが、周辺の皇族に工字形プランが採用された理由は、大明殿と同じ規格の宮殿をもつということが、彼らにとってステイタスシンボルになっていたからだろう。かつてテムゲ・オトチギンが抱いたような、君主への対抗心や登極への野心からではなかった。その証拠に、地方宮殿の正殿の規模は、床面積でみると大明殿の正殿の三分の一程度だった。クビライを超えようとする気概も財力も、そこに見出すことはできない。一方、クビライとしても、大明殿のコピーを許すことを、みずからの権威づけと地方の皇族との関係維持に利用したようだ。

定住民のための新しい街

こうした宮殿の周囲には、恒常的な建築の痕跡は認められない。だが、主人に扈従する者たちの住処もあったはずだ。彼らは天幕に暮らした。おそらく宮殿の周囲には、おびただしい数の天幕が張られ、さながら都市といった景観だった。こうした天幕群は、季節移動とともに消え去った。

その天幕群の一角には、遊牧民出身者だけでなく、戦争捕虜として漢地や中央アジアなどからやってきた定住民も暮らしていた。原住地で農耕や手工業をなりわいとしていた彼らには、その技能をモンゴルの地で発揮することが求められていた。しかし、移動生活では何かと難しい。そこで彼らを定住させ、生産活動に専念させるための集落が、モンゴル高原の各地に設けられた。

その代表が、すでにみたカラコルムだったが、くわえて近年注目されている集落遺跡がある。ハルホル・ハーン遺跡といい、ハンガイ山地北麓のハヌイ川のほとりに築かれた。

この遺跡でまず衆目を引くのが、高さ六メートルの壁で、南北三五〇×東西三一五メートルの方形に囲まれた城郭遺構だ。城郭のほぼ中央に、高さ二メートルにもなる大型の建物基壇が残る。基壇上には二棟の建物が南北に並び、細長い廊がそのあいだをつないでいた。既述のとおり、これは大都の大明殿にみられた、工字形プランという建物配置だった。

南側の建物は一辺二四メートルもあり、緑釉瓦で葺かれた豪壮な建築だった。この規模と内容はジョチ・カサル家の居城とされる黒山頭遺跡に匹敵する。

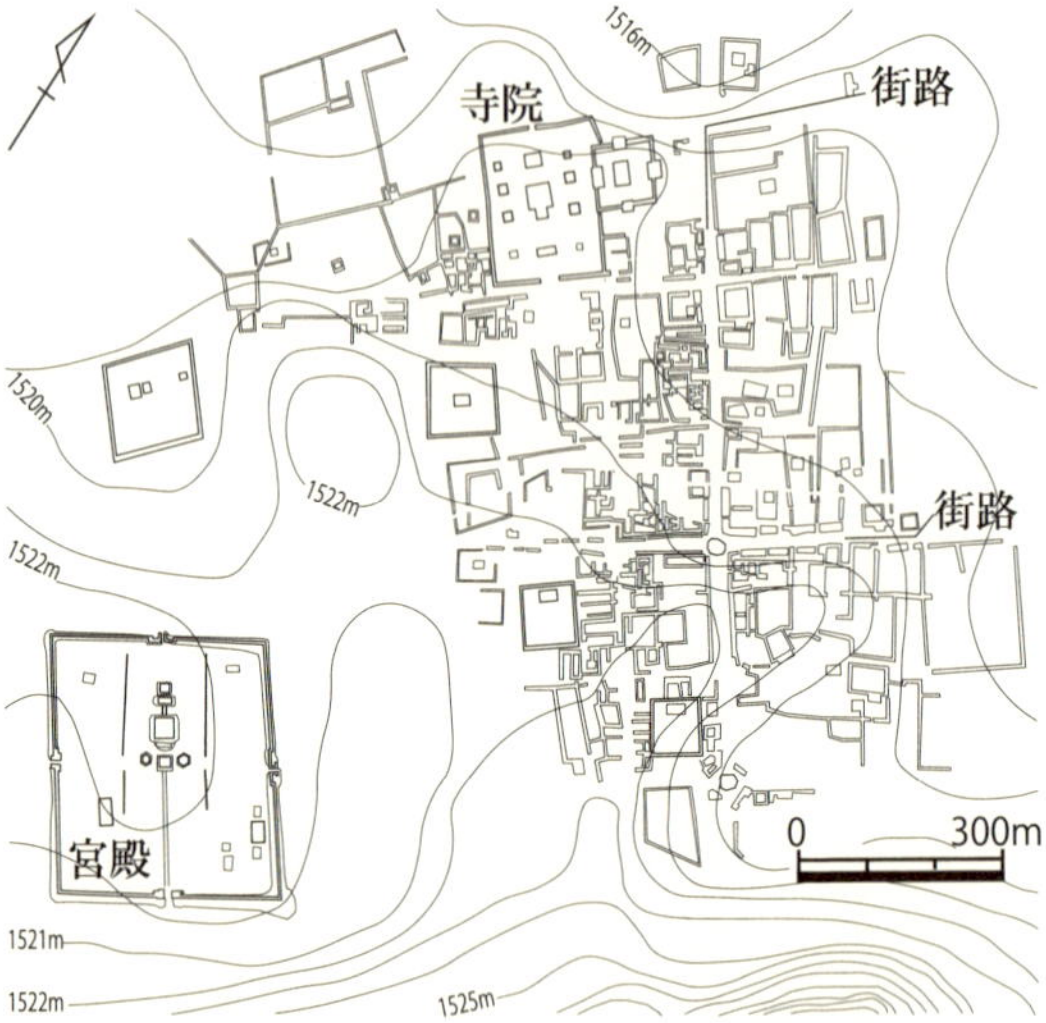

図5-12　ハルホル・ハーン遺跡。市街地の南に宮殿を設け、西寄りに寺院や霊廟といった宗教施設を置くプランは、アウラガやカラコルムと共通している。都市に対する当時の思想がみてとれる

地元の伝承によると、この城郭の主人は一七世紀ごろのハルホル・ハーンという王侯だとされる。地面に散乱した建築材をみると、たしかに一七世紀ごろにも機能していたようだ。だが、囲壁や基壇をつぶさに観察すると、それに先立つ痕跡も見出せた。

ドイツ隊の調査で、城郭の基礎部分の炭素14年代が一三世紀後半とわかった。くわえて、工字形の建物配置を大明殿に倣ったとみれば、築造時期は一三世紀第4四半期に絞れる。

建物配置や規模からみて、皇族クラスの人物によって築かれた宮殿と考えてよい。文献史料には、ハンガイ山地北麓にクビライ家の領地があったとみえる。この城郭の主人が、クビライの近親者だった可能性はじゅうぶんにある。

そして、その人物が市街地も造営したようだ。市街地遺構はこの囲壁遺構の東方の平坦地にひろがる。その範囲はおよそ東西七五〇×南北一一五〇メートルで、カラコルム囲壁部分の面積のおよそ四

分の三だった。炭素14年代測定で一三世紀末から一四世紀第3四半期という値が得られているので、市街地が営まれたのは、おおむね大元ウルス期とみてよい。

市街地全体を巡る囲壁は認められない。しかし、市街地プランはほぼ方形にまとまり、建物はおおむね整然と配列されていた。そう目に映るのは街路のせいかもしれない。幅二五メートルほどの大路が、真北に対し三五度西偏の方向で市街地を貫き、それに二本の街路が直交することで、街割りは「キ」字状を呈していた。交差点の中央には建物跡が認められる。漢地の古都でよく目にする鐘楼のような建築がそびえていたのかもしれない。

市街地の西北部には、大規模の建物基壇群が認められた。これをドイツ隊は仏寺だと考えている。なぜならば、建物配置がカラコルムの興元閣によく類似しているからだ。宗教施設も設けられた本格的な都市だった。

市街地および周辺には、さまざまな生産の痕跡がみつかっている。建築材として使われたレンガを焼いた窯や、おそらく鍛冶とみられる鉄工房も存在したようだ。出土した陶磁器類には漢地産のほか、在地産と思しき陶器も多く、文様や釉薬に個性的な特徴が見受けられる。

調査の途中で現地の人から興味深い情報を得た。遺跡の南に小さな塩湖があり、比較的良質な塩が採れると聞いた。社会主義時代には、地元遊牧民はその塩を生活に役立てていたという。そういったことも、ここに都市が栄えた理由のようだ。

3　亡国の影

膨れ上がる人口と都市の拡張

先述した一九九六年夏のユネスコ調査では、イェケ・モンゴル・ウルスの君主の離宮の探索と並行して、カラコルム遺跡の広がりを確認した。世界文化遺産に登録するため、正確な遺跡範囲を決定する必要があったからだ。

それには大きな障害があった。遺跡の東側が社会主義時代に拓かれ、広大な麦畑と化していたのだ。地表はきれいに削平され、踏査では遺構の有無は判断できなかった。そこで地中レーダーを導入した。レーダーで遺構の可能性のある地点を絞り、そこを掘って遺構の有無を確認するという作業を繰り返した。

こうした地道な調査で、市街地を囲繞する土壁の外側にも、かなり広範囲に建物が存在したことがわかった。興味深いのは、それらの建物に用いられていた焼成レンガが、きわめて均一だったことだ。具体的にいうと、厚さが四・五センチメートルと揃っていた。もちろん、人の手で作られたものなので、多少の長短はある。それもプラスマイナス二ミリメートル程度の誤差の範囲に収まった。

カラコルムで使用された焼成レンガは、平たい直方体を呈し、おおむね長さは三二センチメートル、幅は一六センチメートルだった。だが、厚さに着目してみると、四・五、五・〇、五・五、六・〇センチメートルと、すこしずつ異なることがわかった。調べてみると、厚さの違いは、時期差を反映していた。

先述のように、ソ連隊が発掘した十字路の家には、何世代もの生活痕が積み重なり、五メートルに及ぶ高さの土丘となっていた。その堆積状況を観察したところ、厚さ五・〇、五・五センチメートルのレンガは下層から出土し、厚さ四・五、六・〇センチメートルのレンガは上層から出土することがわかった。

当時、カラコルムを発掘していたドイツ隊のリーダーにこの話をすると、「ミラクル！」と鼻で笑われた。在地生産の粗雑なレンガに規格などあるはずはないというのだ。しかし、内心では興味をもったらしく、光ルミネッセンス（ＯＳＬ）法でレンガ自体の年代を調べ、レンガの厚さが時期によって変化することを確かめた。ただ、それは誤差の範囲が広く、ある程度の前後関係の目安でしかなかった。一方で筆者はレンガを含んだ堆積物中の有機物を使い、炭素14法で年代を割り出す方法を採った。このほうがＯＳＬ法よりも誤差が少ない。その結果、厚さ五・〇と五・五センチメートルのレンガは一三世紀中葉から後葉に、四・五センチメートルのレンガは一四世紀前葉に、六・〇センチメートルのレンガは一四世紀中葉以降に使われたと具体的にわかった。

さて、十字路の家の地層を詳しく調べると、上層と下層とのあいだに焼けた瓦礫の層が分厚く挟まることがわかった。瓦礫の年代を測定したところ、一三世紀の終わりごろという値が得られた。史料を繙くと、この瓦礫層は、一二九六～九七年にカラコルムを襲ったウルス・ブカ軍による破壊の跡だったようだ。

ウルス・ブカとは、第四代君主モンケの孫にあたる。オゴデイの孫にあたるカイドゥが中央アジアに拠ってクビライに対して反乱を起こしたとき、カイドゥに同調して兵を挙げたが、反りが合わず離反した。クビライ側に投降しようと、その途上に立ち寄ったカラコルムで、およそ一万二〇〇〇人の配下の将兵が破壊略奪をはたらいた。

その直後の一二九九年にカラコルムを拡張したという記事が『元史』にある。破壊からの復旧のほか、カイドゥの乱にあたるため漢地から派遣された兵士や、戦乱から逃れてやってきた難民によって、カラコルムの人口が膨れ上がっていたのも背景にあった。

その拡張に用いられたのが、厚さ四・五センチメートルのレンガだった。その出土地点の範囲を調べると、一〇・五平方キロメートルにも及ぶ。創建当初の都市範囲が五・七平方キロメートルだったので、およそ二倍に拡張されたとわかる。そのうち居住エリアに限ると、一・二平方キロメートルから七・五平方キロメートルへと約六倍にもなった。単純計算だが、建都のときに比べて一四世紀初めには、約六倍の人口がいたことになる。

残念ながら、カラコルムの人口を知る手掛かりは乏しい。一三〇三年には約三万人の兵士がいたとわかっている程度だ。試みに、各種史料を参考にして推算してみたところ、拡張された一四世紀初めのカラコルムには、七~八万人が住んでいたという結果が出た。

環境悪化と食料不足

現在、カラコルムの廃墟に隣接してハルホリン郡の中心集落が営まれている。観光地として栄え、地方の集落としては大規模なほうだが、それでも居住者は一万人強にすぎない。けっして多くない人口だが、ハルホリン郡は、ライフライン、衛生、周辺の自然環境破壊などに、常日ごろから問題を抱えている。それよりも人口がいた往時には、より深刻な問題が生じていたにちがいない。たとえば、住民の食料調達の難しさがあった。

漢地や中央アジア出身の住民の多いカラコルムでは、穀物の需要が高かった。米粒も検出されているが、圧倒的に出土数の多いのは、キビ、大麦、小麦、カラス麦、アワといった雑穀類だった。漢地などからの輸入のほか、現地生産で需要をまかなっていた。しかし、思うようにはいかなかった。

クビライが政治・経済の拠点を漢地に移すと、北モンゴリアの重要度は、祖宗興隆の地にもかかわらず低下した。旧来の秩序が崩れ、利権を失った在地有力者は、クビライに対して不満を抱いた。一二七六年にモンケの庶子シリギが起こした反乱をきっかけに、オゴデイの孫カイドゥ、チンギスの末弟テムゲ・オトチギン家のナヤンなどが蜂起した。それらによってカラコルムとその周辺は幾度となく戦火にみまわれた。

クビライは、カラコルムを北モンゴリアの要と位置づけ、その防備のため、一二七八年に和林《わりん》屯田を設置した。和林とはカラコルムの漢語風の呼称で、屯田とは、漢地などから徴募した兵士を要衝に配備し、平時には耕作に従事させる辺防システムだった。

和林屯田の位置は定かでないが、カラコルム北方一三キロメートルに清代の屯田跡が残ることから、おそらく同じあたりにあったとみられる。和林屯田では最大で九万石《せき》（一石は約九〇キログラム）の収量があったという。そのほとんどをキビと仮定した場合、年間で二万人程度を養えた。ただし、それだけのキビを収穫するには、およそ八〇平方キロメートルの耕作地が必要だった。

当時の北モンゴリアでは、屯田の設置が相次いだ。アルタイ山脈の麓のオアシスには称海《チンカイ》屯田が、ハンガイ山地から流れ出すザブハン川のほとりには五条河《ごじょうが》屯田が立てられた。一三一一年ごろまでには、四六四八戸の屯田兵が北モンゴリアに駐屯し、その耕作地は六四〇〇頃《けい》（約三六〇平方キロメートル）に及んだと『元史』にある。

また、一三〇二年には、カラコルム周辺に和林倉、昔宝赤《シバウチ》八剌哈孫《バルガスン》倉、孔古《こうこ》烈《れつ》倉が設けられた。倉とは、戦乱や凶荒に備えて穀物などの物資を貯蔵しておく施設をいう。

カラコルムから南南西二五〇キロメートルにあるシャーザン・トルゴイ遺跡は、筆者らの研究で孔古烈倉の跡だということが明らかになった。念のため、君主の冬離宮のシャーザン・ホトとは別の遺跡だ。

ゴビ砂漠のなかのオアシスといえる緑豊かな場所で、ゴビ・アルタイ山脈の伏流水が泉となって湧き出してフンフレーという小川となっている。孔古烈《コンクーレー》はフンフレーを漢字音写したようだ。泉の付近には、倉とその役人たちの居住区と思われる建物跡がみられた。また、小川のほとりには、当時の耕地跡が観察できた。畦畔、畝、水路の跡が認められたが、それらの配置には企画性がみられず、粗放な農業だった。

耕地跡の範囲は、東西二キロメートル、南北一・二キロメートルほどと、あまり広くない。あくまでも計算上だが、かりに作物のすべてがキビだったならば、この面積なら一二〇トンほどの収穫が期待できる。それでも年間三〇〇人強が養える程度の微々たるものだった。

そうした対策は焼け石に水だった。カラコルムでは穀物不足は常態化していた。一四世紀になると酒を醸すことを禁ずる令が頻繁に発出されるようになった。これは原料となる穀物の不足による。

そこで大都の政府は、漢地からの穀物輸送を増量するとともに、商人からの買い上げを進めた。一三一六年から四年間、カラコルムでは二〇万〜三〇万石の穀物が購入された。だが、それも救荒には及ばず、一三二〇年には三〇〇〇〇人もの餓死者が出た。一三二九年には、大都の倉庫から一〇〇万石の米をカラコルムに転送したと史料にある。カラコルム住民の生活は、大都をはじめとする漢地に大きく依存する状態に陥っていた。

そのようななか、折悪しく、モンゴル高原から漢地にかけて天候不順が重なった。一三三〇年には干魃、翌三一年には春先の風雪害がカラコルム周辺を襲った。とくに後者では、多数の家畜が失われた。

前の年の夏季に干魃があると、家畜はじゅうぶんな栄養を蓄えられないまま冬を越す。もっとも体力が落ちた春先に寒冷や大雪に遭うと、耐えられずに死に至る。そのような自然災害をモンゴル遊牧民はゾドとよんで恐れる。今世紀初頭に起こったゾドでは、モンゴル国の家畜の約三〇パーセントにもなる、およそ一〇〇〇万頭が失われたとされる。

図5-13　シャーザン・トルゴイ遺跡に残された石臼

一三四二年ごろから、漢地の穀倉といわれていた長江流域で氾濫が頻発し、米の収量が激減した。自然環境悪化や食料不足が社会不安をよび、政権への不満が高まった。一三五一年には、異民族支配からの脱却を目指して漢人農民たちが武装蜂起した。彼らは赤い頭巾を被っていたので、これを紅巾《こうきん》の乱とよぶ。すでに漢地にはモンゴル高原を支える余力はなかった。

カラコルムに残る一三四八年立石の『嶺北省右丞《れいほくしょううじょう》郎中《ろうちゅう》総管収糧《そうかんしゅうりょう》（粮）記《き》』という碑文には、その前年に一五万石の穀物を買い入れたと記されている。カラコルムにいた官僚が穀物の買い入れの実績を自画自賛する内容だった。皮肉にも、これがカラコルムの都市生活を伝える最後の碑文史料となった。

新興勢力オイラトの台頭

イェケ・モンゴル・ウルスの興隆の地である北モンゴリアには、当時の墓地遺跡が数多くみつかっている。その実数が数えられたことはなく、おそらく数万ヵ所にのぼるだろう。そのうち考古学調査された墓地は、ほんの一握りの数にすぎない。この時代の墓葬の研究は、緒に就いたばかりというのが正直なところだ。

当時の墓地は、丘陵の東南斜面に営まれることが多い。一つの墓地あたり、数基から百数十基の墓が築かれている。当時の墓の構造は、地表に礫を配した径三～五メートルほどの目印があり、その直下に深さ一～二メートルほどの素掘り土坑が設けられ、坑底に木棺あるいは絹布で包まれた遺体が安置されている。遺体の頭位はほぼ北を向き、仰向けで手足を伸ばした仰臥伸展とよばれる姿勢をとっている。副葬品は馬具や武器など多様だが、頭の傍らに羊の肢骨（橈骨か脛骨が多い）を納める風習はほとんどの墓にみられ、一五世紀ごろまで続いた。

筆者の調査例を紹介しよう。ヘルレン川上流のタワン・ハイラーストという墓地遺跡を発掘したところ、一基の墓からは高齢の女性が、一〇メートルほど離れた別の墓からは比較的若い男性の骨が検出された。ゲノム解析で二人は母子関係にあったとわかった。

母親のほうは、すべての歯は抜け落ち、足を悪くしていたが、遺体の脇には木製の杖と、老眼鏡と思しき水晶製のレンズが納められ、各種ガラス製装飾品を身に着けていた。息子によって手厚くあの世に送られたようすがうかがえる。一方、息子の墓は盗掘に遭っていたが、石棺に納められるといった厚葬だった点から、一族のなかでリーダー的な人物だったようだ。

人骨を用いた炭素14年代を参照すると、母親は一四世紀末、息子は一五世紀初めに葬られたらしい。動乱の時期にあっても、肉親の死を悼む気持ちは変わらなかった。

庶民とエリート層とのあいだで、墓の規模や外見に大きな違いはなかった。ただ、エリート層の墓地は、高台や山岳など比較的高所に営まれることが多いようだ。

二〇一八年、モンゴル国で二番目に大きなフブスグル湖西岸の山岳地帯からエリート層の墓地がみつかった。ホリグ遺跡とよばれ、モンゴル国立博物館とアメリカ隊の合同調査団により発掘がおこなわれた。

墓地は標高二一〇〇メートルという高所に営まれていたことで、有機質の遺物が永久凍土に守られて、往時のままの状態でみつかった。驚くべきは、漢地産の陶器のなかにクリームやバターが残っていたことだろう。

ただ、残念なことに、一〇〇基ほどある墓のうち、ほとんどが盗掘されていた。しかもここ数年のあいだに被害に遭ったそうだ。近年、好事家のあいだで考古資料が高値で取引されている。ウランバートルには闇マーケットがあると聞く。鉱工業やIT産業などで潤う新興富裕層や、隣接する経済大国がお得意様らしい。同様の被害は、モンゴル国内各地で報告され、文化遺産を守る上で深刻な問題となっている。

ホリグ遺跡を暴いた盗掘者たちは、かなり慌てていたようだ。売れ筋のお宝を手に入れると、残りのものには目もくれず、そそくさと引き上げた。だが、盗み残しの品々であっても、金銀装飾品、ガラス製品、中国陶磁器、絹製金糸織物、鉄製馬具など目を見張るものばかりだった。

文献史料や碑文によると、フブスグル湖周辺からエニセイ川上流地域には、オイラトという部族がいたらしい。オイラト部族の族長は、チンギスと婚姻関係を結んだいわゆる駙馬《ふば》家としてイェケ・モンゴル・ウルス時代に権勢を誇った。ホリグとは禁区という意味で、貴人の墓所を指すという。おそらく、ホリグ遺跡の被葬者は、オイラト部族のエリート層だった。

炭素14年代から、この墓群は一三世紀の終わりごろに営まれ始め、一四世紀代に盛期を迎えたとわかった。イェケ・モンゴル・ウルスが衰退するなかでも、オイラト部族は確実に力を蓄えていたようだ。やがて、オイラト部族は、イェケ・モンゴル・ウルスの滅亡とともに台頭した。一五世紀中葉にエセンという族長が登場すると、一時モンゴル高原を統べるまでになった（後述する）。そうした新たな時代の胎動を、北モンゴリア北辺の墓地に感じる。

青銅印は語る

一三六八年、トゴン・テムルは、明軍の迫りくる大都を棄て、北に奔った。歴史教科書的にいえば、この時点で大元ウルス（元朝）の滅亡ということになるが、じっさいには、まだ国家としての体裁は保たれていた。再起を期して南モンゴリア東南部のダリ湖畔にある応昌府《おうしょうふ》に拠った。だが、望み虚しくその地で果てた。

跡を継いだ第一五代君主アユシリダラ（アユルシリダラとも、位一三七〇～七八年）は、一三七二年にカラコルムに入城する。ふたたびカラコルムはイェケ・モンゴル・ウルスの首都になった。

この時代の北モンゴリアのようすは、よくわかっていなかったが、当時を知る上で興味深い考古資料が、今世紀に入ってつぎつぎとみつかった。

ソ連隊が発掘した十字路の家に隣接する部分を、二〇〇一年に発掘していたドイツ隊が、地表下約六〇センチメートルの所から一つの青銅印を発見した。石とレンガを組んで箱状にした遺構のなかに、それは大切に納められていた。印面は六・三センチメートル四方、鈕《ちゅう》も含めた高さは七・三センチメートル、重さは七三〇グラムだった。

印面にはパスパ文字で篆書体三行が陽刻されていた。パスパ文字とは、クビライがチベット仏教の高僧パスパに命じて作らせた表音文字で、大元ウルスの公文書に使われていた。漢訳すると「戸部《こぶ》主事印」と読め、同様の文が右の印側に漢字で線刻されていた。また、左の印側には「宣光《せんこう》二年三月日　中書礼部造」という漢字の陰刻があった。戸部とは財政を司る政府機関で、主事はその下級官僚だった。

宣光とは、アユシリダラによって建てられた元号で、その二年とは、西暦一三七二年にあたる。元号を定めるのは、漢地の伝統では皇帝の専決事項だった。天命を受けて世を統治していることを天下万民に示すとともに、独立国家であることの表明でもあった。漢民族の正統性に固執し、異民族支配の汚点をなるべく払拭したい中国史では、このころのモンゴル政権を地方勢力の一つにすぎないととらえて「北元《ほくげん》」と称するが、この段階においてイェケ・モンゴル・ウルスも大元ウルスも顕然と命脈を保っていた。

ところが、そのアユシリダラは一三七八年に崩ずる。跡を継ぎ第一六代君主の座についた弟のトグス・テムルは、フルンボイルで明軍と対戦して大敗北を喫す。多くの人命と物資を失い敗走する途中、アリク・ブケの血を引くイェスデルによって殺害されてしまった。一三八八年のことだった。

そのときクビライを祖とする大元ウルスの皇統は途絶えた。それをもってイェケ・モンゴル・ウルスの宗主という立場の人間もいなくなった。イェケ・モンゴル・ウルスは豪勢を誇ったわりに一八二年という短命で幕を閉じた。

それでもモンゴル高原には、その残存勢力が蔓延《はびこ》っていた。それを放置することは、新興の明にとって危険だった。明はたびたび軍隊をおくり、彼らの掃討に努めた。

当時のようすを伝える資料がウブルハンガイ県の県立博物館に収蔵されている。シャーザン・トルゴイ遺跡で採集されたとの記録のある青銅印だ。この遺跡は、カラコルム周辺に置かれた救荒施設の一つだった孔古烈倉として前述した。

印面は七センチメートル正方で、漢字一三文字が篆書体で陽刻されていた。刻字は「興州中屯衛中千戸所百戸印」とあった。さらに印背には「礼部造　永楽元年八月　日」と陰刻されていた。興州中屯衛とは、明朝によって北京郊外に設置された軍団（衛）のことらしい。衛とは、いくつかの千人隊（千戸）から成り立ち、さらに千人隊はいくつかの百人隊（百戸）から構成されていた。この印には「百戸印」とあることから、一つの百人隊の隊長（百戸長）が所持していたものだったとわかる。永楽元年は西暦一四〇三年にあたる。

シャーザン・トルゴイ遺跡の地は、カラコルムからシルクロードの河西回廊に至る古来の幹線上にある。豊かな水が湧き、穀物が実るこの地は、戦略の上で重要だった。明朝は建国以来、河西回廊から北上して、エチナ川（黒河）流域を経由してカラコルム方面を威嚇していた。おそらくこの地には明軍の前線基地が置かれた。この青銅印は、そのときに残されたのだろう。

活仏の国づくり

トグス・テムルの死後、クビライの皇統は途絶えても、チンギス・カンの子孫によるモンゴル高原の支配は純然と続いていた。歴史家はこの時代をポスト（後）モンゴルとよぶが、その実態は「続モンゴル」といったほうがふさわしかった。

ただ、弱体化したモンゴル部族だけで統治するのは困難で、そのころ勢力を急伸させていたオイラト部族の協力が欠かせなかった。すでに述べたように、オイラト部族は一四世紀ごろから力を蓄え始めていた。このときにはモンゴル部族を凌ぐほどの勢力を誇っていた。

図5-14　シャーザン・トルゴイ遺跡採集の明軍印

一四五三年、オイラト部族のエセンが、モンゴル部族の有力者をことごとく抹殺し、みずからモンゴル高原に覇を唱えた。彼の称号は、大元天聖大ハーンといった。大元とは、いうまでもなく、モンゴル部族政権が栄華をきわめた大元ウルスを指す。この威厳に満ちた称号からは、モンゴル部族に代わって高原の盟主たらんと意気込むエセンの姿が想像できるようだ。

当時のモンゴル高原では、支配者にチンギスの血統が求められた。しかし、エセンはそれを無視した。エセンは、わずか一年の在位で殺害された。その横死のさまから、チンギスの祟りだという俗説が生まれた。

そののち、モンゴル部族の再興に力を注いだのがバトムンフだった。チンギス直系の子孫とされ、一四八七年に即位してダヤン・ハーンと名のった。ダヤンとは「大元」の転訛とされる。彼もまた、大元ウルスの復興の夢を抱いていた。

だが、それも叶わぬまま、モンゴル高原は新しい時代の波にのまれることになる。モンゴルの内紛を利用して、大興安嶺山脈南部にいた満洲族の建てた後金《こうきん》の軍隊が南モンゴリアに侵入してきた。モンゴル部族は後金に降り、後金の君主ホンタイジに大元ウルス君主の玉璽を献じた。モンゴル高原の遊牧民は、こぞってホンタイジを自分たちの盟主に仰ぎ、一六三六年、彼を大清皇帝に推戴した。新興の清は、大元ウルスの威光を利用して、草原世界を統治しようとした。

この出来事を契機に、南モンゴリアでは清朝の政治的介入が本格化した。しかし、北モンゴリアでは、かろうじて独立が保たれていた。そうした時期に、北モンゴリアを統べることになったのがジャウザンダムバ・ホタクト（ジェブツンダムバ・ホトクトとも）一世ことザナバザル（一六三五～一七二三年）だった。一五歳のときにチベットを訪問し、ダライ・ラマ五世から活仏に認定された。帰国後の一六五二年に、北モンゴリアの諸部族によって統一的な首長として推戴された。彼もまた、チンギスの血統を受け継いでいたとされる。

ウランバートル市から東北東一〇〇キロメートルのヘンティー山地のなかにサリダギーン・ヒードという仏教寺院がある。この寺院は、ザナバザルの発願により一六八〇年に竣工したと伝わる。いまでは人跡が途絶え、寺院跡まで獣道をたどって馬の背に揺られながら一日掛かりで登る。山懐に抱かれた標高二一〇〇メートルの高地に大伽藍の跡が残る。二〇一三年からモンゴル人考古学者による本格的な学術調査が始まり、チベット式の壮麗な堂宇が立ち並んだようすが復元された。そこには流麗なフォルムと甘美な表情が特徴のザナバザル作の仏像が安置されていた。彼は仏教の力でモンゴル再興を目指した。

図5-15　サリダギーン・ヒード出土のザナバザル仏（国立チンギス・ハーン博物館蔵）

ザナバザルは、宗教家、政治家であるほかに、彫刻、建築、文字の創作などで傑出した才能を発揮し、東洋のミケランジェロとも称されている。彼の思想と芸術は、北モンゴリアの各地に残る数多くの神秘的逸話とともに、遊牧民の心にいまなお深く息づいている。

そうしたザナバザルの祈りも時勢に抗うことはできなかった。

一六九一年、ザナバザルは清朝第四代皇帝の康熙帝《こうきてい》に臣従の誓いをたてた。以後、北モンゴリアは清朝の支配を受けることになる。

一九一一年の辛亥革命を機に北モンゴリアは独立を果たす。活仏のジャウザンダムバ・ホタクト八世が帝位（ボグド・ハーン）に就き、ボグド・ハーン政権が誕生した。ただ、ボグド・ハーンはチベット人で、チンギス・カンとは無縁だった。それでもこの政権がモンゴル遊牧王朝の最後の光芒となる。

一九二四年にボグド・ハーンが崩ずると、世界で二番目の社会主義国家となるモンゴル人民共和国が成立した。社会主義政権下では、定住化と農地化が促進され、伝統的遊牧文化の多くが失われた。また、民族主義の高揚を抑えるためチンギス・カンの礼賛はもちろん、研究までもが否定された。

一九九二年、ソ連崩壊に端を発する民主化の影響を受けて自由主義と市場経済をとり入れ、国号をモンゴル・ウルス（モンゴル国）と改称した。この国では民族の統合の象徴として、チンギス・カンが復権を果たした。

モンゴルの残映

イェケ・モンゴル・ウルスとチンギス・カンの影響は、モンゴル高原にとどまらず、ユーラシア世界に長く残り続けた。

四大ウルスのうち、宗主的な位置づけだった大元ウルスの滅亡に先立つ一三三五年、イラン方面を統治していたフレグ・ウルスでは、フレグの王統が途絶えた。一三五三年にはチンギスに血統のたどれる君主も姿を消した。チンギスの威光が失われると、人心は急速にモンゴル政権から離れた。以後、混沌とした時代が続くが、出版、医学、博物学、天文学などフレグ・ウルス時代に発展した学術文化は、世界の近代化に大きな貢献をすることになる。

一三四〇年代には、中央アジアに君臨したチャガタイ・ウルスがイスラム化の波を受けて二つに分裂した。遊牧民的なモンゴル伝統を重視した集団は、バルハシ湖南方に拠り、自称をモンゴルの転訛したモグールという東チャガタイ・ハン国を建てた。一方の、言語がトルコ化し、思想がイスラム化した定着的な集団は、マー・ワラー・アンナフルを領域とする西チャガタイ・ハン国を建てた。

その西チャガタイ・ハン国のモンゴル系部族のなかからティムール（一三三六〜一四〇五年）が頭角をあらわした。卓越した政治力と強大な軍事力を有しながら、彼はチンギス血統の傀儡のハーンを立て、みずからは有力部将の筆頭の地位に甘んじた。なぜなら、彼にはチンギスの血が流れていなかったからだ。トルコ・イスラム化が浸透しようとも、チンギスの血統を重視するモンゴルの秩序が頑なに守られていた。ティムールはチンギスの血統の妻を迎え、チンギス家の駙馬という立場で権力を保った。中央アジアから西アジアまで広大な版図を築き、イェケ・モンゴル・ウルスの再興を企図して明朝討伐に兵馬を進めたが、その途上で陣没した。

ティムールの大望を引き継いだのは、彼の子孫のバーブル（一四八三〜一五三〇年）だった。バーブルは、母方にチャガタイの血を引いていた。ティムール朝滅亡の憂き目に遭うと北インドへ進出して、そこに新たな王朝を開いた。ペルシア人はその王朝を「ムガル」とよんだ。モンゴルを意味するモゴールが転訛したものである。その他称が広く浸透して、その王朝はムガル帝国とよばれる。この

〝モンゴル人の帝国〟は、南アジアの超大国として一七代にわたって続いたが、大英帝国によって一八五八年に幕を閉じた。

ジョチ・ウルスはというと、一四世紀後半から弱体化と分裂が急速に進んだ。大オルダと称したジョチ正統の後裔政権が一五〇二年に滅びると、クリミア半島を中心とするクリミア・ハン国がその権力を継承した。そのクリミア・ハン国も、急速に巨大化したロシア帝国の圧力のもと、一七八三年に滅亡した。

ロシア帝国は、ジョチ・ウルスの遺制を多分に引き継いだ。近代化では西欧の後塵を拝することになったが、諸々の資源に富んだ広大な国土を手に入れた。そこにモザイク画のように散在する文化や宗教を違える多様な民族を巧みに統治する術には、駅伝制に由来する通信制度など、少なからずモンゴルの方式が活かされた。後世のロシア人史家は、「タタルのくびき」という表現でモンゴル支配期を辛く暗い時代だったと喧伝した。しかしながら、歴史に〝もしも〟は禁物かもしれないが、もしもタタルのくびきを経験していなかったら、ロシア帝国は、あそこまで強大になれたとは思えない。

こうした近代、さらには現代の国家のなかに、遊牧王朝が育んだ制度や伝統は、さまざまな場面に継承されている。いまでは遊牧王朝は姿を消してしまったが、世界にはまだ多くの遊牧を主たるなりわいとする人々が暮らしている。モンゴル国にもおよそ四〇万人の遊牧民がいるとされる。総人口の一割強とわずかになってしまったが、五〇〇〇年のときを超えて、古来の伝統を守りながら、彼らは新たな歴史を刻み続けている。

おわりに

本書の冒頭でユーラシア大陸を人体に見立てた。思想や制度を生んだ地域を頭、技術や工芸を進歩させた地域を手足としたとき、ヨーロッパ、西アジア、インド、そして中国が、時代の移ろいのなかで代わるがわる、あるときは頭、あるときは手足の役目を担ってきたと述べた。

そして、心臓の位置はモンゴル高原とした。そこに暮らす遊牧民たちの動静が、人と物の流れを生み出し、それらをユーラシア各地へと広めたようすが、あたかも鼓動によって押し出される血液の流れにみえるからだ。そうした血液の流れは、人種、民族、宗教の垣根を越えていき渡り、各地で新しい時代を生みだす細胞を目覚めさせた。

一世紀末にモンゴル高原から西に向けて始まった人流は、やがて民族大移動のうねりとなり、現在の西欧諸国の基礎を築いた。また、南への人流は、遊牧文化と漢地の定住文化との融合を引き起こし、中華文明の形成に大きな影響を与えた。ことのほかイェケ・モンゴル・ウルスの出現は、物資と情報とがユーラシアを駆け巡るいわば通商革命をもたらし、大航海時代の先駆けとなったという意見もある。モンゴルが鼓動を高ぶらせたとき、ユーラシア世界は結びつきを強めた。だが、そうした裏側で陰惨な出来事が繰り返されたことも忘れてはなるまい。

現在に目を転ずると、人と物の動きは驚異的に活発となった。インターネットの普及によって世界は、かつてないほど結びつきを強めている。しかしその反面、教条的な思想によって人々が傷つき、行き場を失って孤立し、社会が分断していくさまも、皮肉にもインターネットを通じて毎日のように見聞きする。

そうした時代に、私たちはどこに針路を採るべきか。そのヒントを求めて、モンゴルの大地で遊牧民たちが繰りひろげた五〇〇〇年の興亡の歴史に思いをはせてみるのも、けっして無駄な時間ではなかろう。

*

前世紀の末から今世紀の初めにかけて、モンゴルを中心とするユーラシア内陸部に暮らす遊牧民の歩みに焦点をあてた著作が少なからず発表された。著者によって接近法はさまざまだが、おおむねそれらは、遊牧民が世界史をつくったと唱道し、遊牧民の役割をことさらに強調していた。微に入り細を穿つ考証と博覧強記ぶりには、学ぶべき点が多々あった。まだモンゴルの研究を始めて日の浅かった筆者は、先学たちがいざなう遊牧民の歴史の壮大なスケールに心を躍らせた。

その反面、不満も感じた。筆者が追い求める遊牧民の歴史とは、おおきく異なっていたからだ。ひとことでいうと、先学の著作のなかに遊牧民の姿はみえなかった。たとえば遊牧生活の実態や技術についての言及が乏しかった。モンゴル遊牧民の歴史にもかかわらず、モンゴル高原で、いつ、どのように遊牧や騎乗が始まったのかといった、とうぜん押さえておくべき事項がおざなりだと感じた。

そのころ筆者は、二年にわたるモンゴル留学を経験し、遊牧民の歴史を知るためには、現地でのフィールドワークが欠かせないと考え始めていた。書斎にこもって安楽椅子に身を沈め、書物の山に埋もれるのが性に合わないこともあったが、遊牧民の姿がみえる研究を目指していた。

ここで筆者のいうフィールドワークとは、春夏秋冬を問わず現地で資料や人々と向き合うことを指している。夏の一時期だけを草原ですごすリゾート感覚の似非《えせ》フィールドワーカーとはちがう。夏は陽炎立つなか肌を焦がし、冬は細氷舞うなか睫毛を凍らせ、朝は家畜のいななきに瞼をこすり、夜は馬乳を攪拌する音にまどろむ生活こそ、彼らの歴史への最良の接近法だと強く信じている。

もちろん、農耕文化に育まれた筆者に、どこまで遊牧民を理解できるかは、はなはだ心もとない。筆者にできる遊牧生活など、しょせん真似事にすぎない。それでも現地の言葉を使い、同じ食事を分かち合い、家畜とふれあいながら日々あれこれ思索することで、フィールドワークには、書斎の安楽椅子では得られない多くの学びがある。

あれから三〇年以上の月日が流れ、フィールドワークを通してモンゴルの歴史を解明しようと考える学者は、いまや珍しくなくなった。筆者のような考古学者だけでなく、文献史学者のなかにもフィールドワーク派が増えていることは、じつに喜ばしい。

＊

華甲が近づき、そろそろ研究のラストスパートと意気込んでいた矢先、パンデミックが筆者からフィールドを遠ざけた。二年以上の雌伏のときは、それまで書きためた野帳の整理に時間を費やした。膨大な冊数の野帳には、遊牧民とその暮らしに真正面から向き合った記録が乱雑な文字で綴られていた。あまり生産的ではない作業だと初めのうちは考えていたが、失念していた事項をよび起こさせ、新たな知見をひらめかせるという、思いがけず充実した時間を与えてくれた。そうしたあれこれを鬱屈した気分の転換も兼ねてまとめてみたのが本書だ。

本書では、文献史料よりも遺跡、遺構、遺物といった物質資料に基づくことを心掛け、そうした記述に紙幅を割いた。一方で、時代解説などは最小限にとどめ、人物の事績や出来事の経緯は、可能な限り割愛した。ゆえに、本書の内容は、従前の歴史書に慣れた方々にとって不満足かもしれない。だが、そこには、名もなき遊牧民から歴史を綴りたいという筆者の思いが込められていることを汲み取っていただきたい。

本書の編集は、前作の『モンゴル帝国誕生―チンギス・カンの都を掘る』に引き続き梶慎一郎さんがご担当くださった。梶さんと相識の間柄になってから早や四〇年。適切なご指示とともに適当な距離感がとてもありがたかった。深甚なる謝意を表し擱筆としたい。

二〇二四年　霜月吉日

筆者識す

参考文献

・掲載は和文、欧文（モンゴル語を含む）、中文の順とした。
・ШУА は Шинжлэх Ухааны Академи（モンゴル科学アカデミー）の略号である。
・モンゴル科学アカデミー考古学研究所紀要 *Археологийн Судлал* は、*Studia Archaeologica* と記載した。
・掲載のない考古資料の出典は、白石典之（二〇二二）『モンゴル考古学概説』同成社刊を参照されたい。
・史料については割愛した。

はじめに

岡田英弘（一九九二）『世界史の誕生』筑摩書房。

サーヴィス、エルマン（増田義郎監修）（一九九一）『民族の世界―未開社会の多彩な生活様式の探究』（講談社学術文庫）講談社。

杉山正明（一九九七）『遊牧民から見た世界史』日本経済新聞社。

モーガン、デイヴィド（杉山正明ほか訳）（一九九三）『モンゴル帝国の歴史』（角川選書）角川書店。

レンフルー、コリンほか（池田裕ほか訳）（二〇〇七）『考古学　理論・方法・実践』東洋書林。

第一章

今西錦司（一九九五）『遊牧論そのほか』平凡社（初出：秋田屋、一九四八）。

梅棹忠夫（一九七六）『狩猟と遊牧の世界』講談社（初出：『思想』二・四月号、岩波書店、一九六五）。

遠藤邦彦ほか（二〇一二）「バルハシ湖の湖底堆積物からみる湖水位変動と環境変遷」（奈良間千之編）『中央ユーラシア環境史』（一、環境変動と人間）、八六〜一三六頁、臨川書店。

菊地大樹（二〇二二）「牧畜のきた道」（菊地大樹ほか編）『家畜の考古学―古代アジアの東西交流』七九〜九二頁、雄山閣。

笹田朋孝（二〇一一）「モンゴル・ゴビ地域の古代銅生産」『日本鉱業史研究』六二、一～八頁。

白石典之（二〇二三）「モンゴル高原における遊牧の始まり」『沙漠研究』三三巻一号、三～八頁。

中村大介（二〇二三）「戦車と騎馬―家畜化後の広域交流」（諫早直人ほか編）『馬・車馬・騎馬の考古学―東方ユーラシアの馬文化』一三～四五頁、臨川書店。

林俊雄（二〇〇七）『スキタイと匈奴　遊牧の文明』（興亡の世界史　〇二）講談社。

平田昌弘（二〇一一）「搾乳の開始時期推定とユーラシア大陸乳文化一元二極化説」『酪農乳業史研究』五、一～一二頁。

平田昌弘（二〇一四）『人とミルクの1万年』（岩波ジュニア新書）岩波書店。

藤井純夫（二〇〇一）『ムギとヒツジの考古学』同成社。

本郷一美（二〇一〇）「遊牧の起源と伝播」（白石典之編）『チンギス・カンの戒め―モンゴル草原と地球環境問題』四四～六〇頁、同成社。

マシュクール、Mほか（二〇〇八）「西アジアにおける動物の家畜化とその発展」（西秋良宏編）『遺丘と女神―メソポタミア原始農村の黎明』八〇～九三頁、東京大学総合研究博物館。

松井健（二〇〇一）『遊牧という文化―移動の生活戦略』（歴史文化ライブラリー）吉川弘文館。

松本圭太（二〇一九）「草原地帯における青銅武器の発達」『ユーラシアの大草原を掘る』（アジア遊学二三八）一七一～一八〇頁、勉誠出版。

三宅裕（二〇一三）「西アジア型農耕と家畜の乳利用―遊牧の成立をめぐって」（大沼克彦編）『ユーラシア乾燥地域の農耕民と牧畜民』一九～三〇頁、六一書房。

宮本一夫（二〇二三）『東アジア初期鉄器時代の研究』雄山閣。

Aizen, E.M. et al. (2016) Abrupt and moderate climate changes in the mid-latitudes of Asia during the Holocene. *Journal of Glaciology*. 62(233), pp.411-439.
Allard, F. et al. (2005) Khirigsuurs, ritual and mobility in the Bronze Age of Mongolia. *Antiquity*. 79(305), pp.547-563.
Amartuvshin, Ch. et al. (2018): Амартүвшин, Ч. нар. Монгол нутаг дахь хиргисүүрийн судалгаа. *Studia Archaeologica*. 37, т.56-85.
Amgalantugs, Ts. (2015): Амгалантөгс, Ц. Хиргисүүрийн гадаад хэлбэр зохион байгуулалтын ангилал. *Studia*

Archaeologica. 35, т.122-139.

Bliedtner, M. et al. (2021) Late Holocene climate changes in the Altai region based on a first high-resolution biomarker isotope record from lake Khar Nuur. *Geophysical Research Letters*. 48: 10.1029/2021GL094299.

Borodovsky, A.P. et al. (2015) Barangol: A Pazyryk cemetery on the Lower Katun, Gorny Altai. *Archaeology, Ethnology and Anthropology of Eurasia*. 43(3), pp.128-141.

Čugunov, K.V. et al. (2010) *Der skythenzeitliche Fürstenkurgan Aržan 2 in Tuva*. Philipp von Zabern, Mainz.

Dirksen, V.G. et al. (2007) Chronology of Holocene climate and vegetation changes and their connection to cultural dynamics in Southern Siberia. *Radiocarbon*. 49(2), pp.1103-1121.

Eregzen, G. et al. (2014): Эрэгзэн, Г. нар. *Монголын Археологийн Өв (3, Булш оршуулга)*. ШУА Түүх, Археологийн Хүрээлэн, Улаанбаатар.

Evershed, R.P. et al. (2008) Earliest date for milk use in the Near East and Southeastern Europe linked to cattle herding. *Nature*. 455, pp.528-531.

Fages, A. et al. (2019) Tracking five millennia of horse management with extensive ancient genome time series. *Cell*. 177, pp.1419-1435.

Ganbold, O. et al. (2019) Genetic diversity and the origin of Mongolian native sheep. *Livestock Science*. 220, pp.17-25.

Gaunitz, C. et al. (2018) Ancient genomes revisit the ancestry of domestic and Przewalski's horses. *Science*. 360, pp.111-114.

Gnecchi-Ruscone, G.A. et al. (2021) Ancient genomic time transect from the Central Asian Steppe unravels the history of the Scythians. *Science Advances*. 7(13): 10.1126/sciadv.abe4414.

González-Ruiz, M. et al. (2012) Tracing the origin of the east-west population admixture in the Altai region (Central Asia). *Plos One*. 7(11), e48904.

Hayashi, T. (2013) The beginning and the maturity of nomadic powers in the Eurasian Steppes: Growing and downsizing of elite tumuli. *Ancient civilizations from Scythia to Siberia*. 19(1), pp.105-141.

Hirose, M. et al. (2021) Investigating early husbandry strategies in the Southern Caucasus: intra-tooth sequential carbon and oxygen isotope analysis of Neolithic goats, sheep, and cattle from Göytepe and Hacı Elamxanlı Tepe. *Journal of*

Archaeological Science: Reports. 36: 10.1016/j.jasrep.2021.102869.

Honeychurch, W. (2015) *Inner Asia and the spatial politics of empire: archaeology, mobility, and culture contact*. Springer, New York.

Honeychurch, W. et al. (2021) The earliest herders of East Asia: Examining Afanasievo entry to Central Mongolia. *Archaeological Research in Asia*. 26, 10.1016/j.ara.2021.100264.

Hosek, L. et al. (2024) Tracing horseback riding and transport in the human skeleton. *Science Advances*. 10(38): 10.1126/sciadv.ado9774.

Houle, J-L. (2009) Socially integrative facilities and the emergence of societal complexity on the Mongolian Steppe. *Social complexity in prehistoric Eurasia: Monuments, metals and mobility*. pp.358-377, Cambridge Univ. Press, Cambridge.

Houle, J-L. (2017) Long-term occupation and seasonal mobility in Mongolia: A comparative study of two mobile pastoralist communities. *Fitful histories and unruly publics: rethinking temporality and community in Eurasian archaeology*. pp.155-174, Brill, Leiden.

Hsu, Y-K. et al. (2016) Tracing the flows of copper and copper alloys in the Early Iron Age societies of the Eastern Eurasian Steppe. *Antiquity*. 90(350), pp.357-375.

Hsu, Y-K. et al. (2020) Discerning social interaction and cultural influence in Early Iron Age Mongolia through archaeometallurgical investigation. *Archaeological and Anthropological Sciences*. 12(11), pp.1-18.

Huang, X. et al. (2018) Holocene vegetation and climate dynamics in the Altai mountains and surrounding areas. *Geophysical Research Letters*. 45(13): 10.1029/2018GL078028.

Ishtseren, L. (2024): Ишцэрэн, Л. *Төмөр ба нүүдэлчд*. ШУА Археологийн Хүрээлэн, Улаанбаатар.

Janz, L. et al. (2017) Transitions in palaeoecology and technology: Hunter-gatherers and early herders in the Gobi Desert. *Journal of World Prehistory*. 30, pp.1-80.

Jeong, C. et al. (2020) A dynamic 6,000-year genetic history of Eurasia's Eastern Steppe. *Cell*. 183(4), pp.890-904.

Jia, P. et al. (2020) Seasonal movements of Bronze Age transhumant pastoralists in Western Xinjiang. *Plos One*. 15(11): 10.1317/journal.pone.0240739.

Kenoyer, J.M. et al. (2022) Carnelian beads in Mongolia: new perspectives on technology and trade. *Archaeological and Anthropological Sciences*. 14(6): 10.1007/s12520-021-01456-4.

Keyser, C. et al. (2009) Ancient DNA provides new insights into the history of South Siberian kurgan people. *Human Genetics*. 126, pp.395-410.

Klinge, M. et al. (2019) Spatial pattern of late glacial and Holocene climatic and environmental development in Western Mongolia -A critical review and synthesis. *Quaternary Science Reviews*. 210, pp.26-50.

Kovalev, A.A. et al. (2009) Discovery of new cultures of the Bronze Age in Mongolia according to the data obtained by the international Central Asian archaeological expedition. *Current Archaeological Research in Mongolia (Bonn Contributions to Asian Archaeology, vol.4)*. pp.149-170.

Lazzerini, N. et al. (2020) Season of death of domestic horses deposited in a ritual complex from Bronze Age Mongolia: Insights from oxygen isotope time-series in tooth enamel. *Journal of Archaeological Science: Reports*. 32: 10.1016/j.jasrep.2020.102387.

Librado, P. et al. (2017) Ancient genomic changes associated with domestication of the horse. *Science*. 356(6336), pp.442-445.

Librado, P. et al. (2021) The origins and spread of domestic horses from the Western Eurasian Steppes. *Nature*. 598, pp.634-640.

Lv, F. et al. (2015) Mitogenomic meta-analysis identifies two phases of migration in the history of Eastern Eurasian sheep. *Molecular Biology and Evolution*. 32(10), pp.2515-2533.

Makarewicz, C.A. et al. (2018) Isotopic evidence for ceremonial provisioning of Late Bronze Age khirigsuurs with horses from diverse geographic locales. *Quaternary International*. 476, pp.70-81.

Mary, L. et al. (2019) Genetic kinship and admixture in Iron Age Scytho-Siberians. *Human Genetics*. 138(4), pp.411-423.

Miyamoto, K. et al. (2016) *Excavations at Daram and Tevsh site*. Kyushu University, Fukuoka.

Miyamoto, K. et al. (2018) *Excavations at Emeelt tolgoi site*. Kyushu University, Fukuoka.

Novgorodova, E.A. et al. (1982) *Ulangom: Ein skythenzeitliches Gräberfeld in der Mongolei* (Asiatische Forschungen. 76). Otto Harrassowitz, Wiesbaden.

Outram, A.K. et al. (2009) The earliest horse harnessing and milking. *Science*. 323(5919), pp.1332-1335.

Pilipenko, A.S. et al. (2010) Mitochondrial DNA studies of the Pazyryk people (4th to 3rd centuries BC) from Northwestern Mongolia. *Archaeological and Anthropological Sciences*. 2, pp.231-236.

Pokutta, D.A. et al. (2019) Mobility of nomads in Central Asia: Chronology and $^{87}Sr/^{86}Sr$ isotope evidence from the Pazyryk barrows of Northern Altai, Russia. *Journal of Archaeological Science: Reports*. 27 : 10.1016/j.jasrep.2019.101897.

Poliakov, A.V. et al. (2019) A review of the radiocarbon dates for the Afanasyevo culture (Central Asia): shifting towards the “shorter” chronology. *Radiocarbon*. 61(1), pp.243-263.

Rawson, J. et al. (2020) Chariotry and prone burials: Reassessing late Shang China’s relationship with its northern neighbours. *Journal of World Prehistory*. 33, pp.135-168.

Rudaya, N. et al. (2016) Quantitative reconstructions of mid- to late Holocene climate and vegetation in the North-Eastern Altai mountains recorded in lake Teletskoye. *Global and Planetary Change*. 141, pp.12-24.

Rudenko, S.I. (1970) *Frozen tombs of Siberia, The Pazyryk burials of Iron-Age horsemen*. University of California Press, Barkley, and Los Angeles.

Sadykov, T. (2020) Kurgan Tunnug 1—New data on the earliest horizon of Scythian material culture. *Journal of Field Archaeology*. 45(8): 10.1080/00934690.2020.1821152.

Struck, J. et al. (2022) Central Mongolian lake sediments reveal new insights on climate change and equestrian empires in the Eastern Steppes. *Scientific Reports*. 12(2829): 10.1038/s41598-022-06659-w.

Svyatko, S.V. et al. (2017) Stable isotope palaeodietary analysis of the Early Bronze Age Afanasyevo Culture in the Altai Mountains, Southern Siberia. *Journal of Archaeological Science: Reports*. 14, pp.65-75.

Takahama, S. et al. (2006) Preliminary report of the archaeological investigations in Ulaan Uushig I (Uushigiin Övör) in Mongolia. 『金沢大学考古学紀要』二八、六一〜一〇二頁。

Taylor, W. (2017) Horse demography and use in Bronze Age Mongolia. *Quaternary International*. 436-A, pp.270-282: 10.1016/j.quaint.2015.09.085.

Taylor, W. et al. (2015) Equine cranial morphology and the identification of riding and chariotry in Late Bronze Age

Mongolia. *Antiquity*. 89(346), pp.854-871.

Taylor, W. et al. (2016) Reconstructing equine bridles in the Mongolian Bronze Age. *Journal of Ethnobiology*. 36(3), pp.554-570.

Taylor, W. et al. (2017) A Bayesian chronology for early domestic horse use in the Eastern Steppe. *Journal of Archaeological Science*. 81, pp.49-58.

Taylor, W. et al. (2018a) Horseback riding, asymmetry, and changes to the equine skull: evidence for mounted riding in Mongolia's late Bronze Age. *Care or Neglect?: Evidence of Animal Disease in Archaeology*. pp.134-154, Oxbow Books, Oxford.

Taylor, W. et al. (2018b) Origins of equine dentistry. *Proceedings of the National Academy of Sciences*. 115(29), E, pp.6707-6715.

Taylor, W. et al. (2019) Radiocarbon dating and cultural dynamics across Mongolia's early pastoral transition. *Plos One*. 14(11): e0224241.

Taylor, W. et al. (2020) Early pastoral economies and herding transitions in Eastern Eurasia. *Scientific Reports*. 10(1001): 10.1038/s41598-020-57735-y.

Trautmann, M. et al. (2023) First bioanthropological evidence for Yamnaya horsemanship. *Science Advances*. 9(9): 10.1126/sciadv.ade2451.

Tseveendorj, D. (1980): Цэвээндорж,Д. Чандманий соёл. *Studia Archaeologica*. 9, т.34-200.

Tsybyktarov, A.D. (1998): Цыбыктаров, А.Д. *Культура плиточных могил Монголии и Забайкалья*. Бурятский государственный университет, Улан-Үдэ.

Turbat, Ts. et al. (2016): Төрбат, Ц. нар. *Монгол Алтайн мөнх цэвдгийн булш, Монголын Пазырыкийн соёл*. Адмон, Улаанбаатар.

Unterländer, M. et al. (2017) Ancestry and demography and descendants of Iron Age nomads of the Eurasian Steppe. *Nature Communications*. 8(14615).

Ventresca-Miller, A.R. et al. (2019) Intensification in pastoralist cereal use coincides with the expansion of trans-regional networks in the Eurasian Steppe. *Scientific Reports*. 9(8363).

Ventresca-Miller, A.R. et al. (2022) The spread of herds and horses into the Altai: How livestock and dairying drove social complexity in Mongolia. *Plos One*. 17(5): e0265775.

Wang, C. et al. (2021) Genomic insights into the formation of human populations in East Asia. *Nature*. 591, pp.413-419.

Wilkin, S. et al. (2020) Dairy pastoralism sustained Eastern Eurasian Steppe populations for 5000 years. *Nature Ecology & Evolution*. 4(3), pp.346-355.

Wright, J. (2014) Landscapes of Inequality?: A critique of monumental hierarchy in the Mongolian Bronze Age. *Asian Perspectives*. 51(2), pp.139-163.

Wright, J. et al. (2019) The earliest Bronze Age culture of the South-Eastern Gobi Desert, Mongolia. *Antiquity*. 93(368), pp.393-411.

Zaitseva, G.I. et al. (2004) Chronology and possible links between climatic and cultural change during the first millennium BC in Southern Siberia and Central Asia. *Radiocarbon*. 46(1), pp.259-276.

Zaitseva, G.I. et al. (2007) Chronology of Key Barrows Belonging to Different Stages of the Scythian Period in Tuva (Arzhan-1 and Arzhan-2 Barrows). *Radiocarbon*. 49(2), pp.645-658.

Zanina, O.G. et al. (2021) Plant food in the diet of the Early Iron Age pastoralists of Altai: Evidence from dental calculus and a grinding stone. *Journal of Archaeological Science: Reports*. 35: 10.1016/j.jasrep.2020.102740.

Zazzo, A. et al. (2019) High-precision dating of ceremonial activity around a large ritual complex in Late Bronze Age Mongolia. *Antiquity*. 93(367), pp.80-98.

馬健（二〇一五）「内蒙古陰山地区早期石板墓的初歩調査與研究」『中国北方及蒙古、貝加爾、西伯利亜地区古代文化』（上）二七八～二八六頁、科学出版社、北京。

内蒙古自治区文物考古研究所ほか（二〇〇〇）『朱開溝―青銅時代早期遺址発掘報告』文物出版社、北京。

王海晶ほか（二〇〇七）「内蒙古朱開溝遺址古代居民線粒体ＤＮＡ分析」『吉林大学学報（医学版）』三三巻一期、五～八頁。

第二章

諫早直人ほか（二〇一八）「モンゴルの匈奴墓出土馬具―轡を中心に―」『考古学雑誌』一〇一巻一号、七五～八五頁。

梅原末治（一九六〇）『蒙古ノイン・ウラ発見の遺物』東洋文庫。

江上波夫（一九九九）『匈奴の社会と文化』（江上波夫文化史論集　三）山川出版社。

加藤定子（二〇〇二）『古代中央アジアにおける服飾史の研究』東京堂出版。

邱隆ほか編（山田慶児ほか訳）（一九八五）『中国古代度量衡図集』みすず書房。

笹田朋孝（二〇一九）「草原地帯の鉄」『ユーラシアの大草原を掘る』（アジア遊学二三八）一二七〜一三四頁、勉誠出版。

笹田朋孝ほか（二〇二四）「モンゴル国オノン川流域の古代鉄生産—二〇二三年度調査成果に基づいて」『資料学の方法を探る』（二三）一一〜一八頁、愛媛大学法文学部。

沢田勲（一九九六）『匈奴—古代遊牧国家の興亡』（東方選書）東方書店。

相馬秀廣ほか（二〇一五）「チンギスカン防塁」（白石典之編）『チンギス・カンとその時代』二九一〜三〇五頁、勉誠出版。

林俊雄（二〇〇七）『スキタイと匈奴　遊牧の文明』（興亡の世界史　〇二）講談社。

松下憲一（二〇二三）『中華を生んだ遊牧民　鮮卑拓跋の歴史』（講談社選書メチエ）講談社。

村上恭通（二〇一五）「北方ユーラシアの鉄生産」（白石典之編）『チンギス・カンとその時代』二四一〜二五二頁、勉誠出版。

村上恭通（二〇一七）「製鉄の起源と技術の東方波及」『ふぇらむ（日本鉄鋼協会会報）』二二（一二）、四一〜四七頁。

村上恭通（二〇一九）「アルタイ地方における匈奴以降の製鉄技術変遷史」『第二〇回　北アジア調査研究報告会要旨集』六一〜六四頁、愛媛大学。

吉本道雅（二〇一〇）「魏書序紀考証」『史林』九三巻三号、五八〜八六頁。

Amartüvshin, Ch. et al. (2011) On the Walled Site of Mangasyn Khuree in Galbyn Gobi. *Xiongnu Archaeology, Multidisciplinary Perspectives of the First Steppe Empire in Inner Asia (Bonn Contributions to Asian Archaeology, vol.5)*. pp.509-514, Universität Bonn.
André, G. et al. (2013) A Paper Fragment from the Gol Mod Necropolis, Mongolia (a Late First Century BC Archaeological Excavation). *Senri Ethnological Studies*. 85, pp.41-50.
Bayarsaikhan, J. et al. (2023) The origins of saddles and riding technology in East Asia: discoveries from the Mongolian

Altai. *Antiquity*. 98(397), pp.102-118.

Brosseder, U. (2009) Xiongnu terrace tombs and their interpretation as elite burials. *Current Archaeological Research in Mongolia (Bonn Contributions to Asian Archaeology, vol.4)*. pp.247-280, Universität Bonn.

Damgaard, P. et al. (2018) 137 ancient human genomes from across the Eurasian steppes. *Nature*. 557(7705), pp.369-374.

Danilov, S.V. (2009) Preliminary results of the investigations on a Xiongnu settlement in Mongolia. *Current Archaeological Research in Mongolia (Bonn Contributions to Asian Archaeology, vol.4)*. pp.241-246, Universität Bonn.

Davydova, A.V. (1995): Давыдова, А.В. *Иволгинский археологический комплекс. Том 1: Иволгинское городище*. Санкт-Петербург.

Desroches, J-P. et al. (2009) New perspectives in Xiongnu archaeology through studies on the aristocratic necropolis of Gol Mod, Mongolia: Activities of the French-Mongolian archaeological expedition (MAFM) in the context of Xiongnu archaeology. *Current Archaeological Research in Mongolia (Bonn Contributions to Asian Archaeology, vol.4)*. pp.315-324, Universität Bonn.

Erdenebaatar, D. et al. (2011) Excavations of Satellite Burial 30, Tomb 1 Complex, Gol Mod 2 Necropolis. *Xiongnu Archaeology, Multidisciplinary Perspectives of the First Steppe Empire in Inner Asia (Bonn Contributions to Asian Archaeology, vol.5)*. pp.303-314, Universität Bonn.

Erdenebaatar, D. et al. (2015): Эрдэнэбаатар, Д. нар. *Балгасын тал дахь Гол мод-2-ын Хүннүгийн язгууртны булшны судалгаа*. Мөнхийн үсэг, Улаанбаатар.

Erdene-Ochir, N. et al. (2021): Эрдэнэ-Очир, Н. нар. *Ноён уулын дурсгалын археологийн судалгаа*. ШУА Археологийн хүрээлэн, Улаанбаатар.

Eregzen, G. et al. (2011): Эрэгзэн, Г. нар. *Хүннүгийн өв*. ШУА Археологийн хүрээлэн, Улаанбаатар.

Eregzen, G. et al. (2018): Эрэгзэн, Г. нар. *Гуа довын Хүннүгийн дурсгал*. ШУА Түүх, Археологийн хүрээлэн, Улаанбаатар.

Eregzen, G. et al. (2020): Эрэгзэн, Г. нар. *Чихэртийн зоо ба Баянцагаан дурсгал*. ШУА Археологийн хүрээлэн, Улаанбаатар.

Eregzen, G. et al. (2022): Эрэгзэн, Г. нар. *Адууны тоног хэрэглэлийн судалгаа*. БНСУ-ын Соёлын өвийн судалгааны үндэсний хүрээлэн, Тэжон.

Iderkhangai, T. et al. (2020): Идэрхангай, Т. нар. Архангай аймгийн Өлзийт сумын нутагт дахь Харганын хөндийд орших Хүннүгийн хотын тууринд малтлага судалгаа. *Монголын Археологи-2020*. т.24-28. Монголын археологичдын

холбоо, Улаанбаатар.
Ishtseren, L. (2024): Ишцэрэн, Л. *Төмөр ба нүүдэлчид*. ШУА Археологийн Хүрээлэн, Улаанбаатар.
Jeong, C. et al. (2020) A dynamic 6,000-year genetic history of Eurasia's Eastern Steppe. *Cell*. 183(4), pp.890-904.
Keyser, C. et al. (2021) Genetic evidence suggests a sense of family, parity and conquest in the Xiongnu Iron Age nomads of Mongolia. *Human Genetics*. 140(2), pp.349-359.
Klinge, M. et al. (2019) Spatial pattern of late glacial and Holocene climatic and environmental development in Western Mongolia -A critical review and synthesis. *Quaternary Science Reviews*. 210, pp.26-50.
Korolyuk, E.A. et al. (2010) Plant remains from Noin Ula burial mounds 20 and 31 (Northern Mongolia). *Archaeology, Ethnology and Anthropology of Eurasia*. 38(2), pp.57-63.
Kovalev, A.A. et al. (2011) The Shouxiangcheng Fortress of the Western Han Period – Excavations at Baian Bulag, Nomgon sum, Ömnögov' aimag, Mongolia. *Xiongnu Archaeology, Multidisciplinary Perspectives of the First Steppe Empire in Inner Asia (Bonn Contributions to Asian Archaeology, vol.5)*. pp.475-508, Universität Bonn.
Lee, J. et al. (2024) Medieval genomes from Eastern Mongolia share a stable genetic profile over a millennium. *Human Population Genetics and Genomics*. 4(1), pp.1-11.
Park, J. et al. (2020) Micro-Scale Iron Smelting in Early Iron Age to Mongol Period Steppe, Communities of North-Central Mongolia and its Implications. *Asian Archaeology*. 3(2), pp.75-82.
Pleiner, R. (2000) *Iron in Archaeology: The European Bloomery Smelters*. Archeologický ústav AVČR, Praha.
Rudaya, N. et al. (2016) Quantitative reconstructions of mid- to late Holocene climate and vegetation in the North-eastern Altai mountains recorded in lake Teletskoye. *Global and Planetary Change*. 141(1), pp.12-24.
Rudenko, S.I. (1970) *Frozen tombs of Siberia: The Pazyryk burials of Iron-Age horsemen*. University of California Press. Berkeley and Los Angeles.
Turbat, Ts. et al. (2021): Төрбат, Ц. нар. *Тамирын Улаан хошууны Хүннүгийн соёл (2017 онд оны малтлага судалгааны үр дүн)*. ШУА Археологийн Хүрээлэн, Улаанбаатар.
Wright, J. (2011) Xiongnu ceramic chronology and typology in the Egiin Gol valley, Mongolia. *Xiongnu Archaeology, Multidisciplinary Perspectives of the First Steppe Empire in Inner Asia (Bonn Contributions to Asian Archaeology,*

vol.5). pp.161-168, Universität Bonn.

Wright, J. et al. (2009) The Xiongnu settlements of Egiin Gol, Mongolia. *Antiquity*. 83(320), pp.372-387.

潘玲（二〇〇七）『伊沃爾加城址和墓地及相関匈奴考古問題研究』科学出版社、北京。

曹永年（二〇一九）「拓跋鮮卑南遷匈奴故地考古学研究的文献反証」『内蒙古師範大学学報（哲学社会科学版）』四八巻六期、三三～三九頁。

吉林大学考古学院ほか（二〇二〇）「蒙古国后杭愛省烏貴諾爾蘇木和日門塔拉城址発掘簡報」『考古』二〇二〇年五期、二〇～三七頁。

内蒙古自治区文物考古研究所ほか（二〇一五ａ）「蒙古国布爾干省達欣其楞蘇木詹和碩遺址発掘簡報」『草原文物』二〇一五年二期、八～三一頁。

内蒙古自治区文物考古研究所ほか（二〇一五ｂ）「二〇一四年蒙古国后杭愛省烏貴諾爾蘇木和日門塔拉城址ＩＡ－Ｍ１発掘簡報」『草原文物』二〇一五年二期、三二～四三頁。

戎天佑ほか（二〇二〇）「〝二〇一九蒙古、貝加爾西伯利亜與中国北方古代文化研究〟学術研討会綜述」『西域研究』二〇二〇年一期、一六四～一六九頁。

宿白（一九七七）「東北、内蒙古地区的鮮卑遺迹—鮮卑遺迹輯録之一」『文物』一九七七年五期、四二～五四頁。

魏堅ほか（一九九八）『内蒙古中南部漢代墓葬』中国大百科全書出版社、北京。

魏堅ほか（二〇〇四）『内蒙古地区鮮卑墓葬的発現與研究』科学出版社、北京。

呉松岩（二〇一五）「七郎山墓地再認識」『北魏六鎮学術研討会論文集』一一〇～一二五頁、内蒙古人民出版社、呼和浩特。

辛徳勇（二〇一八）『発現燕然山銘』中華書局、北京。

中国人民大学北方民族考古研究所ほか（二〇二一）「蒙古国吉爾嘎朗図蘇木艾爾根敖包墓地二〇一八～二〇一九年発掘簡報」『考古』二〇二一年一一期、四八～六三頁。

第三章

東潮（二〇一三）「モンゴル草原の突厥オラーン・ヘレム壁画墓」『人間社会文化研究』二一、一～五〇頁、徳島大学総合科学部。

石見清裕（二〇一四）「羈縻支配期の唐と鉄勒僕固氏――新出「僕固乙突墓誌」から見て」『東方学』一二七輯、一～一七頁。

石見清裕ほか（一九九八）「大唐安西阿史夫人壁記の再読と歴史学的考察」『内陸アジア言語の研究』一三、九三～一一〇頁、中央ユーラシア学研究会。

邱隆ほか編（山田慶児ほか訳）（一九八五）『中国古代度量衡図集』みすず書房。

笹田朋孝ほか（二〇二四）「モンゴル国オノン川流域の古代鉄生産―二〇二三年度調査成果に基づいて」『資料学の方法を探る』（二三）一一～一八頁、愛媛大学法文学部。

篠田雅人ほか（二〇一五）「異常気象に対する災害管理」（白石典之編）『チンギス・カンとその時代』一七七～一八五頁、勉誠出版。

鈴木宏節（二〇〇五）「突厥阿史那思摩系譜考」『東洋学報』八七巻一号、三七～六八頁。

鈴木宏節（二〇一五a）「唐の羈縻支配と九姓鉄勒の思結部」『内陸アジア言語の研究』三〇、二二三～二五五頁、中央ユーラシア学研究会。

鈴木宏節（二〇一五b）「ゴビの防人」『三重社会』六〇、一〇三～一二二頁。

トロエ、バレリー（佐野弘好訳）（二〇二一）『年輪で読む世界史―チンギス・ハーンの戦勝の秘密から失われた海賊の財宝、ローマ帝国の崩壊まで』築地書館。

林俊雄（二〇〇五）『ユーラシアの石人』雄山閣。

林俊雄ほか（一九九九）「バイバリク遺蹟」（森安孝夫ほか編）『モンゴル国現存遺蹟・碑文調査研究報告』一九六～一九八頁、図版一二a～e、中央ユーラシア学研究会。

森安孝夫（二〇〇七）『シルクロードと唐帝国』（興亡の世界史　〇五）講談社。

森安孝夫ほか（一九九九）「カラ＝バルガスン碑文」（森安孝夫ほか編）『モンゴル国現存遺蹟・碑文調査研究報告』二〇九～二二四頁、中央ユーラシア学研究会。

森安孝夫ほか（二〇〇九）「シネウス碑文訳注」『内陸アジア言語の研究』二四、一～九二頁。

森安孝夫ほか（二〇一九）「カラバルガスン碑文漢文版の新校訂と訳註」『内陸アジア言語の研究』三四、一～五九頁、中央ユーラシア学研究会。

森部豊（二〇二三）『唐―東ユーラシアの大帝国』（中公新書）中央公論新社。

吉田豊ほか（一九九九）「ブグト碑文」（森安孝夫ほか編）『モンゴル国現存遺蹟・碑文調査研究報告』一二二〜一二五頁、中央ユーラシア学研究会。

Aizen, E. et al. (2016) Abrupt and moderate climate changes in the mid-latitudes of Asia during the Holocene. *Journal of Glaciology*. 62(233), pp.411-439.

Arden-Wong, L. (2015) Preliminary thoughts on the marble inscriptions from Karabalgasun. *Journal of Inner Asian Art and Archaeology*. 6(2011), pp.75-100.

Bahar, H. (2014) Bilge Kağan Tacı Üzerine Düşünceler. *I.Uluslararası Türk Dünyası Araştırmaları Sempozyumu*. pp.405-430, Niğde.

Dähne, B. (2017) *Karabalgasun -Stadt der Nomaden: Die archäologischen Ausgrabungen in der frühuigurischen Hauptstadt 2009-2011*. Deutsches Archäologisches Institut, Reichert, Wiesbaden.

Di Cosmo, N. et al. (2018) Environmental stress and steppe nomads: Rethinking the history of the Uyghur empire (744-840) with paleoclimate data. *Journal of Interdisciplinary History*. 48(4), pp.439-463.

Enkhtur, A. et al. (2018): Энхтөр, А. нар. Шивээт Улаан цогцобор дурсгалын тухай. *Studia Archaeologica*. 37, т.179-191.

Enkhtur, A. et al. (2019): Энхтөр, А. нар. 2018 онд Хөшөө Цайдамд Монгол-Казахстаны хамтарсан хээрийн шинжилгээний ангийн гүйцэтгэсэн археологийн судалгааны ажлын урьдчилсан үр дүн. *Монголын Археологи-2018*. т.247-249.

Erdenebat, U. et al. (2011): Эрдэнэбат, У. нар. Архангай аймгийн Хотонт сумын нутаг Олон дов хэмээх газар онд хийсэн археологийн шинжилгээ. *Studia Archaeologica*. 30, т.146-185.

Eregzen, G. et al. (2014): Эрэгзэн, Г. нар. *Монголын Археологийн Өв (3, Булш оршуулга)*. ШУА Түүх, Археологийн Хүрээлэн, Улаанбаатар.

Eregzen, G. et al. (2020): Эрэгзэн, Г. нар. Нүцгэн өндөр дурсгалын холбогдох он цагийн асуудалд *Сяньби, Жужаны үеийн түүх, соёлын судалгаа*. т.121-129, Мөнхийн Үсэг, Улаанбаатар.

Hessl, A. et al. (2018) Past and future drought in Mongolia. *Science Advances*. 4(3): 10.1126/sciadv.1701832.

Ishtseren, L. (2024): Ишцэрэн, Л. *Төмөр ба нүүдэлчд*. ШУА Археологийн Хүрээлэн, Улаанбаатар.

Jeong, C. et al. (2020) A dynamic 6,000-year genetic history of Eurasia's Eastern Steppe. *Cell.* 183(4), pp.1-15.

Kuitems, M. et al. (2020) Radiocarbon-based approach capable of subannual precision resolves the origins of the site of Por-Bajin. *Proceedings of the National Academy of Sciences.* 117(25), pp.14038–14041.

Lee, J. et al. (2024) Medieval genomes from Eastern Mongolia share a stable genetic profile over a millennium. *Human Population Genetics and Genomics.* 4(1), pp.1-11.

Li, J. et al. (2018) The genome of an ancient Rouran individual reveals an important paternal lineage in the Donghu population. *American Journal of Physical Anthropology.* 166(4), pp.895-905.

Minorsky, V. (1948) Tamīm ibn Baḥr's journey to the Uyghurs. *Bulletin of the School of Oriental and African Studies.* 12(2), pp.275-305, Cambridge University Press, London.

Narangerel, N. et al. (2022): Нарангэрэл, Н. нар. *Хүйс толгойн бичээс-1420 жил.* Битпресс, Улаанбаатар.

Ochir, A. et al. (2010) Ancient Uighur mausolea discovered in Mongolia. *The Silk Road.* 8, pp.16-26.

Ochir, A. et al. (2013a): Очир, А. нар. *Эртний нүүдэлчдийн бунхант булшны малтлага, судалгаа. Төв аймгийн Заамар сумын Шороон бумбагарын малтлагын тайлан.* Улаанбаатар.

Ochir, A. et al. (2013b): Очир, А. нар. *Эртний нүүдэлчдийн бунхант булшны малтлага судалгаа.* Улаанбаатар.

Tsogtbaatar, B. et al. (2017): Цогтбаатар, Б. нар. *Донгойн ширээний дурсгалын археологийн судалгаа.* Чөлөөт хэвлэл сан, Улаанбаатар.

Turbat, Ts. et al. (2014): Төрбат, Ц. нар. *Талын морьтон дайчдын өв соёл.* ШУА Археологийн Хүрээлэн, Улаанбаатар.

Unkelbach, J. et al. (2020) Decadal high-resolution multi-proxy analysis to reconstruct natural and human-induced environmental changes over the last 1350 cal. yr BP in the Altai Tavan Bogd National Park, Western Mongolia. *The Holocene.* 30(7), pp.1016-1028.

Vovin, A. (2019) A sketch of the earliest Mongolic language: the Brāhmī Bugut and Khüis Tolgoi inscriptions. *International Journal of Eurasian Linguistics.* 1(1), pp.162-197.

馮恩学（二〇一四）「蒙古国出土金微州都督僕固墓志考研」『文物』二〇一四年五期、八三〜八八頁。

塔拉ほか（二〇一五）『蒙古国后杭愛省浩騰特蘇木胡拉哈一号墓園発掘報告』文物出版社、北京。

徐弛（二〇二〇）「蒙古国巴彦諾爾壁画墓墓主人考」『暨南史学』二〇、一～一八頁。

楊富学（二〇一四）「蒙古国新出土僕固墓誌研究」『文物』二〇一四年五期、七七～八二、八八頁。

第四章

宇野伸浩（一九八八）「モンゴル帝国のオルド」『東方学』七六輯、四七～六二頁。

宇野伸浩（二〇二三）「初期グローバル化としてのモンゴル帝国の成立・展開」『岩波講座　世界歴史』（第一〇巻）三～三九頁、岩波書店。

宇野伸浩（二〇二三）「東・西アジアを結ぶ広域なモンゴル帝国の出現」『モンゴル帝国のユーラシア統一』（アジア人物史　第五巻）三～八〇頁、集英社。

岡田英弘（一九八一）「モンゴルの統一」（護雅夫ほか編）『北アジア史（新版）』（世界各国史一二）一三五～一八二頁、山川出版社。

小畑弘己（二〇一五）「植物遺存体にみる食生活」（白石典之編）『チンギス・カンとその時代』一九五～二〇五頁、勉誠出版。

笹田朋孝（二〇一五）「モンゴル高原の鉄生産」（白石典之編）『チンギス・カンとその時代』二五三～二六一頁、勉誠出版。

白石典之（二〇一七）『モンゴル帝国誕生―チンギス・カンの都を掘る』（講談社選書メチエ）講談社。

白石典之（二〇二四）『元朝秘史―チンギス・カン研究の一級史料』（中公新書）中央公論新社。

杉山正明（二〇一〇）「モンゴル西征への旅立ち―イルティシュの夏営地にて」（窪田順平編）『ユーラシア中央域の歴史構図　一三―一五世紀の東西』一三～二六頁、総合地球環境学研究所。

中村淳（二〇二一）「大モンゴル国の成立―一二〇六年と一二一一年」『駒沢史学』九六、八五～一一二頁。

舩田善之（二〇二二）「キタイ・タングト・ジュルチェン・モンゴル」『岩波講座　世界歴史』（第七巻）八一～一一四頁、岩波書店。

古松崇志（二〇二〇）『草原の制覇―大モンゴルまで』（シリーズ中国の歴史③）（岩波新書）岩波書店。

前田直典（一九七三）『元朝史の研究』東京大学出版会。

村田泰輔（二〇一〇）「草原の移りかわり」（白石典之編）『チンギス・カンの戒め―モンゴル草原と地球環境問題』六

一〜七一頁、同成社。
森安孝夫（二〇一一）「前近代中央ユーラシアのトルコ・モンゴル族とキリスト教」『帝京大学文化財研究所研究報告』二〇、五〜三九頁。

Amartuvshin, Ch. et al. (2005): Амартүвшин, Ч. нар. Хятаны үеийн хотын туриас олдсон ширмэн эдлэлийн хийц, загварын өөрчлөлт. *Studia Archaeologica*. 23, т.128-143, Улаанбаатар.

Amartuvshin, Ch. et al. (2016): Амартүвшин, Ч. нар. *Монголын Археологийн Өв (5, Монголын хүн чулуу)*. ШУА Түүх, Археологийн Хүрээлэн, Улаанбаатар.

Aseev, I.V. et al. (1984): Асеев, И.В. и др. *Ковчевники забайкалья в эпоху средневековья*. Наука, Новосибирск.

Batbold, G. et al. (2021): Батболд, Г. нар. Эрээн толгойн дурсгалын малтан шинжилсэн үр дүнгээс. *Монголын Археологи-2021*. т.211-218, Улаанбаатар.

Bayarsaikhan, J. et al. (2017): Баярсайхан, Ж. нар. *Хадан гэрийн соёл*. Монголын Үндэсний Музей, Улаанбаатар.

Chen, F. et al. (2022) Summer temperature reconstruction for the source area of the Northern Asian great river basins, Northern Mongolian plateau since 1190 CE and its linkage with inner Asian historical societal changes. *Frontiers in Earth Science*. 10:10.3389/feart.2022.904851.

D'Arrigo, R. et al. (2001) 1738 years of Mongolian temperature variability inferred from a tree-ring width chronology of Siberian pine. *Geophysical Research Letters*. 28(3), pp.543-546.

Davi, N.K. et al. (2015) A long-term context (931-2005 C.E.) for rapid warming over Central Asia. *Quaternary Science Reviews*. 121, pp.89-97.

Davi, N.K. et al. (2021) Accelerated Recent Warming and Temperature Variability over the Past Eight Centuries in the Central Asian Altai from Blue Intensity in Tree Rings. *Geophysical Research Letters*. 48(16): 10.1029/2021GL092933.

Eregzen, G. et al. (2020): Эрэгзэн, Г. нар. *Монголын Археологийн өв (10, Монголын эртний хот суурин)*. ШУА Археологийн хүрээлэн, Улаанбаатар.

Kharinskii, A.V. (2001): Харинский А.В. *Приольхонье в средние века: погребальные комплексы*. Иркутский государственный университет, Иркутск.

Konovalov, P.B. (2017): Коновалов П.Б. Средневековые погребальные памятники Монголии и вопросы раннемонгольской археологической культуры. *Известия Лаборатории Древних Технологий*. 13(4), с.65-84, Иркутский государственный университет, Иркутск.

Kradin, N.N. et al. (2016) Крадин, Н.Н. и др. Археология империи Чингис-хана в Монголии и Забайкалье. *Stratum Plus. Археология и Культурная Антропология*. No.6, с.17-43.

Kradin, N.N. et al. (2019) *The great wall of Khitan: North Eastern wall of Chinggis khan*. Nauka, Moscow.

Lee, J. et al. (2024) Medieval genomes from Eastern Mongolia share a stable genetic profile over a millennium. *Human Population Genetics and Genomics*. 4(1): 10.47248/hpgg2404010004.

Orkhonselenge, A. et al. (2021) Late Holocene Peatland Evolution in Terelj and Tuul Rivers Drainage Basins in the Khentii Mountain Range of Northeastern Mongolia. *Water*. 13(4): 10.3390/w13040562.

Osawa, M. (2005) One of the forms of iron producing in the Mongol Empire obtained from forge-related objects found at Avraga site. *Avraga 1 -Occasional paper on the excavations of the palace of Genghis khan*. pp.45-62, Douseisha, Tokyo.

Park, J. et al. (2019) Novel micro-scale steel-making from molten cast iron practised in medieval nomadic communities of east Mongolia. *Archaeometry*. 61(1), pp.83-98.

Pederson, N. et al. (2014) Pluvials, droughts, the Mongol Empire, and modern Mongolia. *Proceedings of the National Academy of Sciences*. 111(12), pp.4375-4379.

Turbat, Ts. et al. (2014): Төрбат, Ц. нар. *Тальн морьтон дайчдын өв соёл*. ШУА Археологийн хүрээлэн, Улаанбаатар.

Unkelbach, J. et al. (2020) Decadal high-resolution multi-proxy analysis to reconstruct natural and human-induced environmental changes over the last 1350 cal. yr BP in the Altai Tavan Bogd National Park, Western Mongolia. *The Holocene*. 30(7), pp.1016-1028.

白玉冬ほか（二〇二二）「有関高昌回鶻歴史的一方回鶻文墓碑」『敦煌吐魯番研究』第二〇巻、二〇七～二二六頁、上海。

傅熹年（二〇〇一）『中国古代城市規画、建築群布局及建築設計方法研究』中国建築工業出版社、北京。

中国社会科学院考古研究所ほか（二〇〇六）『海拉爾謝爾塔拉墓地』科学出版社、北京。

内蒙古自治区文物考古研究所ほか（二〇一五）「蒙古国布爾干省達欣其楞蘇木詹和碩遺址発掘簡報」『草原文物』二〇一五年二期、八〜三一頁、呼和浩特。

第五章

井黒忍（二〇二三）「元明交替の底流」（千葉敏之編）『1348年　気候不順と生存危機』（歴史の転換期　五）一八八〜二四一頁、山川出版社。

諫早庸一（二〇二四）「「14世紀の危機」の語り方」『思想』一二〇〇、九〜三二頁。

白石典之（二〇〇九）「カラコルム遺跡における「レンガ編年」の再検討」『物質文化学論聚』二八三〜二九八頁、北海道出版企画センター。

白石典之（二〇二〇）「モンゴル国ハンザト遺跡の調査」『二〇一九年度シルクロード研究会資料集』六五〜七〇頁、帝京大学文化財研究所。

白石典之ほか（二〇〇七）「和林興元閣新考」『資料学研究』四号、一〜一四頁、新潟大学。

白石典之ほか（二〇〇九）「モンゴル国フンフレー遺跡群の調査とその意義―元代「孔古烈倉」の基礎的研究―」『国立民族学博物館研究報告』三三巻四号、五八八〜六三八頁。

杉山正明（一九八九）「モンゴル帝国における首都と首都圏」『イスラムの都市性』（研究報告編第三四号）東京大学東洋文化研究所。

松川節ほか（一九九九）「嶺北省右丞郎中総管収粮記」（森安孝夫ほか編）『モンゴル国現存遺蹟・碑文調査研究報告』二四五〜二五一頁、中央ユーラシア学研究会。

松田孝一（二〇一〇）「モンゴル帝国の興亡と環境」（白石典之編）『チンギス・カンの戒め―モンゴル草原と地球環境問題』八四〜一〇〇頁、同成社。

村岡倫（二〇一七）「チンギス・カン庶子コルゲンのウルスと北安王」『一三―一四世紀モンゴル史研究』二号、二一〜三六頁、大阪国際大学松田孝一研究室（日本学術振興会科学研究費報告）。

四日市康博（二〇二三）「モンゴル帝国の覇権と解体過程、そのインパクト」（千葉敏之編）『1348年　気候不順と生存危機』（歴史の転換期　五）一二二〜一八七頁、山川出版社。

Batbayar, T. (2022): Батбаяр, Т. *Хархорумын несторын шашинтны дурсгалын археологийн судалгаа*. ШУА Археологийн Хүрээлэн, Улаанбаатар.

Bayar, D. et al. (2010) Excavation in the Islamic cemetery of Karakorum. *Mongolian-German Karakorum expedition*. vol.1, pp.289-305, Deutschen Archäologischen Instituts, Bonn, Reichert, Wiesbaden.

Bayarsaikhan, J. et al. (2019): Баярсайхан, Ж. нар. Монгол-Америкийн хамтарсан "Умард Монгол" төслийн 2019 оны хээрийн шинжилгээний ангийн үр дүн. *Монголын Археологи-2019*. т.111-116, Монголын археологчдын холбоо, Улаанбаатар.

Franken, C. (2015) *Die "Grosse Halle" von Karakorum: Zur archäologischen Untersuchung des ersten buddhistischen Tempels der alten mongolischen Hauptstadt* (Forschungen zur Archäologie Außereuropäischer Kulturen, Band 12). Reichert Verlag, Wiesbaden.

Heidemann, S. et al. (2006) The first documentary evidence for Qara Qorum from the year 635/1237-8. *Zeitschrift für Archäologie Außereuropäischer Kulturen*. 1, pp.93-102, Reichert Verlag, Wiesbaden.

Hüttel, H-G. (2005) Der Palast des Ögedei Khan -Die Archäologischen Instituts im Palastbezirk von Karakorum. *Dschingis Khan und seine Erben: Das Weltreich der Mongolen*. Katalogbuch zur Ausstellung. pp.140-146, Hirmer, München.

Kiselev, S.V. et al. (1965): Киселев, С.В. и др. *Древнемонгольские города*. Наука, Москва.

Reichert, S. et al. (2022) Overlooked -Enigmatic- Underrated: The city Khar kul khaany balgas in the heartland of the Mongol world empire. *Journal of Field Archaeology*. 47(6): 10.1080/00934690.2022.2085916.

Shiraishi, N. (2004) Seasonal migrations of the Mongol emperors and the peri-urban area of Kharakhorum. *International Journal of Asian Studies*. 1(1), pp.105-119.

Tumen, D. (1986): Түмэн, Д. Палеоантропогический материал Монгольского времени из Хархорина. *Studia Archaeologica*. 11, т.85-97. ШУА Түүхийн хүрээлэн, Улаанбаатар.

［マ］

［ヤ・ラ・ワ］

［ナ］

［ハ］

［タ］

［サ］

索引

［ア］

［カ］

白石典之（しらいし・のりゆき）
一九六三年、群馬県生まれ。筑波大学大学院歴史・人類学研究科博士課程単位取得退学。モンゴル科学アカデミー歴史研究所に二年間留学（日本学術振興会海外特別研究員）。現在、新潟大学人文学部教授。博士（文学）。専門はモンゴル考古学。二〇〇三年、第一回「最優秀若手モンゴル学研究者」として、モンゴル国大統領表彰。二〇二三年、モンゴル国北極星勲章受章。主な著書に、『チンギス＝カンの考古学』『モンゴル帝国史の考古学的研究』『モンゴル考古学概説』（同成社）、『チンギス・カン―〝蒼き狼〟の実像』『元朝秘史―チンギス・カンの一級史料』（中公新書）、『チンギス・ハンの墓はどこだ？』（くもん出版）、『モンゴル帝国誕生―チンギス・カンの都を掘る』（講談社選書メチエ）など。

遊《ゆう》牧《ぼく》王《おう》朝《ちょう》興《こう》亡《ぼう》史《し》

モンゴル高原《こうげん》の5000年《ねん》

二〇二五年　一月一四日　第一刷発行
二〇二五年　三月　四日　第三刷発行

著　者　白《しら》石《いし》典《のり》之《ゆき》

発行者　篠木和久
発行所　株式会社　講談社
東京都文京区音羽二丁目一二―二一　〒一一二―八〇〇一
電話　（編集）〇三―五三九五―三五一二
（販売）〇三―五三九五―五八一七
（業務）〇三―五三九五―三六一五

装幀者　奥定泰之
本文データ制作　講談社デジタル製作
本文印刷　信毎書籍印刷　株式会社
カバー・表紙印刷　半七写真印刷工業　株式会社
製本所　大口製本印刷　株式会社

KODANSHA

ISBN978-4-06-538320-9　Printed in Japan　N.D.C.220　333p　19cm

講談社選書メチエの再出発に際して

講談社選書メチエの創刊は冷戦終結後まもない一九九四年のことである。長く続いた東西対立の終わりはついに世界に平和をもたらすかに思われたが、その期待はすぐに裏切られた。超大国による新たな戦争、吹き荒れる民族主義の嵐……世界は向かうべき道を見失った。そのような時代の中で、書物のもたらす知識が一人一人の指針となることを願って、本選書は刊行された。

それから二五年、世界はさらに大きく変わった。特に知識をめぐる環境は世界史的な変化をこうむったとすら言える。インターネットによる情報化革命は、知識の徹底的な民主化を推し進めた。誰もがどこでも自由に知識を入手でき、自由に知識を発信できる。それは、冷戦終結後に抱いた期待を裏切られた私たちのもとに差した一条の光明でもあった。

その光明は今も消え去ってはいない。しかし、私たちは同時に、知識の民主化が知識の失墜をも生み出すという逆説を生きている。堅く揺るぎない知識も消費されるだけの不確かな情報に埋もれることを余儀なくされ、不確かな情報が人々の憎悪をかき立てる時代が今、訪れている。

この不確かな時代、不確かさが憎悪を生み出す時代にあって必要なのは、一人一人が堅く揺るぎない知識を得、生きていくための道標を得ることである。

フランス語の「メチエ」という言葉は、人が生きていくために必要とする職、経験によって身につけられる技術を意味する。選書メチエは、読者が磨き上げられた経験のもとに紡ぎ出される思索に触れ、生きるための技術と知識を手に入れる機会を提供することを目指している。万人にそのような機会が提供されたとき初めて、知識は真に民主化され、憎悪を乗り越える平和への道が拓けると私たちは固く信ずる。

この宣言をもって、講談社選書メチエ再出発の辞とするものである。

二〇一九年二月　　野間省伸